2024-2025 貨物編

運行管理者試験

重要問題厳選集

ポイント解説付き

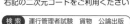

目　次

はじめに

①本書は、（公財）運行管理者試験センターが行う運行管理者試験（貨物）の過去出題問題をジャンル別に区分し、それぞれにポイント解説を加えた練習問題集です。

②過去4回分の受験者数及び合格率は次のとおりです。

実施時期	令和5年度第2回	令和5年度第1回	令和4年度第2回	令和4年度第1回
受験者数	22,493人	26,293人	23,759人	28,804人
合格率	34.2%	33.5%	34.6%	38.4%

③各章の順序は、試験問題と同じく、次のとおりとしました。

第1章 貨物自動車運送事業法　　第2章 道路運送車両法　　　3章 道路交通法

第4章 労働基準法　　　　　　第5章 実務上の知識及び能力

④掲載問題は、弊社で過去10回分以上の出題問題を分析した上で、出題頻度が高い重要問題を収録しています。

⑤収録している問題は、現行の法令（令和6年3月現在）等に対応するよう編集しているので、そのまま学習することができます。

⑥各問題には★印の三段階で重要度を示しています。★印が多いほど重要度の高い（＝出題頻度が高い）問題であり、これを集中的に解き、理解することで、確実な得点につながります。

⑦各問題には ☑☑☑☑☑ を用意してあります。正解した問題にチェックを入れ、学習の習熟度を測る目安として活用して下さい。

⑧重要な部分や文字だけでは理解しづらい部分は、イラストや表でまとめています。

⑨ **用語** では問題の理解を深めるために必要な法令用語等を解説しています。

⑩ **覚えておこう** ✎ ではよく出題されるポイントを収録しました。試験前など、短時間で要点を確認するときにご利用下さい。

⑪解説では、問題を解く上で参照すべき法令等を掲載しています。より詳しく学習するときなどに活用して下さい。

⑫法令の仕組みについて簡単に説明します。一つの法は、それに続く政令、省令、告示などを含めて成り立っています。政令、省令、告示などにより、法のより細かい部分が定められています。本書で関係する主な法をまとめると、次のとおりとなります。

法　律	政令、省令、告示
貨物自動車運送事業法 （運送事業法）	◎貨物自動車運送事業法施行規則（省令）
	◎貨物自動車運送事業輸送安全規則（省令）
	◎自動車事故報告規則（省令）
	◎貨物自動車運送事業者が事業用自動車の運転者に対して行う 　指導及び監督の指針（省令）
道路運送車両法 （車両法）	◎道路運送車両法施行規則（省令）
	◎自動車点検基準（省令）
	◎道路運送車両の保安基準（省令）
	◎道路運送車両の保安基準の細目を定める告示（告示）
道路交通法（道交法）	◎道路交通法施行令（政令）
労働基準法（労基法）	◎自動車運転者の労働時間等の改善のための基準（告示）
労働安全衛生法（安衛法）	◎労働安全衛生規則（告示）

※政令は、内閣が制定する命令、省令は各省大臣が主任の事務につき発する命令をいいます。また、告示は各省庁などが広く一般に向けて行う通知をいいます。

⑬法令の原文は、次のように表されています。

カッコ内は、その条文の表題を表す。
本書では、主に小見出しで表示してある。

（目的）
第1条 ……………………………………
……………………。
　(1) ……………………………
　(2) ………
（定義）
第2条 ……………………………………
……………………………………。
　(1) ……………………………………
　　……………………………………
　(2) ……………………………………
　2 ……………………………………
　……………。

第1条第1項という。ただし、第1項の「1」は表記しない。本書では、原則として全て「1」を表記してある。また、その条が第1項しかない場合、区別する必要がないため、第1項を表記しないことがある。

第1条第1項第1号という。ただし、第1項しかない場合、第1条第1号と表記する場合がある。また、本書では第1号、第2号…、を①、②…と表記した。

第2条第1項第1号という。

5-477

5

⑭本書の解説において、法令等の名称は以下の略称を用いて表しています。

	名称	本書略称	法令等原文
第1章	貨物自動車運送事業法	運送事業法	
	貨物自動車運送事業輸送安全規則	安全規則	
	自動車事故報告規則	事故報告規則	
	貨物自動車運送事業輸送安全規則の解釈及び運用について	安全規則の解釈及び運用	
	貨物自動車運送事業者が事業用自動車の運転者に対して行う指導及び監督の指針	指導及び監督の指針	
	貨物自動車運送事業輸送安全規則第18条第3項、第23条第1項、第24条第1項及び第31条第2項の運行の管理に関する講習の種類等を定める告示	講習の種類等を定める告示	
第2章	道路運送車両法	車両法	
	道路運送車両法施行規則	施行規則	
	自動車点検基準	点検基準	
	道路運送車両の保安基準	保安基準	
	道路運送車両の保安基準の細目を定める告示	細目告示	

	名称	本書略称	法令等原文
第3章	道路交通法	道交法	
	道路交通法施行令	道交法施行令	
	道路交通法施行規則	道交法施行規則	
第4章	労働基準法	労基法	
	労働安全衛生法	安衛法	
	労働安全衛生規則	衛生規則	
	自動車運転者の労働時間等の改善のための基準	改善基準	
第5章	国土交通省自動車局 自動車運送事業用自動車事故統計年報 （自動車交通の輸送の安全にかかわる情報）（令和4年）	事故統計年報	
	国土交通省自動車局 事業用自動車の交通事故統計 （令和4年版）	交通事故統計	
	内閣府 交通安全白書 令和5年版	交通安全白書	

⑮最後に模擬試験※とその解答＆ポイント解説を２回分収録しました。実力チェックに活用して下さい。

　※次回の試験の予想問題ではないため、出題されなかった等の苦情は受け付けておりません。

⑯本書の内容に訂正がある場合は、弊社のホームページに掲載致します。

書籍の訂正について

株式会社公論出版 ホームページ
書籍サポート／訂正
URL：https://kouronpub.com/book_correction.html

⑰本書の内容で分からないことがありましたら、**必要事項を明記の上**、問合せフォームより、メールにて下記までお問い合わせ下さい。

本書籍に関するお問い合わせ

メール

問合せフォーム

必要事項
・お客様の氏名とフリガナ
・書籍名
・該当ページ数
・問合せ内容

※**電話**でのお問合せは、**受け付けておりません**。

※回答まで時間がかかる場合があります。ご了承ください。

※必要事項の記載がない場合、**問合せにお答えできません**のでご注意ください。

※キャリアメールをご使用の場合、下記メールアドレスの受信設定を行なってからご連絡ください。

　お問い合わせメールアドレス　inquiry@kouronpub.com

※お問い合わせは、**本書の内容に限ります**。運行管理者試験の詳細や実施時期、運行管理者の実務等については直接、運行管理者試験センターや最寄りの運輸局等へお問い合わせ下さい。

※お問い合わせの有効期限は、本書籍の発行日から１年間とさせていただきます。

受験ガイド

1．運行管理者とは

　運行管理者は、事業用自動車の安全運行を管理するために、運送事業者の選任を受けた者をいいます。業務は、道路運送法及び貨物自動車運送事業法に基づき、事業用自動車の運転者の乗務割の作成、休憩・睡眠施設の保守管理、運転者の指導監督、点呼による運転者の疲労・健康状態等の把握や安全運行の指示等、事業用自動車の運行の安全を確保するため必要なことを行います。

2．運行管理者試験について

　運行管理者試験は、国土交通大臣が指定した指定試験機関の（公財）運行管理者試験センターにより実施されています。受験資格や試験の期日・場所、受験申請手続などについてはあらかじめ公示されます。詳細は下記試験センターのホームページでご確認ください。

公益財団法人
運行管理者試験センター
［HP］https://www.unkan.or.jp/

●試験形式

CBT試験形式で行われます。

※Computer Based Testing の略で、パソコンを使用して行う試験。

●試験実施時期

　1年度に2回、8月頃（第1回）と3月頃（第2回）にそれぞれ1ヵ月程度実施されます。

● 試験出題分野

配点は 1 問 1 点で30点満点です。

出題分野	出題数	試験時間
①貨物自動車運送事業法関係	8 問	
②道路運送車両法関係	4 問	
③道路交通法関係	5 問	90分
④労働基準法関係	6 問	
⑤その他運行管理者の業務に関し、必要な実務上の知識及び能力	7 問	
合　　計	30問	

※法令等の改正があった場合は、法令等の改正施行後 6 ヵ月は改正部分を問う問題は出題しません。

● 合格基準

合格基準は、次の（1）及び（2）の得点が必要です。

合格基準
（1）原則として、総得点が満点の60%（30問中18問）以上であること。
（2）前ページの①〜④の出題分野ごとに正解が 1 問以上であり、⑤については正解が 2 問以上であること。

第 **1** 章

貨物自動車運送事業法

1-1 目的と定義

問1 ★☆☆ ✓✓✓✓✓

貨物自動車運送事業法の目的についての次の文中、A、B、C、Dに入るべき字句としていずれか正しいものを1つ選びなさい。

この法律は、貨物自動車運送事業の運営を（A）なものとするとともに、貨物自動車運送に関するこの法律及びこの法律に基づく措置の遵守等を図るための民間団体等による（B）を促進することにより、（C）を確保するとともに、貨物自動車運送事業の健全な発達を図り、もって（D）の増進に資することを目的とする。

A ① 適正かつ合理的　② 健全かつ効率的

B ① 秩序の確立　② 自主的な活動

C ① 安定的な利益　② 輸送の安全

D ① 公共の福祉　② 公正な競争

ポイント解説

運送事業法第1条第1項を参照。

この法律は、貨物自動車運送事業の運営を（**適正かつ合理的**）なものとするとともに、貨物自動車運送に関するこの法律及びこの法律に基づく措置の遵守等を図るための民間団体等による（**自主的な活動**）を促進することにより、（**輸送の安全**）を確保するとともに、貨物自動車運送事業の健全な発達を図り、もって（**公共の福祉**）の増進に資することを目的とする。

▶答え　A−①：B−②：C−②：D−①

問2 ★★☆ ☑☑☑☑☑

貨物自動車運送事業に関する次の記述のうち、<u>誤っているものを1つ</u>選びなさい。なお、解答にあたっては、各選択肢に記載されている事項以外は考慮しないものとする。

1．貨物自動車運送事業とは、一般貨物自動車運送事業、特定貨物自動車運送事業、貨物軽自動車運送事業及び貨物自動車利用運送事業をいう。

2．一般貨物自動車運送事業とは、他人の需要に応じ、有償で、自動車（三輪以上の軽自動車及び二輪の自動車を除く。）を使用して貨物を運送する事業であって、特定貨物自動車運送事業以外のものをいう。

3．貨物軽自動車運送事業とは、他人の需要に応じ、有償で、自動車（三輪以上の軽自動車及び二輪の自動車に限る。）を使用して貨物を運送する事業をいう。

4．貨物自動車利用運送とは、一般貨物自動車運送事業又は特定貨物自動車運送事業を経営する者が他の一般貨物自動車運送事業又は特定貨物自動車運送事業を経営する者の行う運送（自動車を使用して行う貨物の運送に係るものに限る。）を利用してする貨物の運送をいう。

ポイント解説

1．**誤り**。貨物自動車運送事業は、一般貨物自動車運送事業、特定貨物自動車運送事業、貨物軽自動車運送事業の3つ。貨物自動車利用運送事業は**含まれない**。運送事業法第2条第1項を参照。

2．正しい。運送事業法第2条第2項を参照。

3．正しい。運送事業法第2条第4項を参照。

4．正しい。運送事業法第2条第7項を参照。

▶答え　1

用語

一般貨物自動車運送事業	他人から運送の依頼を受け、トラックを使用して貨物を運送し、運賃を受け取る事業のこと。一般に運送業と呼ばれているもの。
特定貨物自動車運送事業	特定の者（1社のみ）の貨物運送を行う事業のこと。例えば、企業内の運送部門など。
貨物軽自動車運送事業	軽トラック、バイクを利用して、貨物運送を行う事業のこと。
貨物自動車利用運送事業	荷主から貨物運送の依頼を受け、他の運送事業者にその貨物運送を依頼する事業のこと。

問3 ★★☆ ✓✓✓✓✓

　貨物自動車運送事業法における定義についての次の記述のうち、正しいものを2つ選び なさい。 なお、解答にあたっては、各選択肢に記載されている事項以外は考慮しないものとする。

1．一般貨物自動車運送事業とは、特定の者の需要に応じ、有償で、自動車（三輪以上の 軽自動車及び二輪の自動車を除く。）を使用して貨物を運送する事業であって、特定貨 物自動車運送事業以外のものをいう。

2．貨物自動車運送事業とは、一般貨物自動車運送事業、特定貨物自動車運送事業、貨物 軽自動車運送事業をいう。

3．貨物自動車利用運送とは、一般貨物自動車運送事業、特定貨物自動車運送事業又は貨 物軽自動車運送事業を経営する者が、他の一般貨物自動車運送事業、特定貨物自動車運 送事業又は貨物軽自動車運送事業を経営する者の行う運送（自動車を使用して行う貨物 の運送に係るものに限る。）を利用してする貨物の運送をいう。

4．特別積合せ貨物運送とは、一般貨物自動車運送事業として行う運送のうち、営業所そ の他の事業場（以下「事業場」という。）において集貨された貨物の仕分を行い、集貨 された貨物を積み合わせて他の事業場に運送し、当該他の事業場において運送された貨 物の配達に必要な仕分を行うものであって、これらの事業場の間における当該積合せ貨 物の運送を定期的に行うものをいう。

ポイント解説

1．誤り。一般貨物自動車運送事業とは、**他人の需要**に応じ、有償で、自動車（三輪以上の軽 自動車及び二輪の自動車を除く。）を使用して貨物を運送する事業であって、特定貨物自動 車運送事業以外のものをいう。運送事業法第2条第2項を参照。

2．**正しい**。運送事業法第2条第1項を参照。

3．誤り。貨物自動車利用運送に貨物軽自動車運送事業は**含まれない**。運送事業法第2条第7 項を参照。

4．**正しい**。運送事業法第2条第6項を参照。

▶答え　2と4

用語

特別積合せ貨物運送	地域ごとに仕分けを行う拠点を用意し、拠点間を結ぶ定期的な運送便に貨物を積み合わせて運送を行うこと。例えば、宅配便など。

1-2 運送事業の許可・事業計画・運送約款

問1 ★★☆ ✓✓✓✓✓

一般貨物自動車運送事業者（以下「事業者」という。）の事業計画の変更に関する次の記述のうち、**正しいもの**を**2つ**選びなさい。なお、解答にあたっては、各選択肢に記載されている事項以外は考慮しないものとする。

1. 事業者は、「自動車車庫の位置及び収容能力」の事業計画の変更をしたときは、遅滞なくその旨を、国土交通大臣に届け出なければならない。
2. 事業者は、「各営業所に配置する事業用自動車の種別ごとの数」の事業計画の変更をするときは、法令に定める場合を除き、あらかじめその旨を、国土交通大臣に届け出なければならない。
3. 事業者は、「事業用自動車の運転者及び運転の補助に従事する従業員の休憩又は睡眠のための施設の位置及び収容能力」の事業計画の変更をしようとするときは、国土交通大臣の認可を受けなければならない。
4. 事業者は、「主たる事務所の名称及び位置」の事業計画の変更をするときは、あらかじめその旨を、国土交通大臣に届け出なければならない。

ポイント解説

1. 誤り。「自動車車庫の位置及び収容能力」の事業計画の変更をしようとするときは、国土交通大臣の**認可を受けなければならない**。運送事業法第9条第1項を参照。
2. **正しい**。運送事業法第9条第3項を参照。
3. **正しい**。運送事業法第9条第1項を参照。
4. 誤り。「主たる事務所の名称及び位置」の事業計画の変更をしたときは、**遅滞なく**その旨を、国土交通大臣に届け出なければならない。運送事業法第9条第3項を参照。

▶答え　**2と3**

覚えておこう✐【事業計画の変更】

①事業計画の変更（②、③以外の変更。例：車庫関係・休憩施設関係など）の場合、国土交通大臣の**認可**を受ける
②自動車の数などの事業用自動車に関する変更の場合、国土交通大臣に**あらかじめ**届け出る
③事務所の名称・位置などの軽微な事項に関する変更の場合、国土交通大臣に**遅滞なく**届け出る

問2 ★★☆ ✓✓✓✓✓

貨物自動車運送事業に関する次の記述のうち、正しいものを2つ選びなさい。なお、解答にあたっては、各選択肢に記載されている事項以外は考慮しないものとする。

1. 一般貨物自動車運送事業者は、法律の規定により事業計画の変更の認可を申請しようとする者は、所定の事項を記載した事業計画変更認可申請書を提出しなければならない。

2. 一般貨物自動車運送事業者は、「営業所又は荷扱所の名称」の事業計画の変更をするときは、あらかじめその旨を、国土交通大臣に届け出なければならない。

3. 一般貨物自動車運送事業者は、「自動車車庫の位置及び収容能力」の事業計画の変更をしたときは、遅滞なくその旨を、国土交通大臣に届け出なければならない。

4. 一般貨物自動車運送事業者は、「各営業所に配置する事業用自動車の種別ごとの数」の事業計画の変更をするときは、あらかじめその旨を、国土交通大臣に届け出なければならない。

ポイント解説

1. **正しい**。運送事業法施行規則第5条第1項を参照。

2. 誤り。一般貨物自動車運送事業者は、「営業所又は荷扱所の名称」の事業計画の変更をするときは、**遅滞なく**その旨を、国土交通大臣に届け出なければならない。運送事業法第9条第3項を参照。

3. 誤り。「自動車車庫の位置及び収容能力」の事業計画の変更をしようとするときは、国土交通大臣の**認可を受けなければならない**。運送事業法第9条第1項を参照。

4. **正しい**。運送事業法第9条第3項を参照。

▶答え　1と4

問3 ★★☆ ☑☑☑☑☑

貨物自動車運送事業に関する次の記述のうち、<u>正しいものを2つ</u>選びなさい。なお、解答にあたっては、各選択肢に記載されている事項以外は考慮しないものとする。

1．一般貨物自動車運送事業者は、「事業用自動車の運転者及び運転の補助に従事する従業員の休憩又は睡眠のための施設の位置及び収容能力」に係る事業計画の変更をしようとするときは、国土交通大臣の認可を受けなければならない。

2．貨物自動車運送事業とは、一般貨物自動車運送事業、特定貨物自動車運送事業、貨物軽自動車運送事業及び貨物自動車利用運送事業をいう。

3．一般貨物自動車運送事業者は、運送約款を定め、又はこれを変更しようとするときは、国土交通大臣の認可を受けなければならない。

4．一般貨物自動車運送事業の許可の取消しを受けた者は、その取消しの日から2年を経過しなければ、新たに一般貨物自動車運送事業の許可を受けることができない。

ポイント解説

1．**正しい**。運送事業法第9条第1項を参照。

2．誤り。貨物自動車運送事業には、**貨物自動車利用運送事業は含まれない**。運送事業法第2条第1項を参照。

3．**正しい**。運送事業法第10条第1項を参照。

4．誤り。取消しの日から**5年**を経過しなければ、新たに許可を受けることができない。運送事業法第5条第1項第2号を参照。

▶答え　**1と3**

用語

約款 (やっかん)	契約などに定められている条項のことをいい、わかりやすくいうと契約を締結するための決まり事である。運送約款の場合は、運送事業者と荷主との間で運送契約の内容を定めたものとなる。

問4 ★★☆ ✓✓✓✓✓

　一般貨物自動車運送事業に関する次の記述のうち、<u>正しいものを2つ</u>選びなさい。なお、解答にあたっては、各選択肢に記載されている事項以外は考慮しないものとする。

1．一般貨物自動車運送事業を経営しようとする者は、国土交通大臣の認可を受けなければならない。

2．一般貨物自動車運送事業者は、「各営業所に配置する事業用自動車の種別ごとの数」の事業計画の変更をしたときは、遅滞なくその旨を、国土交通大臣に届け出なければならない。

3．一般貨物自動車運送事業者は、「自動車車庫の位置及び収容能力」の事業計画の変更をするときは、国土交通大臣の認可を受けなければならない。

4．国土交通大臣が標準運送約款を定めて公示した場合（これを変更して公示した場合を含む。）において、一般貨物自動車運送事業者が、標準運送約款と同一の運送約款を定め、又は現に定めている運送約款を標準運送約款と同一のものに変更したときは、その運送約款については、国土交通大臣の認可を受けたものとみなす。

ポイント解説

1．誤り。一般貨物自動車運送事業を経営しようとする者は、国土交通大臣の**許可**を受けなければならない。運送事業法第3条第1項を参照。

2．誤り。「各営業所に配置する事業用自動車の種別ごとの数」の事業計画の変更をするときは、**あらかじめ**その旨を、国土交通大臣に届け出なければならない。運送事業法第9条第3項を参照。

3．**正しい**。運送事業法第9条第1項を参照。

4．**正しい**。運送事業法第10条第3項を参照。

▶答え　**3と4**

1-3　輸送の安全

問1　★☆☆　☑☑☑☑☑

　貨物自動車運送事業法に定める一般貨物自動車運送事業者（以下、「事業者」という。）の輸送の安全についての次の文中、A、B、C、Dに入るべき字句として<u>いずれか正しいものを1つ</u>選びなさい。

1．事業者は、事業用自動車の数、荷役その他の事業用自動車の運転に附帯する作業の状況等に応じて（A）運転者及びその他の従業員の確保、事業用自動車の運転者がその休憩又は睡眠のために利用することができる施設の整備及び管理、事業用自動車の運転者の適切な勤務時間及び（B）の設定その他事業用自動車の運転者の過労運転を防止するために必要な事項を遵守しなければならない。

2．事業者は、事業用自動車の運転者が疾病により安全な運転ができないおそれがある状態で事業用自動車を運転することを防止するために必要な（C）に基づく措置を講じなければならない。

3．事業者は、事業用自動車の最大積載量を超える積載をすることとなる運送（以下「過積載による運送」という。）の引受け、過積載による運送を前提とする事業用自動車の運行計画の作成及び事業用自動車の運転者その他の従業員に対する過積載による（D）をしてはならない。

A　①　必要となる員数の　　②　必要な資格を有する

B　①　乗務時間　　　　　　②　休息期間

C　①　運行管理規程　　　　②　医学的知見

D　①　運送の指示　　　　　②　輸送の阻害

- - - - - ▼ 解答は次ページ ▼ - - - - -

ポイント解説

1. 事業者は、事業用自動車の数、荷役その他の事業用自動車の運転に附帯する作業の状況等に応じて（**必要となる員数の**）運転者及びその他の従業員の確保、事業用自動車の運転者がその休憩又は睡眠のために利用することができる施設の整備及び管理、事業用自動車の運転者の適切な勤務時間及び（**乗務時間**）の設定その他事業用自動車の運転者の過労運転を防止するために必要な事項を遵守しなければならない。運送事業法第17条第1項第1号を参照。

2. 事業者は、事業用自動車の運転者が疾病により安全な運転ができないおそれがある状態で事業用自動車を運転することを防止するために必要な（**医学的知見**）に基づく措置を講じなければならない。運送事業法第17条第2項を参照。

3. 事業者は、事業用自動車の最大積載量を超える積載をすることとなる運送（以下「過積載による運送」という。）の引受け、過積載による運送を前提とする事業用自動車の運行計画の作成及び事業用自動車の運転者その他の従業員に対する過積載による（**運送の指示**）をしてはならない。運送事業法第17条第3項を参照。

▶答え　A－①：B－①：C－②：D－①

用語

医学的知見	知見とは、知識などのことをいう。よって、医学的知見とは、医学的な正しい知識などのことをいう。

1－4 一般貨物自動車運送事業者等による輸送の安全に係る情報の公表

問1 ★☆☆ ✓✓✓✓✓

　一般貨物自動車運送事業者（以下「事業者」という。）の安全管理規程等及び輸送の安全に係る情報の公開についての次の記述のうち、**誤っているもの**を1つ選びなさい。なお、解答にあたっては、各選択肢に記載されている事項以外は考慮しないものとする。

1．貨物自動車運送事業法第16条第1項の規定により安全管理規程を定めなければならない事業者は、安全統括管理者を選任したときは、国土交通省令で定めるところにより、遅滞なく、その旨を国土交通大臣に届け出なければならない。

2．事業用自動車（被けん引自動車を除く。）の保有車両数が100両以上の事業者は、安全管理規程を定めて国土交通大臣に届け出なければならない。これを変更しようとするときも、同様とする。

3．事業者は、毎事業年度の経過後100日以内に、輸送の安全に関する基本的な方針その他の輸送の安全に係る情報であって国土交通大臣が告示で定める①輸送の安全に関する基本的な方針、②輸送の安全に関する目標及びその達成状況、③自動車事故報告規則第2条に規定する事故に関する統計について、インターネットの利用その他の適切な方法により公表しなければならない。

4．事業者は、貨物自動車運送事業法法（以下「法」という。）第23条（輸送の安全確保の命令）、法第26条（事業改善の命令）又は法第33条（許可の取消し等）の規定による処分（輸送の安全に係るものに限る。）を受けたときは、遅滞なく、当該処分の内容並びに当該処分に基づき講じた措置及び講じようとする措置の内容をインターネットの利用その他の適切な方法により公表しなければならない。

ポイント解説

1．正しい。運送事業法第16条第5項を参照。

2．**誤り**。事業用自動車の保有車両数が**200両以上**の事業者は、安全管理規程を定めて国土交通大臣に届け出なければならない。これを変更しようとするときも、同様とする。運送事業法第16条第1項、安全規則第2条の3第1項を参照。

3．正しい。安全規則第2条の8第1項・「一般貨物自動車運送事業者等が公表すべき輸送の安全に係る事項（告示）」第1項第1号～第3号を参照。

4．正しい。安全規則第2条の8第2項を参照。

▶答え　2

1-5 過労運転の防止

問1 ★★★ ✓✓✓✓✓

　一般貨物自動車運送事業者（以下「事業者」という。）の過労運転の防止についての法令の定めに関する次の記述のうち、誤っているものを1つ選びなさい。なお、解答にあたっては、各選択肢に記載されている事項以外は考慮しないものとする。

1．事業者は、運転者、特定自動運行保安員及び事業用自動車の運行の業務の補助に従事する従業員（以下、「乗務員等」という。）が有効に利用することができるように、休憩に必要な施設を整備し、及び乗務員等に睡眠を与える必要がある場合にあっては睡眠に必要な施設を整備し、並びにこれらの施設を適切に管理し、及び保守しなければならない。

2．事業者は、事業計画に従い業務を行うに必要な員数の事業用自動車の運転者又は特定自動運行保安員を常時選任しておかなければならず、この場合、選任する運転者及び特定自動運行保安員は、日々雇い入れられる者、3ヵ月以内の期間を定めて使用される者又は試みの使用期間中の者（14日を超えて引き続き使用されるに至った者を除く。）であってはならない。

3．事業者は、運転者が長距離運転又は夜間の運転に従事する場合であって、疲労等により安全な運転を継続することができないおそれがあるときは、あらかじめ、当該運転者と交替するための運転者を配置しておかなければならない。

4．特別積合せ貨物運送を行う事業者は、当該特別積合せ貨物運送に係る運行系統であって起点から終点までの距離が100キロメートルを超えるものごとに、所定の事項について事業用自動車の乗務に関する基準を定め、かつ、当該基準の遵守について乗務員等に対する適切な指導及び監督を行わなければならない。

ポイント解説

1．**正しい**。安全規則第3条第3項を参照。
2．**誤り**。選任する運転者及び特定自動運行保安員は、①日々雇い入れられる者、②**2ヵ月以内**の期間を定めて使用される者、③試みの使用期間中の者（14日を超えて引き続き使用されるに至った者を除く）であってはならない。安全規則第3条第1項・第2項を参照。
3．**正しい**。安全規則第3条第7項を参照。
4．**正しい**。安全規則第3条第8項を参照。

▶答え　**2**

用語	日々雇い入れられる者	1日限りの雇用契約または1ヵ月未満（31日未満）の有期労働契約で雇われる者のこと。

問2 ★★★ ☑☑☑☑☑

一般貨物自動車運送事業者（以下「事業者」という。）の過労運転の防止等に関する貨物自動車運送事業輸送安全規則等の規定についての次の記述のうち、<u>正しいものを2つ</u>選びなさい。なお、解答にあたっては、各選択肢に記載されている事項以外は考慮しないものとする。

1．事業者は、運転者、特定自動運行保安員及び事業用自動車の運行の業務の補助に従事する従業員（以下、「乗務員等」という。）が有効に利用することができるように、休憩に必要な施設を整備し、及び乗務員等に睡眠を与える必要がある場合にあっては睡眠に必要な施設を整備しなければならない。ただし、乗務員等が実際に休憩、睡眠又は仮眠を必要とする場所に設けられていない施設は、「有効に利用することができる施設」には該当しない。

2．事業者は、乗務員等の身体に保有するアルコールの程度が、道路交通法施行令第44条の3（アルコールの程度）に規定する呼気中のアルコール濃度1リットルにつき0.15ミリグラム以下であれば事業用自動車の運行の業務に従事させてもよい。

3．事業者は、休憩又は睡眠のための時間及び勤務が終了した後の休息のための時間が十分に確保されるように、国土交通大臣が告示で定める基準に従って、運転者の勤務日数及び乗務距離を定め、当該運転者にこれらを遵守させなければならない。

4．事業者は、運転者が長距離運転又は夜間の運転に従事する場合であって、疲労等により安全な運転を継続することができないおそれがあるときは、あらかじめ、当該運転者と交替するための運転者を配置しておかなければならない。

ポイント解説

1．**正しい**。安全規則第3条第3項、「安全規則の解釈及び運用」第3条第2項 (1) ①を参照。
2．誤り。呼気中のアルコール濃度1リットルにつき**0.15ミリグラム以下であるか否かを問わず**、酒気を帯びた状態であれば、事業用自動車に乗務させてはならない。「安全規則の解釈及び運用」第3条第4項を参照。
3．誤り。事業者は、運転者の**勤務時間**及び**乗務時間**を定め、当該運転者にこれらを遵守させなければならない。安全規則第3条第4項を参照。
4．**正しい**。安全規則第3条第7項を参照。

▶答え　**1と4**

覚えておこう【安全規則における酒気を帯びた状態】

『安全規則の解釈及び運用』第3条第4項では、「酒気を帯びた状態」とは、道交法施行令第44条の3に規定する血液中のアルコール濃度が0.3mg/mℓ又は、呼気中のアルコール濃度が0.15mg/ℓ以上で**あるか否かを問わない**としている。

問3 ★★★ ✓✓✓✓✓

　一般貨物自動車運送事業者（以下「事業者」という。）の過労運転の防止等についての法令の定めに関する次の記述のうち、<u>誤っているもの</u>を1つ選びなさい。なお、解答にあたっては、各選択肢に記載されている事項以外は考慮しないものとする。

1. 運転者が一の運行における最初の勤務を開始してから最後の勤務を終了するまでの時間（ただし、「自動車運転者の労働時間等の改善のための基準」（改善基準告示）の規定において厚生労働省労働基準局長が定めることとされている自動車運転者がフェリーに乗船する場合における休息期間を除く。）は、168時間を超えてはならない。
2. 事業者は、休憩又は睡眠のための時間及び勤務が終了した後の休息のための時間が十分に確保されるように、国土交通大臣が告示で定める基準に従って、運転者の勤務時間及び乗務時間を定め、当該運転者にこれらを遵守させなければならない。
3. 事業者は、事業計画に従い業務を行うに必要な員数の事業用自動車の運転者又は特定自動運行保安員を常時選任しておかなければならず、この場合、選任する運転者及び特定自動運行保安員は、日々雇い入れられる者、2ヵ月以内の期間を定めて使用される者又は試みの使用期間中の者（14日を超えて引き続き使用されるに至った者を除く。）であってはならない。
4. 特別積合せ貨物運送を行う事業者は、当該特別積合せ貨物運送に係る運行系統であって起点から終点までの距離が100キロメートルを超えるものごとに、所定の事項について事業用自動車の乗務に関する基準を定め、かつ、当該基準の遵守について乗務員等に対する適切な指導及び監督を行わなければならない。

ポイント解説

1. **誤り**。運転者が一の運行における最初の勤務を開始してから最後の勤務を終了するまでの時間は、**144時間**を超えてはならない。「貨物自動車運送事業の事業用自動車の運転者の勤務時間及び乗務時間に係る基準（告示）」を参照。
2. 正しい。安全規則第3条第4項を参照。
3. 正しい。安全規則第3条第1項・第2項を参照。
4. 正しい。安全規則第3条第8項を参照。

▶答え　1

用語	一の運行	運転者が所属する営業所を出発してから当該営業所に帰着するまでをいう。

問4 ★★★ ✓✓✓✓✓

　一般貨物自動車運送事業者（以下「事業者」という。）の過労運転の防止等についての法令の定めに関する次の記述のうち、**誤っているものを1つ**選びなさい。なお、解答にあたっては、各選択肢に記載されている事項以外は考慮しないものとする。

1．事業者は、事業計画に従い業務を行うに必要な員数の事業用自動車の運転者又は特定自動運行保安員を常時選任しておかなければならず、この場合、選任する運転者及び特定自動運行保安員は、日々雇い入れられる者、2ヵ月以内の期間を定めて使用される者又は試みの使用期間中の者（14日を超えて引き続き使用されるに至った者を除く。）であってはならない。

2．運転者の業務について、当該事業用自動車の瞬間速度、運行距離及び運行時間を運行記録計により記録しなければならない車両は、車両総重量が8トン以上又は最大積載量が5トン以上の普通自動車である。

3．事業者は、運転者、特定自動運行保安員及び事業用自動車の運行の業務の補助に従事する従業員（以下「乗務員等」という。）の健康状態の把握に努め、疾病、疲労、睡眠不足その他の理由により安全に運行の業務を遂行し、又はその補助をすることができないおそれがある乗務員等を事業用自動車に乗務させてはならない。

4．事業者は、運転者が長距離運転又は夜間の運転に従事する場合であって、疲労等により安全な運転を継続することができないおそれがあるときは、あらかじめ、当該運転者と交替するための運転者を配置しておかなければならない。

ポイント解説

1．正しい。安全規則第3条第1項・第2項を参照。

2．**誤り。**運転者等の業務について、当該事業用自動車の瞬間速度、運行距離及び運行時間を運行記録計により記録しなければならない車両は、**車両総重量が7トン以上又は最大積載量が4トン以上**の普通自動車である。安全規則第9条第1項第1号を参照。

3．正しい。安全規則第3条第6項を参照。

4．正しい。安全規則第3条第7項を参照。

▶答え　**2**

問5 ★☆☆ ✓✓✓✓✓

貨物自動車運送事業輸送安全規則に定める貨物自動車運送事業者の過労運転の防止についての次の文中、A、B、C、Dに入るべき字句として<u>いずれか正しいものを1つ選び</u>なさい。

1. 一般貨物自動車運送事業者等は、事業計画に従い業務を行うに（A）事業用自動車の運転者又は特定自動運行保安員を常時選任しておかなければならない。
2. 前項の規定により選任する運転者及び特定自動運行保安員は、日々雇い入れられる者、（B）以内の期間を定めて使用される者又は試みの使用期間中の者（14日を超えて引き続き使用されるに至った者を除く。）であってはならない。
3. 貨物自動車運送事業者は、運転者、特定自動運行保安員及び事業用自動車の運行の業務の補助に従事する従業員（以下「乗務員等」という。）の（C）の把握に努め、疾病、疲労、睡眠不足その他の理由により（D）運行の業務を遂行し、又はその補助をすることができないおそれがある乗務員等を事業用自動車に乗務させてはならない。

A ① 必要な員数の　　　② 必要な資格を有する
B ① 2ヵ月　　　　　　② 3ヵ月
C ① 乗務状況　　　　　② 健康状態
D ① 安全に　　　　　　② 集中して

ポイント解説

1. 一般貨物自動車運送事業者等は、事業計画に従い業務を行うに（**必要な員数の**）事業用自動車の運転者又は特定自動運行保安員を常時選任しておかなければならない。安全規則第3条第1項を参照。
2. 前項の規定により選任する運転者及び特定自動運行保安員は、日々雇い入れられる者、（**2ヵ月**）以内の期間を定めて使用される者又は試みの使用期間中の者（14日を超えて引き続き使用されるに至った者を除く。）であってはならない。安全規則第3条第2項を参照。
3. 貨物自動車運送事業者は、運転者、特定自動運行保安員及び事業用自動車の運行の業務の補助に従事する従業員（以下「乗務員等」という。）の（**健康状態**）の把握に努め、疾病、疲労、睡眠不足その他の理由により（**安全に**）運行の業務を遂行し、又はその補助をすることができないおそれがある乗務員等を事業用自動車に乗務させてはならない。安全規則第3条第6項を参照。

▶答え　A−①，B−①，C−②，D−①

1-6 貨物の積載と車庫の位置

問1 ★☆☆ ☑☑☑☑☑

　一般貨物自動車運送事業者（以下「事業者」という。）の貨物の積載方法等に関する次の記述のうち、**誤っているもの**を1つ選びなさい。なお、解答にあたっては、各選択肢に記載されている事項以外は考慮しないものとする。

1. 国土交通大臣は、事業者が過積載による運送を行ったことにより、貨物自動車運送事業法の規定による命令又は処分をする場合において、当該命令又は処分に係る過積載による運送が荷主の指示に基づき行われたことが明らかであると認められ、かつ、当該事業者に対する命令又は処分のみによっては当該過積載による運送の再発を防止することが困難であると認められるときは、当該荷主に対しても、当該過積載による運送の再発の防止を図るため適当な措置を執るべきことを勧告することができる。

2. 貨物自動車運送事業者は、事業用自動車の保管の用に供する自動車車庫を営業所に併設しなければならない。ただし、自動車車庫を営業所に併設して設けることが困難な場合において、法令に規定する距離を超えない範囲で設けるときは、この限りでない。

3. 事業者は、事業用自動車に貨物を積載するときに偏荷重が生じないように積載するとともに、運搬中に荷崩れ等により事業用自動車から落下することを防止するため、貨物にロープ又はシートを掛けること等必要な措置を講じなければならないとされている。この措置を講じなければならないとされる事業用自動車は、車両総重量が8トン以上又は最大積載量が5トン以上のものに限られる。

4. 事業者は、道路法第47条第2項の規定（車両でその幅、重量、高さ、長さ又は最小回転半径が政令で定める最高限度を超えるものは、道路を通行させてはならない。）に違反し、又は政令で定める最高限度を超える車両の通行に関し道路管理者が付した条件（通行経路、通行時間等）に違反して事業用自動車を通行させることを防止するため、運転者等に対する適切な指導及び監督を怠ってはならない。

ポイント解説

1. 正しい。運送事業法第64条第1項を参照。
2. 正しい。安全規則第6条第1項を参照。
3. **誤り**。事業用自動車の大きさに関係なく、**すべての事業用自動車**について、偏荷重の防止及び荷崩れ等による落下の防止のために**必要な措置**を講じなければならない。安全規則第5条第1項第1号・第2号を参照。
4. 正しい。安全規則第5条の2第1項第1号を参照。

▶答え　3

1−7 点 呼

問1 ★★★ ☑☑☑☑☑

貨物自動車運送事業の事業用自動車の運転者又は特定自動運行保安員（以下「運転者等」という。）に対する点呼についての法令等の定めに関する次の記述のうち、<u>正しいものをすべて選びなさい</u>。なお、解答にあたっては、各選択肢に記載されている事項以外は考慮しないものとする。

1. 業務前の点呼は、対面又は対面による点呼と同等の効果を有するものとして国土交通大臣が定める方法（運行上やむを得ない場合は電話その他の方法）により行い、法令で定める事項について報告を求め、及び確認を行い、並びに事業用自動車の運行の安全を確保するために必要な指示を与えなければならない。

2. 業務後の点呼は、対面又は対面による点呼と同等の効果を有するものとして国土交通大臣が定める方法（運行上やむを得ない場合は電話その他の方法）により行い、当該業務に係る事業用自動車、道路及び運行の状況並びに他の運転者等と交替した場合にあっては、交替した運転者等に対して行った法令の規定による通告について報告を求め、かつ、運転者に対しては、酒気帯びの有無について確認を行わなければならない。

3. 同一事業者内の全国貨物自動車運送適正化事業実施機関が認定している安全性優良事業所（Gマーク営業所）間でIT点呼を実施した場合、点呼簿に記録する内容を、IT点呼を受ける運転者が所属する営業所で記録、保存すれば、IT点呼を行う営業所で記録、保存することは要しない。

4. 貨物自動車運送事業輸送安全規則第7条第4項（点呼等）に規定する「アルコール検知器を営業所ごとに備え」とは、営業所又は営業所の車庫に設置されているアルコール検知器をいい、携帯型アルコール検知器は、これにあたらない。

ポイント解説

1. **正しい**。安全規則第7条第1項第1号～第3号を参照。
2. **正しい**。安全規則第7条第2項を参照。
3. 誤り。点呼簿に記録する内容は、IT点呼実施営業所及び被IT点呼実施営業所の**双方で記録し、保存しなければならない**。「安全規則の解釈及び運用」第7条第1項（5）②アを参照。
4. 誤り。営業所又は営業所の車庫に設置するアルコール検知器には、**携帯型アルコール検知器も含まれる**。「安全規則の解釈及び運用」第7条第2項（3）を参照。

▶答え　1と2

問2 ★★★ ☑☑☑☑☑

　貨物自動車運送事業の事業用自動車の運転者又は特定自動運行保安員（以下「運転者等」という。）に対する点呼に関する次の記述のうち、<u>正しいものをすべて選びなさい</u>。なお、解答にあたっては、各選択肢に記載されている事項以外は考慮しないものとする。

1．業務前の点呼は、対面又は対面による点呼と同等の効果を有するものとして国土交通大臣が定める方法（運行上やむを得ない場合は電話その他の方法）により行われなければならない。なお、対面による点呼と同等の効果を有するものとして国土交通大臣が定める方法とは、点呼告示において規定する遠隔点呼及び業務後自動点呼の他、輸送の安全の確保に関する取組が優良であると認められる営業所において、当該営業所の管理する点呼機器を用いて行う方法をいう。

2．業務終了後の点呼においては、「道路運送車両法第47条の2第1項及び第2項の規定による点検（日常点検）の実施又はその確認」について報告を求め、及び確認を行う。

3．運行管理者の業務を補助させるために選任された補助者に対し、点呼の一部を行わせる場合にあっても、当該営業所において選任されている運行管理者が行う点呼は、点呼を行うべき総回数の3分の1以上でなければならない。

4．運転者等が所属する営業所において、運転者に対して、アルコール検知器により酒気帯びの有無について確認を行う場合には、当該営業所に備えられたアルコール検知器を用いて行わなければならないが、当該アルコール検知器が故障等により使用できない場合は、当該アルコール検知器と同等の性能を有したものであれば、当該営業所に備えられたものでなくてもこれを使用して確認することができる。

ポイント解説

1．**正しい**。安全規則第7条第1項を参照。

2．誤り。日常点検についての報告・確認は、**業務前の点呼**において行う。従って、業務終了後の点呼においては、**報告・確認は必要ない**。安全規則第7条第2項を参照。

3．**正しい**。「安全規則の解釈及び運用」第7条第1項（10）を参照。

4．誤り。営業所に備えられたもの以外のアルコール検知器を使用しての**確認はできない**。必ず運転者の所属する**営業所に備えられたアルコール検知器**を用いて確認しなければならない。安全規則第7条第4項を参照。

▶答え　**1と3**

覚えておこう✐【運行上やむを得ない場合】

「運行上やむを得ない場合」とは、遠隔地で業務が開始又は終了するため、業務前又は業務後の点呼を運転者が所属する営業所で**対面で実施できない場合**などが該当する。営業所と車庫が離れている場合は、**対面で点呼を行うことが可能**であるため、該当しない。

問3 ★★★ ✓✓✓✓✓

　貨物自動車運送事業の事業用自動車の運転者又は特定自動運行保安員（以下「運転者等」という。）に対する点呼に関する次の記述のうち、<u>正しいものをすべて選びなさい</u>。なお、解答にあたっては、各選択肢に記載されている事項以外は考慮しないものとする。

1. 業務前の点呼は、対面又は対面による点呼と同等の効果を有するものとして国土交通大臣が定める方法（運行上やむを得ない場合は電話その他の方法）により行い、法令で定める事項について報告を求め、及び確認を行い、並びに事業用自動車の運行の安全を確保するために必要な指示を与えなければならない。

2. 業務後の点呼は、対面又は対面による点呼と同等の効果を有するものとして国土交通大臣が定める方法（運行上やむを得ない場合は電話その他の方法）により行い、当該業務に係る事業用自動車、道路及び運行の状況並びに他の運転者等と交替した場合にあっては、交替した運転者等に対して行った法令の規定による通告について報告を求め、かつ、運転者に対しては、酒気帯びの有無について確認を行わなければならない。

3. 業務前及び業務終了後の点呼のいずれも対面又は対面による点呼と同等の効果を有するものとして国土交通大臣が定める方法で行うことができない業務を行う運転者等に対しては、業務前及び業務終了後の点呼のほかに、当該業務の途中において少なくとも1回電話等により点呼（中間点呼）を行わなければならない。当該点呼において、運転者に対しては、①酒気帯びの有無、②疾病、疲労、睡眠不足その他の理由により安全な運転をすることができないおそれの有無について報告を求め、及び確認を行い、並びに事業用自動車の運行の安全を確保するために必要な指示をしなければならない。

4. 業務終了後の点呼における運転者に対する酒気帯びの有無については、当該運転者からの報告と目視等による確認で酒気を帯びていないと判断できる場合は、アルコール検知器を用いての確認は実施する必要はない。

ポイント解説

1と2と3．**正しい**。順に、安全規則第7条第1項・第2項・第3項を参照。

4．誤り。目視等による確認のみでなく、必ず運転者の所属する**営業所に備えられたアルコール検知器**を用いて確認しなければならない。安全規則第7条第4項を参照。

▶答え　**1と2と3**

用語

目視等で確認	運転者の顔色、呼気の臭い、応答の声の調子等で確認することをいう。

問4 ★★★ ✓✓✓✓✓

　貨物自動車運送事業の事業用自動車の運転者又は特定自動運行保安員（以下「運転者等」という。）に対する点呼に関する次の記述のうち、<u>正しいものをすべて選びなさい</u>。なお、解答にあたっては、各選択肢に記載されている事項以外は考慮しないものとする。

1．業務前の点呼は、対面又は対面による点呼と同等の効果を有するものとして国土交通大臣が定める方法（運行上やむを得ない場合は電話その他の方法）により行われなければならない。なお、対面による点呼と同等の効果を有するものとして国土交通大臣が定める方法とは、点呼告示において規定する遠隔点呼及び業務後自動点呼の他、輸送の安全の確保に関する取組が優良であると認められる営業所において、当該営業所の管理する点呼機器を用いて行う方法をいう。

2．運転者等が所属する営業所において、対面又は対面による点呼と同等の効果を有するものとして国土交通大臣が定める方法により、運転者に対して業務前の点呼を行う場合は、法令の規定により酒気帯びの有無について、運転者の顔色、呼気の臭い、応答の声の調子等を目視等により確認するほか、当該営業所に備えられたアルコール検知器を用いて確認を行わなければならない。

3．2日間にわたる運行（1日目の業務が営業所以外の遠隔地で終了し、2日目の業務開始が1日目の業務を終了した地点となるもの。）については、1日目の業務後の点呼及び2日目の業務前の点呼のいずれも対面又は対面による点呼と同等の効果を有するものとして国土交通大臣が定める方法で行うことができないことから、2日目の業務については、業務前及び業務後の点呼（業務後の点呼は対面で行う。）のほかに、当該業務途中において少なくとも1回電話その他の方法により点呼（中間点呼）を行わなければならない。

4．業務終了後の点呼においては、「道路運送車両法第47条の2第1項及び第2項の規定による点検（日常点検）の実施又はその確認」について報告を求め、及び確認を行わなければならない。

ポイント解説

1．**正しい**。安全規則第7条第1項を参照。

2．**正しい**。安全規則第7条第4項・「安全規則の解釈及び運用」第7条第2項（5）を参照。

3．誤り。2日間にわたる運行であるが、2日目に業務後の点呼を対面で行うため、**中間点呼を行う必要はない**。業務前及び業務後の点呼の**いずれも対面で行うことができない場合に**中間点呼を行う。安全規則第7条第3項を参照。

4．誤り。日常点検についての報告・確認は、**業務前の点呼**において行う。従って、業務終了後の点呼においては、**報告・確認は必要ない**。安全規則第7条第2項を参照。

▶答え　**1と2**

問5 ★★☆ ✓✓✓✓✓

　貨物自動車運送事業の事業用自動車の運転者又は特定自動運行保安員（以下「運転者等」という。）に対する点呼についての法令等の定めに関する次の記述のうち、<u>正しいものをすべて</u>選びなさい。なお、解答にあたっては、各選択肢に記載されている事項以外は考慮しないものとする。

1. 業務前及び業務終了後の点呼のいずれも対面又は対面による点呼と同等の効果を有するものとして国土交通大臣が定める方法で行うことができない業務を行う運転者等に対しては、業務前及び業務終了後の点呼のほかに、当該業務の途中において少なくとも1回対面による点呼と同等の効果を有するものとして国土交通大臣が定める方法（当該方法により点呼を行うことが困難である場合にあっては、電話その他の方法）により点呼（中間点呼）を行わなければならない。

2. 業務後の点呼は、対面又は対面による点呼と同等の効果を有するものとして国土交通大臣が定める方法（運行上やむを得ない場合は電話その他の方法）により行い、当該業務に係る事業用自動車、道路及び運行の状況並びに他の運転者等と交替した場合にあっては、交替した運転者等に対して行った法令の規定による通告について報告を求め、かつ、運転者に対しては、酒気帯びの有無について確認を行わなければならない。

3. 全国貨物自動車運送適正化事業実施機関が認定している安全性優良事業所（Gマーク営業所）以外であっても、①開設されてから3年を経過していること。②過去1年間点呼の違反に係る行政処分又は警告を受けていないことなどに該当する一般貨物自動車運送事業者の営業所にあっては、当該営業所と当該営業所の車庫間で行う点呼に限り、対面による点呼と同等の効果を有するものとして国土交通大臣が定めた機器を用いた点呼（IT点呼）を実施できる。

4. 同一事業者内の全国貨物自動車運送適正化事業実施機関が認定している安全性優良事業所（Gマーク営業所）である営業所間で行うIT点呼の実施は、1営業日のうち連続する20時間以内とする。

ポイント解説

1と2．**正しい**。順に、安全規則第7条第3項・第2項を参照。

3．誤り。②**過去3年間**点呼の違反に係る行政処分又は警告を受けていないことなどに該当する一般貨物自動車運送事業者の営業所「安全規則の解釈及び運用」第7条第1項（4）③を参照。

4．誤り。安全性優良事業所である営業所間で行うIT点呼の実施は、1営業日のうち連続する**16時間以内**とする。「安全規則の解釈及び運用」第7条第1項（5）①ウを参照。

▶答え　**1と2**

問6 ★★★ ☑☑☑☑☑

　貨物自動車運送事業の事業用自動車の運転者又は特定自動運行保安員に対し、各点呼の際に報告を求め、及び確認を行わなければならない事項として、A、B、Cに入るべき字句を下の枠内の選択肢（①～⑥）から選びなさい。

【業務前点呼】
（1）運転者に対しては、酒気帯びの有無
（2）運転者に対しては、（A）
（3）道路運送車両法の規定による点検の実施又はその確認

【業務後点呼】
（1）業務に係る事業用自動車、道路及び運行の状況
（2）（B）
（3）運転者に対しては、酒気帯びの有無

【中間点呼】
（1）運転者に対しては、（C）
（2）運転者に対しては、疾病、疲労、睡眠不足その他の理由により安全な運転をすることができないおそれの有無

---

① 道路運送車両法の規定による点検の実施又はその確認
② 業務に係る事業用自動車、道路及び運行の状況
③ 貨物の積載状況
④ 疾病、疲労、睡眠不足その他の理由により安全な運転をすることができないおそれの有無
⑤ 酒気帯びの有無
⑥ 他の運転者等と交替した場合にあっては法令の規定による通告

ポイント解説

安全規則第7条第1項・第2項・第3項を参照。

［業務前点呼］
（1）運転者に対しては、酒気帯びの有無
（2）運転者に対しては、（**疾病、疲労、睡眠不足その他の理由により安全な運転をすることができないおそれの有無**）
（3）道路運送車両法の規定による点検の実施又はその確認

［業務後点呼］

(1) 業務に係る事業用自動車、道路及び運行の状況

(2) **（他の運転者等と交替した場合にあっては法令の規定による通告）**

(3) 運転者に対しては、酒気帯びの有無

［中間点呼］

(1) 運転者に対しては、**（酒気帯びの有無）**

(2) 運転者に対しては、疾病、疲労、睡眠不足その他の理由により安全な運転をすることが
できないおそれの有無

▶答え　**A－④：B－⑥：C－⑤**

覚えておこう【点呼の概要（運転者の場合）】

■ 業務前点呼

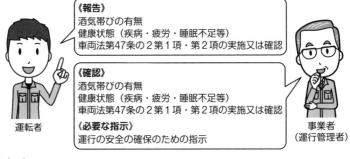

■ 業務後点呼

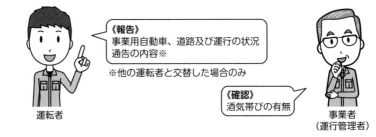

■ 中間点呼

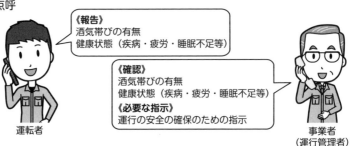

1-8 運行等の記録

問1 ★★☆ ✓✓✓✓✓

　一般貨物自動車運送事業者（以下「事業者」という。）の事業用自動車の運行等の記録に関する次の記述のうち、<u>正しいものをすべて</u>選びなさい。なお、解答にあたっては、各選択肢に記載されている事項以外は考慮しないものとする。

1. 事業用自動車の運転者等の業務について、道路交通法に規定する交通事故若しくは自動車事故報告規則に規定する事故又は著しい運行の遅延その他の異常な事態が発生した場合にあっては、その概要及び原因を「業務の記録」に記録させ、かつ、その記録を3年間保存すること。

2. 事業者は、特別積合せ貨物運送に係る運行系統に配置する事業用自動車に係る運転者等の業務について、運行記録計による記録を行わなければならない。

3. 事業者が、貨物自動車運送事業輸送安全規則に定める「事故の記録」として記録しなければならない事故とは、死者又は負傷者を生じさせたものと定められており、物損事故については、当該記録をしなければならないものに該当しない。

4. 事業者は、法令の規定により運行指示書を作成した場合には、当該運行指示書及びその写しを、運行の終了の日から1年間保存しなければならない。

ポイント解説

1. 誤り。「業務の記録」は**1年間保存**しなければならない。安全規則第8条第1項第7号を参照。

2. **正しい**。安全規則第9条第1項第3号を参照。

3. 誤り。事業用自動車に係る事故であるため、**物損事故**であっても**「事故の記録」として記録しなければならない**。安全規則第9条の2第1項を参照。

4. **正しい**。安全規則第9条の3第4項を参照。

▶答え　**2と4**

問2 ★★☆ ✓✓✓✓✓

　一般貨物自動車運送事業者が運転者に記録させる業務等の記録についての次の記述のうち、**誤っているもの**を1つ選びなさい。なお、解答にあたっては、各選択肢に記載されている事項以外は考慮しないものとする。

1. 事業用自動車に係る運転者等の業務について、休憩又は睡眠をした場合にあっては、その地点及び日時を、当該業務を行った運転者等ごとに「業務の記録」（法令に規定する運行記録計に記録する場合は除く。以下同じ。）に記録させなければならない。ただし、10分未満の休憩については、その記録を省略しても差しつかえない。

2. 事業用自動車に係る運転者等の業務について、道路交通法に規定する交通事故若しくは自動車事故報告規則に規定する事故又は著しい運行の遅延その他の異常な事態が発生した場合にあっては、その概要及び原因について、当該業務を行った運転者等ごとに「業務の記録」に記録させなければならない。

3. 事業用自動車に係る運転者等の業務について、車両総重量が8トン以上又は最大積載量が5トン以上の普通自動車である事業用自動車の運行の業務に従事した場合にあって、荷主の都合により集貨又は配達を行った地点（以下「集貨地点等」という。）で30分以上待機したときは、①集貨地点等、②集貨地点等に到着した日時、③集貨地点等における積込み又は取卸しの開始及び終了の日時、④集貨地点等から出発した日時等を、当該業務を行った運転者等ごとに「業務の記録」に記録させなければならない。

4. 事業用自動車に係る運転者等の業務について、車両総重量が8トン以上又は最大積載量が5トン以上の普通自動車である事業用自動車の運行の業務に従事した場合にあっては、「貨物の積載状況」を「業務の記録」に記録させなければならない。ただし、当該業務において、法令の規定に基づき作成された運行指示書に「貨物の積載状況」が記載されているときは、「業務の記録」への当該事項の記録を省略することができる。

ポイント解説

1. **正しい。**安全規則第8条第1項第5号、「安全規則の解釈及び運用」第8条第1項（1）を参照。

2. **正しい。**安全規則第8条第1項第7号を参照。

3. **正しい。**安全規則第8条第1項第6号、「安全規則の解釈及び運用」第8条第1項（3）を参照。

4. **誤り。**運行指示書に「貨物の積載状況」が記載されている場合であっても、業務の記録に当該事項を**記録しなければならない**。安全規則第8条第1項第6号を参照。

▶答え　**4**

問3 ★★☆ ✓✓✓✓✓

　一般貨物自動車運送事業者（以下「事業者」という。）の事業用自動車の運行に係る記録等に関する次の記述のうち、<u>正しいものを2つ</u>選びなさい。なお、解答にあたっては、各選択肢に記載されている事項以外は考慮しないものとする。

1. 同一事業者内の全国貨物自動車運送適正化事業実施機関が認定している安全性優良事業所（Gマーク営業所）間でIT点呼を実施した場合、点呼簿に記録する内容を、IT点呼を行う営業所及びIT点呼を受ける運転者が所属する営業所の双方で記録し、保存すること。

2. 事業者は、車両総重量が8トン以上又は最大積載量が5トン以上の普通自動車である事業用自動車の運行の業務に運転者等を従事させた場合にあっては、当該業務を行った運転者等ごとに貨物の積載状況を「業務の記録」に記録させ、かつ、その記録を1年間保存しなければならない。

3. 事業者は、法令の規定により運行指示書を作成した場合には、当該運行指示書を、運行を計画した日から1年間保存しなければならない。

4. 事業者は、運転者が転任、退職その他の理由により運転者でなくなった場合には、直ちに、当該運転者に係る法令に基づき作成した運転者等台帳に運転者でなくなった年月日及び理由を記載し、これを1年間保存しなければならない。

ポイント解説

1. **正しい**。「安全規則の解釈及び運用」第7条第1項（5）②アを参照。
2. **正しい**。安全規則第8条第1項第6号イを参照。
3. 誤り。事業者は、法令の規定により運行指示書を作成した場合には、当該運行指示書を、**運行の終了の日から**1年間保存しなければならない。安全規則第9条の3第4項を参照。
4. 誤り。運転者でなくなった場合、運転者等台帳に運転者でなくなった年月日及び理由を記載し、**3年間保存**しなければならない。安全規則第9条の5第2項を参照。

▶答え　1と2

問4 ★★☆ ✓✓✓✓✓

　一般貨物自動車運送事業者（以下「事業者」という。）の事業用自動車の運行に係る記録等に関する次の記述のうち、<u>正しいものをすべて</u>選びなさい。なお、解答にあたっては、各選択肢に記載されている事項以外は考慮しないものとする。

1．事業者は、法令の規定により点呼を行い、報告を求め、確認を行い、及び指示をしたときは、運転者等ごとに点呼を行った旨、報告、確認及び指示の内容並びに法令で定める所定の事項を記録し、かつ、その記録を1年間保存しなければならない。

2．事業者は、事業用自動車に係る事故が発生した場合には、事故の発生日時等所定の事項を記録し、その記録を当該事業用自動車の運行を管理する営業所において1年間保存しなければならない。

3．事業者は、運転者が転任、退職その他の理由により運転者でなくなった場合には、直ちに、当該運転者に係る法令に基づき作成した運転者等台帳に運転者でなくなった年月日及び理由を記載し、これを1年間保存しなければならない。

4．事業者は、法令の規定により運行指示書を作成した場合には、当該運行指示書及びその写しを、運行の終了の日から1年間保存しなければならない。

ポイント解説

1．**正しい**。安全規則第7条第5項を参照。

2．誤り。事業用自動車に係る事故が発生した場合、その記録を事業用自動車の運行を管理する営業所において**3年間保存**しなければならない。安全規則第9条の2第1項を参照。

3．誤り。運転者でなくなった場合、運転者等台帳に運転者でなくなった年月日及び理由を記載し、**3年間保存**しなければならない。安全規則第9条の5第2項を参照。

4．**正しい**。安全規則第9条の3第4項を参照。

▶答え　**1と4**

覚えておこう 【記録の保存期間】

点呼の記録（安全規則第7条）	**1年間**
業務の記録（安全規則第8条）	**1年間**
運行記録計による記録（安全規則第9条）	**1年間**
事故の記録（安全規則第9条の2）	**3年間**
運行指示書（安全規則第9条の3）	運行の**終了の日から1年間**
運転者等台帳（安全規則第9条の5）	**3年間**
従業員に対する指導及び監督の記録（安全規則10条）	**3年間**

1-9 従業員に対する指導及び監督等

問1 ★★☆ ✓✓✓✓✓

　一般貨物自動車運送事業者（以下「事業者」という。）の事業用自動車の運行の安全を確保するために、国土交通省告示等に基づき運転者に対して行わなければならない指導監督及び特定の運転者に対して行わなければならない特別な指導に関する次の記述のうち、**誤っているもの**を1つ選びなさい。なお、解答にあたっては、各選択肢に記載されている事項以外は考慮しないものとする。

1. 事業者は、初任運転者に対する特別な指導について、当該事業者において初めて事業用自動車に乗務する前に実施すること。ただし、やむを得ない事情がある場合には、乗務を開始した後1ヵ月以内に実施すること。

2. 事業者が行う初任運転者に対する特別な指導は、法令に基づき運転者が遵守すべき事項、事業用自動車の運行の安全を確保するために必要な運転に関する事項などについて、6時間以上実施するとともに、安全運転の実技について、15時間以上実施すること。

3. 事業者は、事業用自動車の運行の安全を確保するために必要な運転の技術及び法令に基づき自動車の運転に関して遵守すべき事項等について、運転者に対する適切な指導及び監督をしなければならない。この場合においては、その日時、場所及び内容並びに指導及び監督を行った者及び受けた者を記録し、かつ、その記録を営業所において3年間保存すること。

4. 事業者は、法令に基づき事業用自動車の運転者として常時選任するために新たに雇い入れた場合には、当該運転者について、自動車安全運転センターが交付する無事故・無違反証明書又は運転記録証明書等により、雇い入れる前の事故歴を把握し、事故惹起運転者に該当するか否かを確認すること。

ポイント解説

1. **正しい**。「指導及び監督の指針」第2章3（1）②を参照。
2. **誤り**。初任運転者に対する特別な指導は、法令に基づき運転者が遵守すべき事項、事業用自動車の運行の安全を確保するために必要な運転に関する事項などについて、**15時間以上**実施するとともに、安全運転の実技について、**20時間以上**実施すること。「指導及び監督の指針」第2章2（2）を参照。
3. **正しい**。安全規則第10条第1項を参照。
4. **正しい**。「指導及び監督の指針」第2章5（1）を参照。

▶答え　2

問2 ★★☆ ✓✓✓✓✓

　一般貨物自動車運送事業者（以下「事業者」という。）の事業用自動車の運行の安全を確保するために、国土交通省告示等に基づき運転者に対して行わなければならない指導監督及び特定の運転者に対して行わなければならない特別な指導に関する次の記述のうち、<u>誤っているものを1つ選びなさい</u>。なお、解答にあたっては、各選択肢に記載されている事項以外は考慮しないものとする。

1. 危険物（自動車事故報告規則（昭和26年運輸省令第104号）第2条第5号に規定するものをいう。以下同じ。）を運搬する場合においては、危険物に該当する貨物の種類及び運搬する危険物の性状を理解させるとともに、危険物を運搬する前に確認すべき事項並びに危険物の取扱い方法、積載方法及び運搬方法について留意すべき事項を理解させる。

2. 事業者は、高齢運転者に対する特別な指導については、国土交通大臣が認定した高齢運転者のための適性診断の結果を踏まえ、個々の運転者の加齢に伴う身体機能の変化の程度に応じた事業用自動車の安全な運転方法等について運転者が自ら考えるよう指導する。この指導は、当該適性診断の結果が判明した後1ヵ月以内に実施する。

3. 事業者が行う初任運転者に対する特別な指導は、安全運転の実技について、実車を用いて10時間以上実施すること。

4. 事業者は、事故惹起運転者に対する特別な指導については、当該交通事故を引き起こした後、再度事業用自動車に乗務する前に実施すること。ただし、やむを得ない事情がある場合には、再度乗務を開始した後1ヵ月以内に実施すること。なお、外部の専門的機関における指導講習を受講する予定である場合は、この限りでない。

ポイント解説

1. 正しい。「指導及び監督の指針」第1章2（6）を参照。

2. 正しい。「指導及び監督の指針」第2章2（3）、「指導及び監督の指針」第2章3（1）③を参照。

3. **誤り**。事業者が行う初任運転者に対する特別な指導は、安全運転の実技について、実車を用いて**20時間以上**実施すること。「指導及び監督の指針」第2章2（2）を参照。

4. 正しい。「指導及び監督の指針」第2章3（1）①を参照。

▶答え　**3**

問3 ★★☆ ☑☑☑☑☑

　一般貨物自動車運送事業者（以下「事業者」という。）の事業用自動車の運行の安全を確保するために、国土交通省告示に基づき運転者に対して行わなければならない指導監督及び特定の運転者に対して行わなければならない特別な指導に関する次の記述のうち、誤っているものを1つ選びなさい。なお、解答にあたっては、各選択肢に記載されている事項以外は考慮しないものとする。

1．事業者は、軽傷者（法令で定める傷害を受けた者）を生じた交通事故を引き起こし、かつ、当該事故前の1年間に交通事故を引き起こした運転者に対し、国土交通大臣が告示で定める適性診断であって国土交通大臣の認定を受けたものを受診させること。
2．事業者が行う初任運転者に対する特別な指導は、法令に基づき運転者が遵守すべき事項、事業用自動車の運行の安全を確保するために必要な運転に関する事項などについて、15時間以上実施するとともに、安全運転の実技について、20時間以上実施すること。
3．事業者は、適齢診断（高齢運転者のための適性診断として国土交通大臣が認定したもの。）を運転者が65才に達した日以後1年以内に1回受診させ、その後3年以内ごとに1回受診させること。
4．事業者は、事業用自動車の運行の安全を確保するために必要な運転の技術及び法令に基づき自動車の運転に関して遵守すべき事項について、運転者に対する適切な指導及び監督をすること。この場合においては、その日時、場所及び内容並びに指導及び監督を行った者及び受けた者を記録し、かつ、その記録を営業所において3年間保存すること。

ポイント解説

1．**誤り**。事業者は、軽傷者（法令で定める傷害を受けた者）を生じた交通事故を引き起こし、かつ、当該**事故前の3年間**に交通事故を引き起こした運転者に対し、国土交通大臣が告示で定める適性診断であって国土交通大臣の認定を受けたものを受診させること。「指導及び監督の指針」第2章4（1）①を参照。
2．正しい。「指導及び監督の指針」第2章2（2）を参照。
3．正しい。「指導及び監督の指針」第2章4（3）を参照。
4．正しい。安全規則第10条第1項を参照。

▶答え　1

問4　★★☆　✓✓✓✓✓

　一般貨物自動車運送事業者（以下「事業者」という。）の事業用自動車の運行の安全を確保するために、国土交通省告示等に基づき運転者に対して行わなければならない指導監督及び特定の運転者に対して行わなければならない特別な指導に関する次の記述のうち、<u>誤っているもの</u>を1つ選びなさい。なお、解答にあたっては、各選択肢に記載されている事項以外は考慮しないものとする。

1. 事業者は、事故惹起運転者に対する特別な指導については、当該交通事故を引き起こした後再度事業用自動車に乗務する前に実施する。ただし、やむを得ない事情がある場合には、再度乗務を開始した後1ヵ月以内に実施する。なお、外部の専門的機関における指導講習を受講する予定である場合は、この限りではない。

2. 運転者は、乗務を終了して他の運転者と交替するときは、交替する運転者に対し、当該乗務に係る事業用自動車、道路及び運行の状況について通告すること。この場合において、交替して乗務する運転者は、当該通告を受け、当該事業用自動車の制動装置、走行装置その他の重要な装置の機能について、これを点検すること。

3. 事業者は、初任運転者に対する特別な指導について、当該事業者において初めて事業用自動車に乗務する前に実施すること。ただし、やむを得ない事情がある場合には、乗務を開始した後1ヵ月以内に実施すること。

4. 事業者が行う初任運転者に対する特別な指導は、法令に基づき運転者が遵守すべき事項、事業用自動車の運行の安全を確保するために必要な運転に関する事項などについて、6時間以上実施するとともに、安全運転の実技について、15時間以上実施すること。

ポイント解説

1. 正しい。「指導及び監督の指針」第2章3（1）①を参照。
2. 正しい。安全規則第17条第1項第4号・第5号を参照。
3. 正しい。「指導及び監督の指針」第2章3（1）②を参照。
4. **誤り**。初任運転者に対する特別な指導は、法令に基づき運転者が遵守すべき事項、事業用自動車の運行の安全を確保するために必要な運転に関する事項などについて、**15時間以上**実施するとともに、安全運転の実技について、**20時間以上**実施すること。「指導及び監督の指針」第2章2（2）を参照。

▶答え　**4**

問5 ★☆☆ ✓✓✓✓✓

　一般貨物自動車運送事業者（以下「事業者」という。）の事業用自動車の運行の安全を確保するために、事業者が行う国土交通省告示で定める特定の運転者に対する特別な指導の指針に関する次の文中、A、B、Cに入るべき字句として<u>いずれか正しいものを1つ選</u>びなさい。

1. 事業者は、適齢診断（高齢運転者のための適性診断として国土交通大臣が認定したもの。）を運転者が65才に達した日以後1年以内に1回受診させ、その後（A）以内ごとに1回受診させること。

2. 事業者は、初任運転者に対する特別な指導について、当該事業者において初めて事業用自動車に乗務する前に実施すること。ただし、やむを得ない事情がある場合には、乗務を開始した後（B）以内に実施すること。

3. 事業者が行う初任運転者に対する特別な指導は、法令に基づき運転者が遵守すべき事項、事業用自動車の運行の安全を確保するために必要な運転に関する事項などについて、15時間以上実施するとともに、安全運転の実技について、（C）以上実施すること。

A ① 2年　　　② 3年
B ① 1ヵ月　　② 3ヵ月
C ① 20時間　② 30時間

ポイント解説

1. 事業者は、適齢診断（高齢運転者のための適性診断として国土交通大臣が認定したもの。）を運転者が65才に達した日以後1年以内に1回受診させ、その後（**3年**）以内ごとに1回受診させること。「指導及び監督の指針」第2章4（3）を参照。

2. 事業者は、初任運転者に対する特別な指導について、当該事業者において初めて事業用自動車に乗務する前に実施すること。ただし、やむを得ない事情がある場合には、乗務を開始した後（**1ヵ月**）以内に実施すること。「指導及び監督の指針」第2章3（1）②を参照。

3. 事業者が行う初任運転者に対する特別な指導は、法令に基づき運転者が遵守すべき事項、事業用自動車の運行の安全を確保するために必要な運転に関する事項などについて、15時間以上実施するとともに、安全運転の実技について、（**20時間**）以上実施すること。「指導及び監督の指針」第2章2（2）を参照。

▶答え　A−②，B−①，C−①

1－10　乗務員・運転者

問1 ★★☆ ☑☑☑☑☑

　次の記述のうち、一般貨物自動車運送事業者の事業用自動車の運転者（以下「運転者」という。）が遵守しなければならない事項として正しいものを2つ選びなさい。なお、解答にあたっては、各選択肢に記載されている事項以外は考慮しないものとする。

1. 運転者は、①業務を開始しようとするとき、②業務前及び業務後の点呼のいずれも対面で行うことができない業務の途中、③業務を終了したときは、法令に規定する点呼を受け、事業者に所定の事項について報告をすること。

2. 運転者は、踏切を通過するときは変速装置を操作しないで通過しなければならず、また、事業用自動車の故障等により踏切内で運行不能となったときは、速やかに列車に対し適切な防護措置をとること。

3. 運転者は、業務を終了して他の運転者と交替するときは、交替する運転者に対し、当該業務に係る事業用自動車、道路及び運行の状況について通告すること。この場合において、交替して業務に従事する運転者は、当該通告を受け、当該事業用自動車の制動装置、走行装置その他の重要な装置の機能について異常のおそれがあると認められる場合には、点検すること。

4. 運転者は、運行指示書の作成を要する運行の途中において、運行の経路並びに主な経過地における発車及び到着の日時に変更が生じた場合には、営業所の運行指示書の写しをもって、運転者が携行している運行指示書への当該変更内容の記載を省略することができる。

ポイント解説

1. **正しい**。安全規則第17条第1項第3号を参照。
2. **正しい**。安全規則第16条第1項第4号、安全規則第17条第1項第8号を参照。
3. 誤り。点検の必要性があると認められる場合だけではなく、**必ず点検しなければならない**。安全規則第17条第1項第4号・第5号を参照。
4. 誤り。運行の経路並びに主な経過地における発車及び到着の日時に変更が生じた場合には、携行している運行指示書へ**変更内容を記載しなければならない**。安全規則第17条第1項第7号を参照。

▶答え　1と2

問2 ★☆☆ ✓✓✓✓✓

　次の記述のうち、一般貨物自動車運送事業者の運転者（以下「運転者」という。）が遵守しなければならない事項として**誤っているもの**を１つ選びなさい。なお、解答にあたっては、各選択肢に記載されている事項以外は考慮しないものとする。

1．運転者は、踏切を通過するときは変速装置を操作して速やかに通過しなければならず、また、事業用自動車の故障等により踏切内で運行不能となったときは、速やかに列車に対し適切な防護措置をとること。

2．運転者は、事業用自動車の業務に従事したときは、①業務に従事した事業用自動車の自動車登録番号その他の当該事業用自動車を識別できる表示、②業務の開始及び終了の地点及び日時並びに主な経過地点及び業務に従事した距離等所定の事項を「業務の記録」（法令に規定する運行記録計に記録する場合は除く。）に記録すること。

3．運転者は、疾病、疲労、睡眠不足その他の理由により安全な運転をすることができないおそれがあるときは、その旨を事業者に申し出なければならない。

4．運転者は、酒気を帯びた状態にあるときは、その旨を事業者に申し出なければならない。

ポイント解説

1．**誤り**。運転者は、踏切を通過するときは変速装置を**操作しないで**通過しなければならず、また、事業用自動車の故障等により踏切内で運行不能となったときは、速やかに列車に対し適切な防護措置をとること。安全規則第16条第１項第４号、安全規則第17条第１項第８号を参照。

2．正しい。安全規則第17条第１項第６号を参照。

3．正しい。安全規則第17条第１項第１号の２を参照。

4．正しい。安全規則第17条第１項第１号を参照。

▶答え　1

1－11　運行管理者

問1 ★★☆ ✓✓✓✓✓

　貨物自動車運送事業法に定める運行管理者等の義務についての次の文中、A、B、C、D に入るべき字句を下の枠内の選択肢（①～⑧）から選びなさい。

1．運行管理者は、（A）にその業務を行わなければならない。

2．一般貨物自動車運送事業者は、運行管理者に対し、法令で定める業務を行うため必要な（B）を与えなければならない。

3．一般貨物自動車運送事業者は、運行管理者がその業務として行う（C）を尊重しなければならず、事業用自動車の運転者その他の従業員は、運行管理者がその業務として行う（D）に従わなければならない。

| ① 指導 | ② 適切 | ③ 権限 | ④ 指示 |
| ⑤ 助言 | ⑥ 地位 | ⑦ 勧告 | ⑧ 誠実 |

ポイント解説

1．運行管理者は、（**誠実**）にその業務を行わなければならない。運送事業法第22条第1項を参照。

2．一般貨物自動車運送事業者は、運行管理者に対し、法令で定める業務を行うため必要な（**権限**）を与えなければならない。運送事業法第22条第2項を参照。

3．一般貨物自動車運送事業者は、運行管理者がその業務として行う（**助言**）を尊重しなければならず、事業用自動車の運転者その他の従業員は、運行管理者がその業務として行う（**指導**）に従わなければならない。運送事業法第22条第3項を参照。

▶答え　A－⑧：B－③：C－⑤：D－①

問2 ★★☆ ☑☑☑☑☑

　一般貨物自動車運送事業者(以下「事業者」という。)の運行管理者の選任等に関する次の記述のうち、誤っているものを1つ選びなさい。なお、解答にあたっては、各選択肢に記載されている事項以外は考慮しないものとする。

1．事業者は、事業用自動車（被けん引自動車を除く。）の運行を管理する営業所ごとに、当該営業所が運行を管理する事業用自動車の数を30で除して得た数（その数に1未満の端数があるときは、これを切り捨てるものとする。）に1を加算して得た数以上の運行管理者を選任しなければならない。

2．国土交通大臣は、運行管理者資格者証の交付を受けている者が、貨物自動車運送事業法若しくはこの法律に基づく命令又はこれらに基づく処分に違反したときは、その運行管理者資格者証の返納を命ずることができる。また、運行管理者資格者証の返納を命ぜられ、その日から5年を経過しない者に対しては、運行管理者資格者証の交付を行わないことができる。

3．事業者は、法令に規定する運行管理者資格者証を有する者又は国土交通大臣が告示で定める運行の管理に関する講習であって国土交通大臣の認定を受けたもの（基礎講習）を修了した者のうちから、運行管理者の業務を補助させるための者（補助者）を選任することができる。

4．事業者は、新たに選任した運行管理者に、選任届出をした日の属する年度（やむを得ない理由がある場合にあっては、当該年度の翌年度）に基礎講習又は一般講習（基礎講習を受講していない当該運行管理者にあっては、基礎講習）を受講させなければならない。ただし、他の事業者において運行管理者として選任されていた者にあっては、この限りでない。

ポイント解説

1．正しい。安全規則第18条第1項を参照。

2．正しい。運送事業法第19条第2項第1号、運送事業法第20条第1項を参照。

3．正しい。安全規則第18条第3項を参照。

4．**誤り**。「新たに選任した運行管理者」とは、当該事業者において初めて選任された者のことをいう。他の事業者で選任されていた者であっても**当該事業者において初めて選任された者には、基礎講習又は一般講習を受講させなければならない**。「講習の種類等を定める告示」第4条第1項・「安全規則の解釈及び運用」第23条第2項を参照。

▶答え　**4**

問3 ★★☆ ☑☑☑☑☑

　貨物自動車運送事業法等における運行管理者等の義務及び選任についての次の記述のうち、誤っているものを1つ選びなさい。なお、解答にあたっては、各選択肢に記載されている事項以外は考慮しないものとする。

1．一般貨物自動車運送事業者は、運行管理者の業務を補助させるための者（補助者）の選任については、運行管理者の履行補助として業務に支障が生じない場合であっても、同一事業者の他の営業所の補助者を兼務させることはできない。

2．一般貨物自動車運送事業者は、運行管理者に対し、法令で定める業務を行うため必要な権限を与えなければならない。

3．一般貨物自動車運送事業者は、事業用自動車（被けん引自動車を除く。）の運行を管理する営業所ごとに、当該営業所が運行を管理する事業用自動車の数を30で除して得た数（その数に1未満の端数があるときは、これを切り捨てるものとする。）に1を加算して得た数以上の運行管理者を選任しなければならない。

4．一般貨物自動車運送事業者は、運行管理者がその業務として行う助言を尊重しなければならず、事業用自動車の運転者その他の従業員は、運行管理者がその業務として行う指導に従わなければならない。

ポイント解説

1．**誤り**。補助者は、運行管理者の履行補助として業務に**支障が生じない場合に限り**、同一事業者の他の営業所の補助者を**兼務することができる**。「安全規則の解釈及び運用」第18条第3項を参照。

2．正しい。運送事業法第22条第2項を参照。

3．正しい。安全規則第18条第1項を参照。

4．正しい。運送事業法第22条第3項を参照。

▶答え　1

覚えておこう✍【運行管理者の選任数の最低限度を求める計算式】

$$運行管理者の選任数の最低限度 = \frac{事業用自動車の両数（被けん引車を除く）}{30} + 1$$

※1未満の端数は切り捨て

問4 ★★★ ☑☑☑☑☑

　次の記述のうち、一般貨物自動車運送事業の運行管理者の行わなければならない業務として、誤っているものを1つ選びなさい。なお、解答にあたっては、各選択肢に記載されている事項以外は考慮しないものとする。

1．事業計画に従い業務を行うに必要な員数の事業用自動車の運転者等を常時選任しておくこと。

2．運転者等に対し、業務を開始しようとするとき、法令に規定する業務の途中及び業務を終了したときは、法令の規定により、点呼を受け、報告をしなければならないことについて、指導及び監督を行うこと。

3．法令の規定により、運転者として常時選任するために新たに雇い入れた者であって当該貨物自動車運送事業者において初めて事業用自動車に乗務する前3年間に初任診断（初任運転者のための適性診断として国土交通大臣が認定したもの）を受診したことがない者に対して、当該診断を受診させること。

4．法令の規定により、運転者等に対して点呼を行い、報告を求め、確認を行い、及び指示を与え、並びに記録し、及びその記録を保存し、並びに運転者に対して使用するアルコール検知器を常時有効に保持すること。

ポイント 解説

1．**誤り**。必要な員数の事業用自動車の運転者等を常時選任しておくことは、**貨物自動車運送事業者の業務**である。安全規則第3条第1項を参照。

2．正しい。従業員に対する指導及び監督には、点呼の実施と報告の徹底が含まれる。安全規則第20条第1項第14号を参照。

3．正しい。安全規則第20条第1項第14号の2を参照。

4．正しい。安全規則第20条第1項第8号を参照。

▶答え　**1**

問5 ★★★ ☑☑☑☑☑

次の記述のうち、貨物自動車運送事業の運行管理者の行わなければならない業務として誤っているものを1つ選びなさい。なお、解答にあたっては、各選択肢に記載されている事項以外は考慮しないものとする。

1．運転者等に対して、法令の規定により点呼を行い、報告を求め、確認を行い、及び指示をしたときは、運転者等ごとに点呼を行った旨、報告、確認及び指示の内容並びに法令で定める所定の事項を記録し、かつ、その記録を1年間保存すること。

2．事業用自動車に係る事故が発生した場合には、法令の規定により「事故の発生場所」等の所定の事項を記録し、及びその記録を3年間保存すること。

3．事業用自動車に備えられた非常信号用具及び消火器の取扱いについて、当該事業用自動車の乗務員に対する適切な指導を行うこと。

4．休憩又は睡眠のための時間及び勤務が終了した後の休息のための時間が十分に確保されるように、国土交通大臣が告示で定める基準に従って、運転者の勤務時間及び乗務時間を定め、当該運転者にこれらを遵守させること。

ポイント解説

1．正しい。安全規則第20条第1項第8号を参照。

2．正しい。安全規則第20条第1項第12号を参照。

3．正しい。安全規則第20条第1項第14号を参照。

4．**誤り**。運転者の勤務時間及び乗務時間を定めるのは、**貨物自動車運送事業者の業務**である。運行管理者は、貨物自動車運送事業者が定めた**勤務時間及び乗務時間の範囲内**において、**乗務割を作成**し、これに従い運転者を**事業用自動車に乗務させる**。安全規則第3条第4項、安全規則第20条第1項第3号を参照。

▶答え　**4**

問6 ★★★ ✓✓✓✓✓

　次の記述のうち、一般貨物自動車運送事業の運行管理者が行わなければならない業務として、正しいものを2つ選びなさい。なお、解答にあたっては、各選択肢に記載されている事項以外は考慮しないものとする。

1．自動車事故報告規則第5条（事故警報）の規定により定められた事故防止対策に基づき、事業用自動車の運行の安全の確保について、事故を発生させた運転者に限り、指導及び監督を行うこと。

2．法令の規定により、運転者として常時選任するため新たに雇い入れた者であって当該貨物自動車運送事業者において初めて事業用自動車に乗務する前3年間に初任診断（初任運転者のための適性診断として国土交通大臣が認定したもの）を受診したことがない者に対して、当該診断を受診させること。

3．従業員に対し、効果的かつ適切に指導及び監督を行うため、輸送の安全に関する基本的な方針を策定し、かつ、これに基づき指導及び監督を行うこと。

4．法令の規定により、運行指示書を作成し、及びその写しに変更の内容を記載し、運転者等に対し適切な指示を行い、運行指示書を事業用自動車の運転者等に携行させ、及び変更の内容を記載させ、並びに運行指示書及びその写しの保存をすること。

ポイント解説

1．誤り。運行の安全の確保については、事故を発生させた運転者に限らず、**すべての運転者に対し**、指導及び監督を行う。安全規則第20条第1項第17号を参照。

2．**正しい**。安全規則第20条第1項第14号の2を参照。

3．誤り。従業員に対する指導及び監督のための基本的な方針の策定は、**貨物自動車運送事業者の業務**である。安全規則第10条第4項を参照。

4．**正しい**。安全規則第20条第1項第12号の2を参照。

▶答え　**2と4**

問7 ★★★ ☑☑☑☑☑

次の記述のうち、貨物自動車運送事業の運行管理者が行わなければならない業務として<u>正しいものを２つ</u>選びなさい。なお、解答にあたっては、各選択肢に記載されている事項以外は考慮しないものとする。

1. 運転者が長距離運転又は夜間の運転に従事する場合であって、疲労等により安全な運転を継続することができないおそれがあるときは、あらかじめ、当該運転者と交替するための運転者を配置すること。

2. 車両総重量が７トン以上又は最大積載量が４トン以上の普通自動車である事業用自動車について、法令に規定する運行記録計により記録することのできないものを運行の用に供さないこと。

3. 法令の規定により、運転者等に対して点呼を行い、報告を求め、確認を行い、及び指示を与え、並びに記録し、及びその記録を保存し、並びに運転者に対して使用するアルコール検知器を備え置くこと。

4. 適齢診断（高齢運転者のための適性診断として国土交通大臣が認定したものをいう。）を運転者が60歳に達した日以後１年以内（60歳以上の者を新たに運転者として選任した場合は、選任の日から１年以内）に１回受診させ、その後３年以内ごとに１回受診させること。

ポイント解説

1. **正しい**。安全規則第20条第１項第５号を参照。

2. **正しい**。安全規則第20条第１項第11号、安全規則第９条第１項第１号を参照。

3. 誤り。アルコール検知器を備え置くのは、**貨物自動車運送事業者の業務**である。運行管理者はそのアルコール検知器を**常時有効に保持すること**。安全規則第20条第１項第８号を参照。

4. 誤り。適齢診断を運転者が**65歳**に達した日以後１年以内（**65歳以上**の者を新たに運転者として選任した場合は、選任の日から１年以内）に１回受診させ、その後３年以内ごとに１回受診させること。安全規則第20条第１項第14号の２、「指導及び監督の指針」第２章４（3）を参照。

▶答え　**1と2**

用語

常時有効に保持	正常に作動し、故障がない状態で保持しておくことをいう。

問8 ★★★ ☑☑☑☑☑

次の記述のうち、一般貨物自動車運送事業の運行管理者の行わなければならない業務として正しいものを2つ選びなさい。なお、解答にあたっては、各選択肢に記載されている事項以外は考慮しないものとする。

1. 乗務員等が有効に利用することができるように、休憩に必要な施設を整備し、及び乗務員等に睡眠を与える必要がある場合にあっては睡眠に必要な施設を整備し、並びにこれらの施設を適切に管理し、及び保守すること。

2. 法令の規定により、死者又は負傷者（法令に掲げる傷害を受けた者）が生じた事故を引き起こした者等特定の運転者に対し、国土交通大臣が告示で定める適性診断であって国土交通大臣の認定を受けたものを受けさせること。

3. 法令の規定により、運転者等に対して点呼を行い、報告を求め、確認を行い、及び指示を与え、並びに記録し、及びその記録を保存し、並びに運転者に対して使用するアルコール検知器を備え置くこと。

4. 法令の規定により、運行指示書を作成し、及びその写しに変更の内容を記載し、運転者等に対し適切な指示を行い、運行指示書を事業用自動車の運転者等に携行させ、及び変更の内容を記載させ、並びに運行指示書及びその写しの保存をすること。

ポイント解説

1. 誤り。休憩施設及び睡眠施設を整備・管理・保守するのは、**貨物自動車運送事業者の業務**。運行管理者はそれらの施設を**適切に管理**しなければならない。安全規則第3条第3項・安全規則第20条第1項第2号を参照。

2. **正しい**。安全規則第20条第1項第14号の2を参照。

3. 誤り。アルコール検知器を備え置くのは、**貨物自動車運送事業者の業務**である。運行管理者はそのアルコール検知器を**常時有効に保持すること**。安全規則第20条第1項第8号を参照。

4. **正しい**。安全規則第20条第1項第12号の2を参照。

▶答え　**2と4**

問9 ★★★ ☑☑☑☑☑

次の記述のうち、貨物自動車運送事業の運行管理者の行わなければならない業務として正しいものを2つ選びなさい。なお、解答にあたっては、各選択肢に記載されている事項以外は考慮しないものとする。

1. 法令の規定により、運転者等に対して点呼を行い、報告を求め、確認を行い、及び指示を与え、並びに記録し、及びその記録を保存し、並びに運転者に対して使用するアルコール検知器を備え置くこと。
2. 法令に規定する「運行記録計」を管理し、及びその記録を保存すること。
3. 事業用自動車に係る事故が発生した場合には、法令の規定により「事故の発生日時」等の所定の事項を記録し、及びその記録を保存すること。
4. 運行管理規程を定め、かつ、その遵守について運行管理業務を補助させるため選任した補助者及び運転者に対し指導及び監督を行うこと。

ポイント解説

1. 誤り。アルコール検知器を備え置くのは、**貨物自動車運送事業者の業務**である。運行管理者はそのアルコール検知器を**常時有効に保持すること**。安全規則第20条第1項第8号を参照。
2. **正しい**。安全規則第20条第1項第10号を参照。
3. **正しい**。安全規則第20条第1項第12号を参照。
4. 誤り。運行管理規程を定めるのは、**貨物自動車運送事業者の業務**である。安全規則第21条第1項、安全規則第20条第1項第14号・第16号を参照。

▶答え　**2と3**

覚えておこう🖊 【事業者と運行管理者の業務の違い】

運転者等の選任	事業者	必要な員数の運転者等を**常時選任**しておく。
	運行管理者	選任された者以外の者に**運転させない**。
補助者の選任	事業者	補助者を**選任する**。
	運行管理者	補助者に対する**指導及び監督**。
休憩施設・睡眠施設	事業者	**整備・管理・保守する**。
	運行管理者	**管理のみ**。整備及び保守の義務はない。
勤務時間・乗務時間	事業者	**勤務時間・乗務時間**を定める。
	運行管理者	事業者によって定められた勤務時間・乗務時間の範囲内で**乗務割を作成し**、**乗務させる**。
運行管理規程	事業者	運行管理規程を**定める**。
	運行管理者	運行管理規程を**遵守する**。
自動車車庫	事業者	自動車車庫を営業所に**併設する**。
	運行管理者	自動車車庫に関する**業務規定はない**。
従業員に対する指導・監督	事業者	輸送の安全に関する**基本的な方針を策定**し、これに基づき指導・監督をする。
	運行管理者	法令の規定により定められた**事故防止対策**に基づき、**運行の安全の確保**について指導・監督をする。
アルコール検知器	事業者	アルコール検知器を**備え置く**。
	運行管理者	アルコール検知器を**常時有効に保持する**。

1−12　事故の報告（定義・報告・速報）

問1 ★★★ ☑☑☑☑☑

　次の自動車事故に関する記述のうち、一般貨物自動車運送事業者が自動車事故報告規則に基づく国土交通大臣への報告を要するものを<u>2つ選びなさい</u>。なお、解答にあたっては、各選択肢に記載されている事項以外は考慮しないものとする。

1．事業用自動車の運転者が走行中に体の左手足が麻痺してきたので直近の駐車場に駐車させ、その後の運行を中止した。後日、当該運転者は脳梗塞と診断された。

2．事業用自動車が右折の際、原動機付自転車と接触し、当該原動機付自転車が転倒した。この事故で、原動機付自転車の運転者に通院による11日間の医師の治療を要する傷害を生じさせた。

3．事業用自動車が高速自動車国道法に定める高速自動車国道を走行中、前方に渋滞で停止していた乗用車の発見が遅れたため、当該乗用車に追突した。そこに当該事業用自動車の後続車6台が次々と衝突する多重事故となった。この事故で、当該高速自動車国道が2時間にわたり自動車の通行が禁止となった。

4．事業用自動車の運転者が運転操作を誤り、当該事業用自動車が道路の側壁に衝突した後、運転席側を下にして横転した状態で道路上に停車した。この事故で、当該運転者が5日間の医師の治療を要する傷害を負った。

ポイント解説

1．**要する**。運転者の疾病により運行を中止しているため、疾病事故に該当する。事故報告規則第2条第1項第9号を参照。

2．要しない。通院による11日間の医師の治療のみの傷害は、重傷者の定義に**該当しない**。**入院を要する傷害**で、**通院による30日以上**の医師の治療を要する傷害を負った場合は死傷事故に該当するため、**報告を要する**。事故報告規則第2条第1項第3号を参照。

3．要しない。高速自動車国道において、**2時間**にわたり自動車の通行を禁止させた場合は高速道路障害事故に**該当しない**。**3時間以上**自動車の通行を禁止させた場合は報告を要する。また、衝突車両が**10台未満**のため衝突事故にも**該当しない**。事故報告規則第2条第1項第2号・第14号を参照。

4．**要する**。転覆事故（運転席側を下にして横転（道路上において路面と35度以上傾斜））に該当する。事故報告規則第2条第1項第1号を参照。

▶答え　1と4

問2 ★★★

　次の自動車事故に関する記述のうち、一般貨物自動車運送事業者が自動車事故報告規則に基づき国土交通大臣に報告を要するものを2つ選びなさい。なお、解答にあたっては、各選択肢に記載されている事項以外は考慮しないものとする。

1. 事業用自動車が右折の際、原動機付自転車と接触し、当該原動機付自転車が転倒した。この事故で、原動機付自転車の運転者に30日間の通院による医師の治療を要する傷害を生じさせた。
2. 事業用自動車の運転者が運転操作を誤り、当該事業用自動車が道路の側壁に衝突した後、運転者席側を下にして転覆した状態で道路上に停車した。この事故で、当該運転者が10日間の医師の治療を要する傷害を負った。
3. 事業用自動車の運転者がハンドル操作を誤り、当該事業用自動車が道路の側壁に衝突した。その衝撃により積載されていた消防法第2条第7項に規定する危険物である灯油の一部が道路に漏えいした。
4. 事業用自動車が交差点に停車していた貨物自動車に気づくのが遅れ、当該事業用自動車がこの貨物自動車に追突し、さらに後続の自家用乗用自動車3台が関係する玉突き事故となり、この事故により8人が軽傷を負った。

ポイント解説

1. 要しない。通院による30日間の医師の治療のみの傷害は重傷者の定義に該当しないため、**報告を要しない**。事故報告規則第2条第1項第3号を参照。
2. **要する**。転覆事故（運転者席側を下にして転覆（道路上において路面と35度以上傾斜））に該当する。事故報告規則第2条第1項第1号を参照。
3. **要する**。積載物漏えい事故に該当する。事故報告規則第2条第1項第5号を参照。
4. 要しない。衝突車両が10台未満のため衝突事故には該当せず、また、負傷者が8人のため負傷事故にも該当しないため、**報告を要しない**。事故報告規則第2条第1項第2号・第4号を参照。

▶答え　**2と3**

覚えておこう 【重傷及び軽傷の定義】

重傷	■脊柱の骨折　■上腕又は前腕の骨折　■内臓の破裂 ■**入院することを要する傷害**で、医師の治療（通院）を要する期間が**30日以上**のもの ■**14日以上病院に入院**することを要する傷害
軽傷	■**11日以上医師の治療（通院）**を要する傷害

問3 ★★★ ☑☑☑☑☑

次の自動車事故に関する記述のうち、一般貨物自動車運送事業者が自動車事故報告規則に基づき国土交通大臣への報告を<u>要するものを2つ</u>選びなさい。なお、解答にあたっては、各選択肢に記載されている事項以外は考慮しないものとする。

1．事業用自動車が左折したところ、左後方から走行してきた自転車を巻き込む事故を起こした。この事故で、当該自転車に乗車していた者に通院による40日間の医師の治療を要する傷害を生じさせた。

2．事業用自動車が走行中、アクセルを踏んでいるものの速度が徐々に落ち、しばらく走行したところでエンジンが停止して走行が不能となった。再度エンジンを始動させようとしたが、燃料装置の故障によりエンジンを再始動させることができず、運行ができなくなった。

3．事業用自動車の運転者がハンドル操作を誤り、当該自動車が車道と歩道の区別がない道路を逸脱し、当該道路との落差が0.3メートルの畑に転落した。

4．事業用自動車の運転者が高速自動車国道を走行中、ハンドル操作を誤り、道路の中央分離帯に衝突したことにより、当該事業用自動車に積載していた消防法に規定する危険物の高圧ガスが一部漏えいした。この事故により当該自動車の運転者が軽傷を負った。

ポイント解説

1．要しない。通院による40日間の医師の治療のみの傷害は重傷者の定義に該当しないため、**報告を要しない**。事故報告規則第2条第1項第3号を参照。

2．**要する**。運行不能事故に該当する。事故報告規則第2条第1項第11号を参照。

3．要しない。畑に転落しているが落差が0.3mであるため、**報告を要しない**。落差0.5m以上の転落事故は報告が必要となる。事故報告規則第2条第1項第1号を参照。

4．**要する**。積載物漏えい事故に該当する。事故報告規則第2条第1項第5号を参照。

▶答え　**2と4**

問4 ★★★ ☑☑☑☑☑

　次の自動車事故に関する記述のうち、一般貨物自動車運送事業者が自動車事故報告規則に基づく国土交通大臣への報告を<u>要しないもの</u>を1つ選びなさい。

1．事業用自動車の運転者が運転操作を誤り、当該事業用自動車が道路の側壁に衝突した。その衝撃により当該事業用自動車に積載されていた消防法第2条第7項に規定する危険物である灯油の一部が道路に漏えいした。

2．高速自動車国道法に定める高速自動車国道を走行していた事業用自動車が、前方に事故で停車していた乗用車の発見が遅れ、当該乗用車に追突した。さらに当該事業用自動車の後続車5台が次々と衝突する多重事故となった。この事故で、当該高速自動車国道が2時間にわたり自動車の通行が禁止となった。

3．事業用自動車が雨天時に緩い下り坂の道路を走行中、前を走行していた自動車が速度超過によりカーブを曲がりきれずにガードレールに衝突する事故を起こした。そこに当該事業用自動車が追突し、さらに後続の自動車も次々と衝突する事故となり、9台の自動車が衝突し10名の負傷者が生じた。

4．事業用自動車の運転者が、走行中ハンドル操作を誤り道路のガードレールに衝突する物損事故を起こした。当該事故の警察官への報告の際、当該運転者が道路交通法に規定する麻薬等運転をしていたことが明らかとなった。

ポイント解説

1．要する。積載物漏えい事故に該当する。事故報告規則第2条第1項第5号を参照。

2．**要しない**。高速自動車国道において、**2時間**にわたり自動車の通行を禁止させた場合は高速道路障害事故に**該当しない**。**3時間以上**自動車の通行を禁止させた場合は報告を要する。また、衝突車両が**10台未満**のため、衝突事故にも**該当しない**。事故報告規則第2条第1項第2号・第14号を参照。

3．要する。衝突台数が10台未満であるが、負傷者が10名生じているため、負傷事故に該当する。事故報告規則第2条第1項第2号・第4号を参照。

4．要する。麻薬等運転は、法令違反事故に該当する。事故報告規則第2条第1項第8号を参照。

▶答え　**2**

問5 ★☆☆ ✓✓✓✓✓

　次の自動車事故に関する記述のうち、一般貨物自動車運送事業者が自動車事故報告規則に基づき国土交通大臣への<u>報告を要するものを２つ</u>選びなさい。なお、解答にあたっては、各選択肢に記載されている事項以外は考慮しないものとする。

1. 事業用自動車の運転者が踏切を通過しようとしたところ、踏切内の施設に衝突してして、線路内に車体が残った状態で停止した。ただちに乗務員が踏切非常ボタンを押して鉄道車両との衝突は回避したが、鉄道施設に損傷を与えたため、２時間にわたり本線において鉄道車両の運転を休止させた。

2. 事業用自動車が左折したところ、左後方から走行してきた自転車を巻き込む事故を起こした。この事故で、当該自転車に乗車していた者に通院による11日間の医師の治療を要する傷害を生じさせた。

3. 事業用自動車が走行中、アクセルを踏んでいるものの速度が徐々に落ち、しばらく走行したところでエンジンが停止して走行が不能となった。再度エンジンを始動させようとしたが、燃料装置の故障によりエンジンを再始動させることができず、運行ができなくなった。

4. 高速自動車国道を走行中の事業用けん引自動車のけん引装置が故障し、事業用被けん引自動車と当該けん引自動車が分離した。

ポイント解説

1. **要しない。** ２時間にわたる鉄道車両の運転休止は鉄道障害事故に**該当しない。3時間以上**本線において鉄道車両の運転を休止させた場合は報告を要する。事故報告規則第２条第１項第13号を参照。

2. **要しない。** 通院による11日間の医師の治療のみの傷害は、重傷者の定義に**該当しない。**事故報告規則第２条第１項第３号を参照。

3. **要する。** 運行不能事故に該当する。事故報告規則第２条第１項第11号を参照。

4. **要する。** 故障により被けん引自動車の分離が生じたものは車輪脱落事故に該当する。事故報告規則第２条第１項第12号を参照。

▶答え　**3と4**

問6 ★★★ ☑☑☑☑☑

　自動車事故に関する次の記述のうち、一般貨物自動車運送事業者が自動車事故報告規則に基づき運輸支局長等に<u>速報</u>を要するものを<u>2つ</u>選びなさい。なお、解答にあたっては、各選択肢に記載されている事項以外は考慮しないものとする。

1．事業用自動車の運転者が一般道路を走行中、ハンドル操作を誤り積載されたコンテナを落下させた。

2．事業用自動車が、交差点で信号待ちで停車していた乗用車の発見が遅れ、ブレーキをかける間もなく追突した。この事故で、当該事業用自動車の運転者が30日の医師の治療を要する傷害を負うとともに、追突された乗用車の運転者1人が死亡した。

3．事業用自動車が高速道路を走行中、前方に渋滞により乗用車が停止していることに気づくのが遅れ、追突事故を引き起こした。この事故で、乗用車に乗車していた5人が重傷（自動車事故報告規則で定める傷害をいう。）を負い、当該高速道路の通行が2時間禁止された。

4．消防法に規定する危険物である灯油を積載した事業用のタンク車が、運搬途中の片側1車線の一般道のカーブ路においてハンドル操作を誤り、転覆し、積み荷の灯油の一部がタンクから漏えいする単独事故を引き起こした。この事故で、当該タンク車の運転者が軽傷を負った。

ポイント解説

1．要しない。落下事故は、速報を要する事故に**該当しない**。

2．要しない。死傷事故（2人以上の死者又は5人以上の重傷者を生じたもの）に**該当しない**。事故報告規則第4条第1項第2号・第3号を参照。

3．**要する**。事故により5人が重傷を負っており、死傷事故に該当する。事故報告規則第4条第1項第2号ロを参照。

4．**要する**。積載物漏えい事故に該当する。事故報告規則第4条第1項第4号を参照。

▶答え　**3と4**

問7 ★★★ ☑☑☑☑☑

自動車事故に関する次の記述のうち、一般貨物自動車運送事業者が自動車事故報告規則に基づき運輸支局長等に<u>速報を要するもの</u>を2つ選びなさい。なお、解答にあたっては、各選択肢に記載されている事項以外は考慮しないものとする。

1. 事業用自動車が交差点に停車していた乗用車に気づくのが遅れ、追突した。さらに後続の自家用乗用自動車2台が関係する玉突き事故となり、この事故により4人が重傷、5人が軽傷を負った。

2. 事業用自動車の運転者が雨の日の高速自動車国道を走行中、スリップして横転した。これにより、当該事業用自動車に積載していた火薬類取締法に規定する火薬類が飛散した。この事故により当該自動車の運転者が軽傷を負った。

3. 事業用自動車が交差点において乗用車と接触する事故を起こした。双方の運転者は共に軽傷であったが、当該事業用自動車の運転者が事故を警察官に報告した際、その運転者が道路交通法に規定する酒気帯び運転をしていたことが発覚した。

4. 事業用自動車が高速自動車国道法に定める高速自動車国道を走行中、前方に事故で停車していた乗用車の発見が遅れたため、当該乗用車に追突した。そこに当該事業用自動車の後続車が追突する多重事故となった。この影響で、当該高速自動車国道が3時間にわたり自動車の通行が禁止となった。

ポイント解説

1. 要しない。重傷者が5人以上（死傷事故）又は負傷者が10人以上（負傷事故）のいずれにも**該当しない**。事故報告規則第4条第1項第2号・第3号を参照。

2. **要する**。積載物漏えい事故に該当する。事故報告規則第4条第1項第4号を参照。

3. **要する**。法令違反事故（酒気帯び運転）に該当する。事故報告規則第4条第1項第5号を参照。

4. 要しない。高速道路障害事故は、速報を要する事故に**該当しない**。

▶答え　**2と3**

問8 ★★★ ✓✓✓✓✓

　一般貨物自動車運送事業者の自動車事故報告規則に基づく自動車事故報告書の提出等に関する次の記述のうち、<u>正しいものを2つ</u>選びなさい。なお、解答にあたっては、各選択肢に記載されている事項以外は考慮しないものとする。

1．事業用自動車が鉄道車両（軌道車両を含む。）と接触する事故を起こした場合には、当該事故のあった日から15日以内に、自動車事故報告規則に定める自動車事故報告書（以下「事故報告書」という。）を当該事業用自動車の使用の本拠の位置を管轄する運輸支局長等を経由して、国土交通大臣に提出しなければならない。

2．事業用自動車の運転者が、運転中に胸に強い痛みを感じたので、直近の駐車場に駐車し、その後の運行を中止した。当該運転者は狭心症と診断された。この場合、事故報告書を国土交通大臣に提出しなければならない。

3．事業用自動車が高速自動車国道法に定める高速自動車国道において、路肩に停車中の車両に追突したため、後続車6台が衝突する多重事故が発生し、この事故により6人が重傷、4人が軽傷を負った。この場合、24時間以内においてできる限り速やかに、その事故の概要を運輸支局長等に速報することにより、国土交通大臣への事故報告書の提出を省略することができる。

4．自動車の装置（道路運送車両法第41条第1項各号に掲げる装置をいう。）の故障により、事業用自動車が運行できなくなった場合には、国土交通大臣に提出する事故報告書に当該事業用自動車の自動車検査証の有効期間、使用開始後の総走行距離等所定の事項を記載した書面及び故障の状況を示す略図又は写真を添付しなければならない。

ポイント解説

1．誤り。事故のあった日から**30日以内**に、事故報告書を提出する。事故報告規則第2条第1項第1号、事故報告規則第3条第1項を参照。

2．**正しい**。疾病事故に該当する。事故報告規則第2条第1項第9号、事故報告規則第3条第1項を参照。

3．誤り。報告書を提出しなければならない死傷事故であり、かつ、速報を要する死傷事故（5人以上の重傷者）であるため、**「速報＋報告書」を提出しなければならない**。報告書を省略することはできない。事故報告規則第2条第1項第3号、事故報告規則第3条第1項、事故報告規則第4条第1項第2号ロを参照。

4．**正しい**。運行不能事故に該当する。事故報告規則第2条第1項第11号、事故報告規則第3条第2項を参照。

▶答え　**2と4**

覚えておこう✐　**【事故の定義（抜粋）報告を要する事故】**

転覆事故	自動車が転覆（道路上において路面と**35度以上**傾斜）したもの。
転落事故	自動車が道路外に転落（落差が**0.5m以上**）したもの。
衝突事故	**10台以上**の自動車の衝突又は接触。
死傷事故	**死者**、**重傷者**（入院＋30日以上の医師の治療又は14日以上の入院）を生じたもの。
負傷事故	**10人以上**の負傷者を生じたもの。
積載物漏えい事故	積載している危険物、火薬類、高圧ガス等の**全部若しくは一部が飛散し**、又は**漏えい**したもの。
法令違反事故	**酒気帯び運転**、無免許運転、大型自動車等無資格運転、麻薬等運転の伴うもの。
疾病事故	運転者の**疾病**（脳梗塞、心筋梗塞など）により、運転を継続できなくなったもの。
運行不能事故	**自動車の装置**（動力伝達装置、燃料装置等）**の故障**により運行できなくなったもの。
車輪脱落事故	故障により**被けん引自動車の分離**を生じたもの。
鉄道障害事故	橋脚、架線その他の鉄道施設を損傷し、**3時間以上**本線において鉄道車両の運転を休止させたもの。
高速道路障害事故	高速自動車国道又は自動車専用道路において、**3時間以上**自動車の通行を禁止させたもの。

覚えておこう✐　**【速報を要する事故】**

速　報	下記に該当する事故の場合は、**24時間以内**にできる限り速やかに運輸支局長等に電話等で速報する。
	①**2人以上の死者**を生じたもの……死傷事故
	②**5人以上の重傷者**を生じたもの……死傷事故
	③**10人以上の負傷者**を生じたもの……負傷事故
	④自動車に積載された危険物などの全部若しくは一部が飛散し、または**漏えい**したもの（転覆、転落、火災、又は鉄道車両、自動車等との衝突・接触により生じたものに限る）……積載物漏えい事故
	⑤**酒気帯び運転**……法令違反事故

覚えておこう✎ 【報告と速報の違い】

報告	速報
事故報告規則第２条の定義（⇒64P【事故の定義】）に当てはまる事故が発生した場合、事故があった日から**30日以内**※**に自動車事故報告書３通**を、運輸監理部長又は運輸支局長を経由して、国土交通大臣に**提出**しなければならない。	報告を要する事故のうち、特に重大な事故（⇒64P【速報を要する事故】）が発生した場合、事故があった日から**30日以内に自動車事故報告書３通の提出**に**加えて**、事故があったときから**24時間以内**に電話その他適当な方法によりできる限り速やかに、事故の概要を運輸監理部長又は運輸支局長に**速報**しなければならない。

※救護義務違反事故の場合は、事業者がその違反を知った日から、また、国土交通大臣が必要と認め報告を指示した事故の場合はその指示があった日から30日以内。

- MEMO -

第 2 章

道路運送車両法

2−1 法律の目的と定義

問1 ★☆☆ ☑☑☑☑☑

道路運送車両法の目的についての次の文中、A～Dに入るべき字句として<u>いずれか正しいものを1つ選びなさい</u>。

この法律は、道路運送車両に関し、（A）についての公証等を行い、並びに（B）及び（C）その他の環境の保全並びに整備についての技術の向上を図り、併せて自動車の整備事業の健全な発達に資することにより、（D）ことを目的とする。

A　① 所有権　　　　　　　　② 取得
B　① 運行の安全性の確保　　② 安全性の確保
C　① 騒音の防止　　　　　　② 公害の防止
D　① 道路交通の発達を図る　② 公共の福祉を増進する

ポイント解説

車両法第1条第1項を参照。

この法律は、道路運送車両に関し、（**所有権**）についての公証等を行い、並びに（**安全性の確保**）及び（**公害の防止**）その他の環境の保全並びに整備についての技術の向上を図り、併せて自動車の整備事業の健全な発達に資することにより、（**公共の福祉を増進する**）ことを目的とする。

▶答え　A−①：B−②：C−②：D−②

問2 ★☆☆ ☑☑☑☑☑

道路運送車両法に関する次の記述のうち、誤っているものを1つ選びなさい。なお、解答にあたっては、各選択肢に記載されている事項以外は考慮しないものとする。

1．この法律で「道路運送車両」とは、自動車、原動機付自転車及び軽車両をいう。

2．自動車の種別は、自動車の大きさ及び構造並びに原動機の種類及び総排気量又は定格出力を基準として定められ、その別は、大型自動車、普通自動車、小型自動車、軽自動車、大型特殊自動車、小型特殊自動車である。

3．この法律で「自動車」とは、原動機により陸上を移動させることを目的として製作した用具で軌条若しくは架線を用いないもの又はこれにより牽引して陸上を移動させることを目的として製作した用具であって、原動機付自転車以外のものをいう。

4．この法律で「原動機付自転車」とは、国土交通省令で定める総排気量又は定格出力を有する原動機により陸上を移動させることを目的として製作した用具で軌条若しくは架線を用いないもの又はこれにより牽引して陸上を移動させることを目的として製作した用具をいう。

ポイント解説

1．正しい。車両法第2条第1項を参照。

2．**誤り**。道路運送車両法での「自動車」の種別に**大型自動車はない**。道路運送車両法では、普通自動車、小型自動車、軽自動車、大型特殊自動車及び小型特殊自動車の5種類に区分している。車両法第3条第1項を参照。

3．正しい。車両法第2条第2項を参照。

4．正しい。車両法第2条第3項を参照。

▶答え　2

覚えておこう✐【車両法と道交法の自動車の種別】

車両法（5種類に区分）		道交法（7種類に区分）	
① 普通自動車	② 小型自動車	① 大型自動車	② 中型自動車
③ 軽自動車	④ 大型特殊自動車	③ 普通自動車	④ 大型自動二輪車
⑤ 小型特殊自動車		⑤ 普通自動二輪車	⑥ 大型特殊自動車
		⑦ 小型特殊自動車	

第2章　道路運送車両法

2-2　登録制度

問1　★★☆　✓✓✓✓✓

　道路運送車両法の自動車の登録等についての次の記述のうち、誤っているものを1つ選びなさい。なお、解答にあたっては、各選択肢に記載されている事項以外は考慮しないものとする。

1. 登録自動車について所有者の変更があったときは、新所有者は、その事由があった日から30日以内に、国土交通大臣の行う移転登録の申請をしなければならない。
2. 自動車は、自動車登録番号標を国土交通省令で定める位置に、かつ、被覆しないことその他当該自動車登録番号標に記載された自動車登録番号の識別に支障が生じないものとして国土交通省令で定める方法により表示しなければ、運行の用に供してはならない。
3. 何人も、国土交通大臣若しくは封印取付受託者が取付けをした封印又はこれらの者が封印の取付けをした自動車登録番号標は、これを取り外してはならない。ただし、整備のため特に必要があるときその他の国土交通省令で定めるやむを得ない事由に該当するときは、この限りでない。
4. 登録を受けた自動車の所有権の得喪(とくそう)は、登録を受けなければ、第三者に対抗することができない。

ポイント解説

1. **誤り**。登録自動車について所有者の変更があったときは、新所有者は、その事由があった日から**15日以内**に、国土交通大臣の行う移転登録の申請をしなければならない。車両法第13条第1項を参照。
2. 正しい。車両法第19条第1項を参照。
3. 正しい。車両法第11条第5項を参照。
4. 正しい。車両法第5条第1項を参照。

▶答え　1

用語

得喪 (とくそう)	得ることと失うこと。

問2 ★★☆ ✓✓✓✓✓

　自動車の登録等についての次の記述のうち、正しいものを2つ選びなさい。なお、解答にあたっては、各選択肢に記載されている事項以外は考慮しないものとする。

1. 登録自動車について所有者の変更があったときは、新所有者は、その事由があった日から30日以内に、国土交通大臣の行う移転登録の申請をしなければならない。

2. 登録自動車の所有者は、当該自動車が滅失し、解体し（整備又は改造のために解体する場合を除く。）、又は自動車の用途を廃止したときは、その事由があった日（使用済自動車の解体である場合には解体報告記録がなされたことを知った日）から15日以内に、永久抹消登録の申請をしなければならない。

3. 臨時運行の許可を受けた者は、臨時運行許可証の有効期間が満了したときは、その日から15日以内に、当該臨時運行許可証及び臨時運行許可番号標を行政庁に返納しなければならない。

4. 道路運送車両法に規定する自動車の種別は、自動車の大きさ及び構造並びに原動機の種類及び総排気量又は定格出力を基準として定められ、その別は、普通自動車、小型自動車、軽自動車、大型特殊自動車、小型特殊自動車である。

ポイント解説

1. 誤り。登録自動車について所有者の変更があったときは、新所有者は、その事由があった日から**15日以内**に、国土交通大臣の行う移転登録の申請をしなければならない。車両法第13条第1項を参照。

2. **正しい**。車両法第15条第1項を参照。

3. 誤り。臨時運行の許可を受けた者は、臨時運行許可証の有効期間が満了したときは、その日から**5日以内**に、当該臨時運行許可証及び臨時運行許可番号標を行政庁に返納しなければならない。車両法第35条第6項を参照。

4. **正しい**。車両法第3条第1項を参照。

▶答え　2と4

問3 ★★☆ ✓✓✓✓✓

　道路運送車両法の自動車の登録等についての次の記述のうち、誤っているものを1つ選びなさい。なお、解答にあたっては、各選択肢に記載されている事項以外は考慮しないものとする。

1．登録自動車の所有者は、当該自動車の使用者が道路運送車両法の規定により自動車の使用の停止を命ぜられ、自動車検査証を返納したときは、遅滞なく、当該自動車登録番号標及び封印を取りはずし、自動車登録番号標について国土交通大臣の領置を受けなければならない。

2．自動車登録番号標及びこれに記載された自動車登録番号の表示は、国土交通省令で定めるところにより、自動車登録番号標を自動車の前面及び後面の任意の位置に確実に取り付けることによって行うものとする。

3．自動車の所有者は、当該自動車の使用の本拠の位置に変更があったときは、道路運送車両法で定める場合を除き、その事由があった日から15日以内に、国土交通大臣の行う変更登録の申請をしなければならない。

4．道路運送車両法に規定する自動車の種別は、自動車の大きさ及び構造並びに原動機の種類及び総排気量又は定格出力を基準として定められ、その別は、普通自動車、小型自動車、軽自動車、大型特殊自動車、小型特殊自動車である。

ポイント解説

1．正しい。車両法第20条第2項を参照。

2．**誤り**。自動車登録番号標は、**自動車の前面及び後面**であって、自動車登録番号の識別に支障が生じないものとして**告示で定める位置**に確実に取り付ける。車両法第19条第1項・施行規則第8条の2第1項を参照。

3．正しい。車両法第12条第1項第5号を参照。

4．正しい。車両法第3条第1項を参照。

▶答え　2

用語

| 領置 (りょうち) | 強制力を用いない押収の一種をいう。 |
| 自動車登録番号標 | ナンバープレートのこと。 |

問4 ★★☆ ☑☑☑☑☑

自動車の登録等についての次の記述のうち、<u>誤っているものを1つ</u>選びなさい。なお、解答にあたっては、各選択肢に記載されている事項以外は考慮しないものとする。

1．自動車（軽自動車、小型特殊自動車及び二輪の小型自動車を除く。）は、自動車登録ファイルに登録を受けたものでなければ、これを運行の用に供してはならない。

2．登録自動車について所有者の氏名又は名称若しくは住所に変更があったときは、所有者は、その事由があった日から15日以内に、国土交通大臣の行う移転登録の申請をしなければならない。

3．登録自動車の所有者は、当該自動車が滅失し、解体し（整備又は改造のために解体する場合を除く。）、又は自動車の用途を廃止したときは、その事由があった日（使用済自動車の解体である場合には解体報告記録がなされたことを知った日）から15日以内に、永久抹消登録の申請をしなければならない。

4．登録自動車の所有者は、当該自動車の自動車登録番号標の封印が滅失した場合には、国土交通大臣又は封印取付受託者の行う封印の取付けを受けなければならない。

ポイント解説

1．正しい。車両法第4条第1項を参照。

2．**誤り**。登録自動車について所有者の氏名又は名称若しくは住所に変更があったときは、所有者は、国土交通大臣の行う**変更登録の申請**をしなければならない。車両法第12条第1項を参照。

3．正しい。車両法第15条第1項第1号を参照。

4．正しい。車両法第11条第4項を参照。

▶答え　2

2−3　自動車の検査

問1 ★★☆ ✓✓✓✓✓

　自動車の登録等についての次の記述のうち、<u>誤っているものを１つ</u>選びなさい。なお、解答にあたっては、各選択肢に記載されている事項以外は考慮しないものとする。

1．登録自動車は、自動車登録番号標を国土交通省令で定める位置に、かつ、被覆しないことその他当該自動車登録番号標に記載された自動車登録番号の識別に支障が生じないものとして国土交通省令で定める方法により表示しなければ、運行の用に供してはならない。

2．臨時運行の許可を受けた者は、臨時運行許可証の有効期間が満了したときは、その日から５日以内に、当該臨時運行許可証及び臨時運行許可番号標を当該行政庁に返納しなければならない。

3．登録自動車の使用者は、当該自動車が滅失し、解体し（整備又は改造のために解体する場合を除く。）、又は自動車の用途を廃止したときは、その事由があった日（使用済自動車の解体である場合には解体報告記録がなされたことを知った日）から15日以内に、当該自動車検査証を国土交通大臣に返納しなければならない。

4．登録自動車の所有者は、当該自動車の使用の本拠の位置に変更があったときは、道路運送車両法で定める場合を除き、その事由があった日から30日以内に、国土交通大臣の行う変更登録の申請をしなければならない。

ポイント解説

1．正しい。車両法第19条第１項を参照。

2．正しい。車両法第35条第６項を参照。

3．正しい。車両法第69条第１項第１号を参照。

4．**誤り**。当該自動車の使用の本拠の位置に変更があったときは、道路運送車両法で定める場合を除き、その事由があった日から**15日以内**に、国土交通大臣の行う変更登録の申請をしなければならない。車両法第12条第１項第５号を参照。

▶答え　**4**

問2 ★★☆ ✓✓✓✓✓

自動車の検査等についての次の記述のうち、<u>誤っているものを1つ</u>選びなさい。なお、解答にあたっては、各選択肢に記載されている事項以外は考慮しないものとする。

1. 自動車は、指定自動車整備事業者が継続検査の際に交付した有効な保安基準適合標章を表示しているときは、自動車検査証を備え付けていなくても、運行の用に供することができる。
2. 初めて自動車検査証の交付を受ける車両総重量7,990キログラムの貨物の運送の用に供する自動車については、当該自動車検査証の有効期間は1年である。
3. 自動車の使用者は、自動車検査証又は検査標章が滅失し、き損し、又はその識別が困難となった場合には、その再交付を受けることができる。
4. 検査標章は、自動車検査証がその効力を失ったとき、又は継続検査、臨時検査若しくは構造等変更検査の結果、当該自動車検査証の返付を受けることができなかったときは、当該自動車に表示してはならない。

ポイント解説

1. 正しい。車両法第94条の5第11項を参照。
2. **誤り**。車両総重量**8トン未満**の貨物用自動車であるため、初回車検の有効期間は**2年**となる。車両法第61条第2項第1号を参照。
3. 正しい。車両法第70条第1項を参照。
4. 正しい。車両法第66条第5項を参照。

▶答え　**2**

用語

検査標章	継続検査等において、保安基準に適合すると、自動車検査証とともに交付されるステッカーをいう。	〈表〉	〈裏〉

覚えておこう✎【自動車検査証の有効期間】

自動車の種類	初回	2回目以降
車両総重量**8t以上**の貨物用自動車（大型トラック等）	1年	1年
車両総重量**8t未満**の貨物用自動車（中・小型トラック等）	2年	1年

問3 ★★☆ ✓✓✓✓✓

　自動車の検査等についての次の記述のうち、<u>正しいものを2つ</u>選びなさい。なお、解答にあたっては、各選択肢に記載されている事項以外は考慮しないものとする。

1. 自動車は、指定自動車整備事業者が継続検査の際に交付した有効な保安基準適合標章を表示している場合であっても、自動車検査証を備え付けなければ、運行の用に供してはならない。

2. 自動車の使用者は、継続検査を申請する場合において、道路運送車両法第67条（自動車検査証記録事項の変更及び構造等変更検査）の規定による自動車検査証の変更記録の申請をすべき事由があるときは、あらかじめ、その申請をしなければならない。

3. 国土交通大臣は、一定の地域に使用の本拠の位置を有する自動車の使用者が、天災その他やむを得ない事由により、継続検査を受けることができないと認めるときは、当該地域に使用の本拠の位置を有する自動車の自動車検査証の有効期間を、期間を定めて伸長する旨を公示することができる。

4. 自動車に表示されている検査標章には、当該自動車の自動車検査証の有効期間の起算日が表示されている。

ポイント解説

1. 誤り。有効な保安基準適合標章を表示している場合は、自動車検査証の交付、備え付け及び検査標章の表示の規定は**適用されない**。車両法第94条の5第11項を参照。

2. **正しい**。車両法第62条第5項を参照。

3. **正しい**。車両法第61条の2第1項を参照。

4. 誤り。自動車に表示されている検査標章には、当該自動車の自動車検査証の**有効期間の満了する時期**が表示されている。車両法第66条第3項を参照。

▶答え　2と3

用語

指定自動車整備事業者	一般に民間車検場と呼ばれ、国の検査場に代わって継続検査等を実施して保安基準適合証を交付できる工場（ディーラーなど）をいう。
保安基準適合標章	使用者（検査依頼者）に渡す書面で、新しい自動車検査証が届くまで自動車に表示するものをいう。
運行の用に供する	運行のために使用することをいう。

問4 ★★☆ ✓✓✓✓✓

　自動車の検査等についての次の記述のうち、<u>正しいものを2つ</u>選びなさい。なお、解答にあたっては、各選択肢に記載されている事項以外は考慮しないものとする。

1．国土交通大臣の行う自動車（検査対象外軽自動車及び小型特殊自動車を除く。以下同じ。）の検査は、新規検査、継続検査、臨時検査、構造等変更検査及び予備検査の5種類である。

2．自動車検査証の有効期間の起算日については、自動車検査証の有効期間が満了する日の2ヵ月前（離島に使用の本拠の位置を有する自動車を除く。）から当該期間が満了する日までの間に継続検査を行い、当該自動車検査証に有効期間を記録する場合は、当該自動車検査証の有効期間が満了する日の翌日とする。

3．自動車運送事業の用に供する自動車は、自動車検査証を当該自動車又は当該自動車の所属する営業所に備え付けなければ、運行の用に供してはならない。

4．初めて自動車検査証の交付を受ける車両総重量7,990キログラムの貨物の運送の用に供する自動車については、当該自動車検査証の有効期間は2年である。

ポイント解説

1．**正しい**。国土交通大臣が行う自動車の検査は次の5種類。①新規検査（車両法第59条）新たに自動車を使用するときに受ける検査、②継続検査（車両法第62条）車検証の有効期間満了後も自動車を使用しようとするときに受ける検査、③臨時検査（車両法第63条）構造等の不良により事故が多発している自動車に国土交通大臣が公示して行う検査、④構造等変更検査（車両法第67条）自動車の大きさなどの改造があったときに受ける検査、⑤予備検査（車両法第71条）大型特殊自動車などで販売が未定のときに受ける検査。ただし、臨時検査は過去においてほとんど行われたことがない。

2．誤り。自動車検査証の有効期間の起算日は、有効期間が満了する日の**1ヵ月前**から当該期間が満了する日までの間に継続検査を行い、当該自動車検査証に有効期間を記録する場合は、当該自動車検査証の有効期間が満了する日の翌日とする。施行規則第44条第1項を参照。

3．誤り。自動車検査証は**当該自動車**に**備え付けておかなければならない**。所属する営業所に備え付けておく必要はない。車両法第66条第1項を参照。

4．**正しい**。車両総重量8トン未満の貨物用自動車であるため、初回車検の有効期間は2年となる。車両法第61条第2項第1号を参照。

▶答え　**1と4**

問5 ★★☆ ☑☑☑☑☑

自動車の検査等についての次の記述のうち、誤っているものを1つ選びなさい。なお、解答にあたっては、各選択肢に記載されている事項以外は考慮しないものとする。

1. 国土交通大臣は、一定の地域に使用の本拠の位置を有する自動車の使用者が、天災その他やむを得ない事由により、継続検査を受けることができないと認めるときは、当該地域に使用の本拠の位置を有する自動車の自動車検査証の有効期間を、期間を定めて伸長する旨を公示することができる。

2. 自動車の使用者は、自動車の長さ、幅又は高さを変更したときは、道路運送車両法で定める場合を除き、その事由があった日から15日以内に、当該変更について、国土交通大臣が行う自動車検査証の変更記録を受けなければならない。

3. 何人も、有効な自動車検査証の交付を受けている自動車について、自動車又はその部分の改造、装置の取付け又は取り外しその他これらに類する行為であって、当該自動車が保安基準に適合しないこととなるものを行ってはならない。

4. 車両総重量8,990キログラムの貨物自動車運送事業の用に供する自動車の使用者は、スペアタイヤの取付状態等について、1ヵ月ごとに国土交通省令で定める技術上の基準により自動車を点検しなければならない。

ポイント解説

1. 正しい。車両法第61条の2第1項を参照。
2. 正しい。車両法第67条第1項を参照。
3. 正しい。車両法第99条の2第1項を参照。
4. **誤り**。車両総重量8,990キログラムの貨物自動車運送事業の用に供する自動車の使用者は、スペアタイヤの取付状態等について、**3ヵ月**ごとに国土交通省令で定める技術上の基準により自動車を点検しなければならない。点検基準 別表第3を参照。

▶答え　**4**

問6 ★★☆ ✓✓✓✓✓

　道路運送車両法に定める検査等についての次の文中、A、B、C、Dに入るべき字句を下の枠内の選択肢（①～⑧）から選びなさい。

1．登録を受けていない道路運送車両法第4条に規定する自動車又は同法第60条第1項の規定による車両番号の指定を受けていない検査対象軽自動車若しくは二輪の小型自動車を運行の用に供しようとするときは、当該自動車の使用者は、当該自動車を提示して、国土交通大臣の行う（A）を受けなければならない。

2．登録自動車又は車両番号の指定を受けた検査対象軽自動車若しくは二輪の小型自動車の使用者は、自動車検査証の有効期間の満了後も当該自動車を使用しようとするときは、当該自動車を提示して、国土交通大臣の行う（B）を受けなければならない。この場合において、当該自動車の使用者は、当該自動車検査証を国土交通大臣に提出しなければならない。

3．自動車の使用者は、自動車検査証記録事項について変更があったときは、法令で定める場合を除き、その事由があった日から（C）以内に、当該変更について、国土交通大臣が行う自動車検査証の変更記録を受けなければならない。

4．国土交通大臣は、一定の地域に使用の本拠の位置を有する自動車の使用者が、天災その他やむを得ない事由により、（D）を受けることができないと認めるときは、当該地域に使用の本拠の位置を有する自動車の自動車検査証の有効期間を、期間を定めて伸長する旨を公示することができる。

① 新規検査	② 継続検査	③ 構造等変更検査	④ 予備検査
⑤ 15日	⑥ 30日	⑦ 5日	⑧ 臨時検査

－　－　－　－　－　▼ 解答は次ページ ▼　－　－　－　－　－

ポイント解説

1. 登録を受けていない道路運送車両法第4条に規定する自動車又は同法第60条第1項の規定による車両番号の指定を受けていない検査対象軽自動車若しくは二輪の小型自動車を運行の用に供しようとするときは、当該自動車の使用者は、当該自動車を提示して、国土交通大臣の行う **（新規検査）** を受けなければならない。車両法第59条第1項を参照。

2. 登録自動車又は車両番号の指定を受けた検査対象軽自動車若しくは二輪の小型自動車の使用者は、自動車検査証の有効期間の満了後も当該自動車を使用しようとするときは、当該自動車を提示して、国土交通大臣の行う **（継続検査）** を受けなければならない。この場合において、当該自動車の使用者は、当該自動車検査証を国土交通大臣に提出しなければならない。車両法第62条第1項を参照。

3. 自動車の使用者は、自動車検査証記録事項について変更があったときは、法令で定める場合を除き、その事由があった日から **（15日）** 以内に、当該変更について、国土交通大臣が行う自動車検査証の変更記録を受けなければならない。車両法第67条第1項を参照。

4. 国土交通大臣は、一定の地域に使用の本拠の位置を有する自動車の使用者が、天災その他やむを得ない事由により、**（継続検査）** を受けることができないと認めるときは、当該地域に使用の本拠の位置を有する自動車の自動車検査証の有効期間を、期間を定めて伸長する旨を公示することができる。車両法第61条の2第1項を参照。

▶答え　A－①，B－②，C－⑤，D－②

覚えておこう✏【車両法に関する日数】

15日以内	変更登録、移転登録、永久抹消登録、一時抹消登録、自動車検査証記録事項の変更、自動車検査証の返納
5日以内	臨時運行許可証の返納

2−4　点検整備

問1 ★★☆ ✓✓✓✓✓

　道路運送車両法に定める自動車の点検整備等に関する次の文中、A、B、C、Dに入るべき字句としていずれか正しいものを1つ選びなさい。

1．事業用自動車の使用者は、自動車の点検をし、及び必要に応じ（A）をすることにより、当該自動車を道路運送車両の保安基準に適合するように維持しなければならない。

2．事業用自動車の使用者は、当該自動車について定期点検整備をしたときは、遅滞なく、点検整備記録簿に点検の結果、整備の概要等所定事項を記載して当該自動車に備え置き、その記載の日から（B）間保存しなければならない。

3．大型自動車使用者等は、整備管理者を選任したときは、その日から（C）以内に、地方運輸局長にその旨を届け出なければならない。

4．地方運輸局長は、（D）がこの法律若しくはこの法律に基く命令又は処分に違反したときは、大型自動車使用者等に対し、（D）の解任を命ずることができる。

A　① 検査　　　　　　　② 整備
B　① 1年　　　　　　　② 2年
C　① 15日　　　　　　 ② 30日
D　① 安全運転管理者　　② 整備管理者

ポイント解説

1．事業用自動車の使用者は、自動車の点検をし、及び必要に応じ（**整備**）をすることにより、当該自動車を道路運送車両の保安基準に適合するように維持しなければならない。車両法第47条第1項を参照。

2．事業用自動車の使用者は、当該自動車について定期点検整備をしたときは、遅滞なく、点検整備記録簿に点検の結果、整備の概要等所定事項を記載して当該自動車に備え置き、その記載の日から（**1年**）間保存しなければならない。車両法第49条第1項・第3項、点検基準第4条第2項を参照。

3．大型自動車使用者等は、整備管理者を選任したときは、その日から（**15日**）以内に、地方運輸局長にその旨を届け出なければならない。車両法第52条第1項を参照。

4．地方運輸局長は、（**整備管理者**）がこの法律若しくはこの法律に基く命令又は処分に違反したときは、大型自動車使用者等に対し、（**整備管理者**）の解任を命ずることができる。車両法第53条第1項を参照。

▶答え　A−②，B−①，C−①，D−②

問2 ★★☆ ✓✓✓✓✓

　道路運送車両法に定める自動車の点検整備等に関する次の文中、A、B、C、Dに入るべき字句としていずれか正しいものを1つ選びなさい。

1．自動車運送事業の用に供する自動車の使用者は、（A）ごとに国土交通省令で定める技術上の基準により、自動車を点検しなければならない。

2．自動車の使用者は、自動車の点検及び整備等に関する事項を処理させるため、車両総重量8トン以上の自動車その他の国土交通省令で定める自動車であって国土交通省令で定める台数以上のものの使用の本拠ごとに、自動車の点検及び整備に関する実務の経験その他について国土交通省令で定める一定の要件を備える者のうちから、（B）を選任しなければならない。

3．地方運輸局長は、保安基準に適合しない状態にある当該自動車の使用者に対し、当該自動車が保安基準に適合するに至るまでの間の運行に関し、当該自動車の使用の方法又は経路の制限その他の保安上又は（C）その他の環境保全上必要な指示をすることができる。

4．事業用自動車の使用者又は当該自動車を運行する者は、1日1回、その運行開始前において、国土交通省令で定める技術上の基準により自動車を（D）しなければならない。

A　①　3ヵ月　　　　　②　6ヵ月
B　①　安全統括管理者　②　整備管理者
C　①　事故防止　　　　②　公害防止
D　①　点検　　　　　　②　整備

ポイント解説

1. 自動車運送事業の用に供する自動車の使用者は、(**3ヵ月**) ごとに国土交通省令で定める技術上の基準により、自動車を点検しなければならない。車両法第48条第1項第1号を参照。

2. 自動車の使用者は、自動車の点検及び整備等に関する事項を処理させるため、車両総重量8トン以上の自動車その他の国土交通省令で定める自動車であって国土交通省令で定める台数以上のものの使用の本拠ごとに、自動車の点検及び整備に関する実務の経験その他について国土交通省令で定める一定の要件を備える者のうちから、(**整備管理者**) を選任しなければならない。車両法第50条第1項を参照。

3. 地方運輸局長は、保安基準に適合しない状態にある当該自動車の使用者に対し、当該自動車が保安基準に適合するに至るまでの間の運行に関し、当該自動車の使用の方法又は経路の制限その他の保安上又は (**公害防止**) その他の環境保全上必要な指示をすることができる。車両法第54条第1項を参照。

4. 事業用自動車の使用者又は当該自動車を運行する者は、1日1回、その運行開始前において、国土交通省令で定める技術上の基準により自動車を (**点検**) しなければならない。車両法第47条の2第2項を参照。

▶答え　**A－①, B－②, C－②, D－①**

問3 ★★☆ ☑☑☑☑☑

道路運送車両法に定める自動車の整備命令等についての次の文中、Ａ、Ｂ、Ｃに入るべき字句としていずれか正しいものを１つ選びなさい。

地方運輸局長は、自動車が保安基準に適合しなくなるおそれがある状態又は適合しない状態にあるとき（同法第54条の２第１項に規定するときを除く。）は、当該自動車の（Ａ）に対し、保安基準に適合しなくなるおそれをなくするため、又は保安基準に適合させるために必要な整備を行うべきことを（Ｂ）ことができる。この場合において、地方運輸局長は、保安基準に適合しない状態にある当該自動車の（Ａ）に対し、当該自動車が保安基準に適合するに至るまでの間の運行に関し、当該自動車の使用の方法又は（Ｃ）その他の保安上又は公害防止その他の環境保全上必要な指示をすることができる。

A　① 使用者　　　② 所有者
B　① 命ずる　　　② 勧告する
C　① 使用の制限　② 経路の制限

ポイント解説

車両法第54条第１項を参照。

地方運輸局長は、自動車が保安基準に適合しなくなるおそれがある状態又は適合しない状態にあるとき（同法第54条の２第１項に規定するときを除く。）は、当該自動車の（**使用者**）に対し、保安基準に適合しなくなるおそれをなくするため、又は保安基準に適合させるために必要な整備を行うべきことを（**命ずる**）ことができる。この場合において、地方運輸局長は、保安基準に適合しない状態にある当該自動車の（**使用者**）に対し、当該自動車が保安基準に適合するに至るまでの間の運行に関し、当該自動車の使用の方法又は（**経路の制限**）その他の保安上又は公害防止その他の環境保全上必要な指示をすることができる。

▶答え　Ａ−①，Ｂ−①，Ｃ−②

問4 ★★☆ ☑☑☑☑☑

　道路運送車両法の自動車の検査等についての次の記述のうち、正しいものを2つ選びなさい。なお、解答にあたっては、各選択肢に記載されている事項以外は考慮しないものとする。

1．事業用自動車の使用者は、「ブレーキのきき具合」について、3ヵ月ごとに国土交通省令で定める技術上の基準により自動車を点検しなければならない。

2．地方運輸局長は、自動車の使用者が道路運送車両法第54条（整備命令等）の規定による命令又は指示に従わない場合において、当該自動車が道路運送車両の保安基準に適合しない状態にあるときは、当該自動車の使用を停止することができる。

3．日常点検の結果に基づく運行可否の決定は、整備管理者の助言の内容を踏まえ、運行管理者が行わなければならない。

4．新規登録を受けて1年以内の事業用自動車の日常点検は、自動車点検基準に基づく全ての点検箇所について、当該自動車の走行距離、運行時の状態等から判断して適切な時期に行うことで足りる。

ポイント解説

1．**正しい**。点検基準 別表第1を参照。

2．**正しい**。車両法第54条第2項を参照。

3．誤り。日常点検の結果に基づく運行可否の決定は、**整備管理者**が行わなければならない。車両法第50条第2項、施行規則第32条第1項第2号を参照。

4．誤り。事業用自動車の日常点検は、登録の年数に関係なく、**1日1回**、日常点検の基準に従って、その**運行の開始前**に実施する。車両法第47条の2第2項を参照。

▶答え　1と2

自動車の検査等についての次の記述のうち、<u>正しいものを2つ</u>選びなさい。なお、解答にあたっては、各選択肢に記載されている事項以外は考慮しないものとする。

1. 自動車に表示されている検査標章には、当該自動車の自動車検査証の有効期間の満了する時期が表示されている。

2. 自動車の使用者は、自動車の長さ、幅又は高さを変更したときは、道路運送車両法で定める場合を除き、その事由があった日から30日以内に、当該変更について、国土交通大臣が行う自動車検査証の変更記録を受けなければならない。

3. 自動車検査証の有効期間の起算日については、自動車検査証の有効期間が満了する日の2ヵ月前（離島に使用の本拠の位置を有する自動車を除く。）から当該期間が満了する日までの間に継続検査を行い、当該自動車検査証に有効期間を記録する場合は、当該自動車検査証の有効期間が満了する日の翌日とする。

4. 車両総重量8トン以上又は乗車定員30人以上の自動車の使用者は、スペアタイヤの取付状態等について、3ヵ月ごとに国土交通省令で定める技術上の基準により自動車を点検しなければならない。

ポイント解説

1. **正しい**。車両法第66条第3項を参照。

2. 誤り。自動車の長さ、幅又は高さを変更したときは、道路運送車両法で定める場合を除き、その事由があった日から**15日以内**に、当該変更について、国土交通大臣が行う自動車検査証の変更記録を受けなければならない。車両法第67条第1項を参照。

3. 誤り。自動車検査証の有効期間の起算日については、自動車検査証の有効期間が満了する日の**1ヵ月前**（離島に使用の本拠の位置を有する自動車を除く。）から当該期間が満了する日までの間に継続検査を行い、当該自動車検査証に有効期間を記録する場合は、当該自動車検査証の有効期間が満了する日の翌日とする。施行規則第44条第1項を参照。

4. **正しい**。点検基準 別表第3を参照。

▶答え　1と4

2−5　保安基準

問1 ★★☆ ✓✓✓✓✓

　道路運送車両の保安基準及びその細目を定める告示についての次の記述のうち、<u>誤って</u><u>いるものを1つ</u>選びなさい。なお、解答にあたっては、各選択肢に記載されている事項以外は考慮しないものとする。

1．路線を定めて定期に運行する一般乗合旅客自動車運送事業用自動車に備える旅客が乗降中であることを後方に表示する電光表示器には、点滅する灯火又は光度が増減する灯火を備えることができる。

2．乗用車等に備える事故自動緊急通報装置は、当該自動車が衝突等による衝撃を受ける事故が発生した場合において、その旨及び当該事故の概要を所定の場所に自動的かつ緊急に通報するものとして、機能、性能等に関し告示で定める基準に適合するものでなければならない。

3．貨物の運送の用に供する普通自動車であって、車両総重量が7トン以上のものの後面には、所定の後部反射器を備えるほか、反射光の色、明るさ等に関し告示で定める基準に適合する大型後部反射器を備えなければならない。

4．自動車に備えなければならない非常信号用具は、夜間150メートルの距離から確認できる赤色の灯光を発するものでなければならない。

ポイント解説

1．正しい。保安基準第42条第1項、細目告示第218条第6項第18号を参照。

2．正しい。保安基準第43条の8第1項を参照。

3．正しい。保安基準第38条の2第1項を参照。

4．**誤り**。非常信号用具は、**夜間200メートル**の距離から確認できる赤色の灯光を発するものでなければならない。保安基準第43条の2第1項、細目告示第220条第1項第1号を参照。

▶答え　**4**

用語

| 非常信号用具 | 発炎筒などをいう。 |

第2章　道路運送車両法

問2 ★★☆ ☑☑☑☑☑

　道路運送車両の保安基準及びその細目を定める告示についての次の記述のうち、<u>誤っているものを1つ</u>選びなさい。なお、解答にあたっては、各選択肢に記載されている事項以外は考慮しないものとする。

1．停止表示器材は、夜間200メートルの距離から走行用前照灯で照射した場合にその反射光を照射位置から確認できるものであることなど告示で定める基準に適合するものでなければならない。

2．自動車（被けん引自動車を除く。）には、警音器の警報音発生装置の音が、連続するものであり、かつ、音の大きさ及び音色が一定なものである警音器を備えなければならない。

3．自動車（二輪自動車等を除く。）の空気入ゴムタイヤの接地部は滑り止めを施したものであり、滑り止めの溝は、空気入ゴムタイヤの接地部の全幅にわたり滑り止めのために施されている凹部（サイピング、プラットフォーム及びウエア・インジケータの部分を除く。）のいずれの部分においても1.4ミリメートル以上の深さを有すること。

4．電力により作動する原動機を有する自動車（二輪自動車、側車付二輪自動車、三輪自動車、カタピラ及びそりを有する軽自動車、大型特殊自動車、小型特殊自動車並びに被けん引自動車を除く。）には、当該自動車の接近を歩行者等に通報するものとして、機能、性能等に関し告示で定める基準に適合する車両接近通報装置を備えなければならない。

ポイント解説

1．正しい。保安基準第43条の4第1項、細目告示第222条第1項第1号を参照。

2．正しい。保安基準第43条第2項、細目告示第219条第1項を参照。

3．**誤り**。滑り止めの溝は、**1.6ミリメートル以上**の深さを有すること。保安基準第9条第2項、細目告示第167条第4項第2号を参照。

4．正しい。保安基準第43条の7第1項を参照。

▶答え　**3**

用語

停止表示器材	故障などが原因で車両が動かなくなった際、停止していることを表示する器材をいう。高速道路で故障などにより自動車を停車する場合には表示する義務がある。 反射部 蛍光部
車両接近通報装置	低速走行中に車両が接近していることを音で歩行者に知らせる装置をいう。主にハイブリッド車に装着されている。

問3 ★★☆ ☑☑☑☑☑

　道路運送車両の保安基準及びその細目を定める告示についての次の記述のうち、<u>誤って</u><u>いるもの</u>を1つ選びなさい。なお、解答にあたっては、各選択肢に記載されている事項以外は考慮しないものとする。

1．「緊急自動車」とは、消防自動車、警察自動車、保存血液を販売する医薬品販売業者が保存血液の緊急輸送のため使用する自動車、救急自動車、公共用応急作業自動車等の自動車及び国土交通大臣が定めるその他の緊急の用に供する自動車をいう。
2．自動車に備える走行用前照灯及びすれ違い用前照灯の灯光の色は、白色又は黄色であること。
3．自動車（被けん引自動車を除く。）には、警音器の警報音発生装置の音が、連続するものであり、かつ、音の大きさ及び音色が一定なものである警音器を備えなければならない。
4．自動車の軸重は、10トン（けん引自動車のうち告示で定めるものにあっては、11.5トン）を超えてはならない。

ポイント 解説

1．正しい。保安基準第1条第1項第13号を参照。
2．**誤り**。走行用前照灯及びすれ違い用前照灯の灯光の色は、**白色**であること。保安基準第32条第2項・第5項、細目告示第198条第2項第3号・第6項第3号を参照。
3．正しい。保安基準第43条第2項、細目告示第219条第1項を参照。
4．正しい。保安基準第4条の2第1項を参照。

▶答え　**2**

用語

前照灯	ヘッドライトのことをいう。また、走行用前照灯はハイビーム、すれ違い用前照灯はロービームのことをいう。
警音器	クラクションのことをいう。

問4 ★★☆ ✓✓✓✓✓

　道路運送車両の保安基準及びその細目を定める告示についての次の記述のうち、<u>誤っているもの</u>を1つ選びなさい。なお、解答にあたっては、各選択肢に記載されている事項以外は考慮しないものとする。

1．自動車の前面ガラス及び側面ガラス（告示で定める部分を除く。）は、フィルムが貼り付けられた場合、当該フィルムが貼り付けられた状態においても、透明であり、かつ、運転者が交通状況を確認するために必要な視野の範囲に係る部分における可視光線の透過率が70％以上であることが確保できるものでなければならない。

2．貨物の運送の用に供する普通自動車であって、車両総重量が7トン以上のものの後面には、所定の後部反射器を備えるほか、反射光の色、明るさ等に関し告示で定める基準に適合する大型後部反射器を備えなければならない。

3．自動車（法令に規定する自動車を除く。）の後面には、他の自動車が追突した場合に追突した自動車の車体前部が突入することを有効に防止することができるものとして、強度、形状等に関し告示で定める基準に適合する突入防止装置を備えなければならない。ただし、告示で定める構造の自動車にあっては、この限りでない。

4．自動車は、告示で定める方法により測定した場合において、長さ（セミトレーラにあっては、連結装置中心から当該セミトレーラの後端までの水平距離）12メートル（セミトレーラのうち告示で定めるものにあっては、13メートル）、幅2.6メートル、高さ3.8メートルを超えてはならない。

ポイント解説

1．正しい。保安基準第29条第4項第6号・細目告示第195条第3項第2号を参照。

2．正しい。保安基準第38条の2第1項を参照。

3．正しい。保安基準第18条の2第3項を参照。

4．**誤り**。自動車は、告示で定める方法により測定した場合において、長さ（セミトレーラにあっては、連結装置中心から当該セミトレーラの後端までの水平距離）12メートル（セミトレーラのうち告示で定めるものにあっては、13メートル）、**幅2.5メートル**、高さ3.8メートルを超えてはならない。保安基準第2条第1項を参照。

▶答え　**4**

問5 ★★☆ ✓✓✓✓✓

道路運送車両の保安基準及びその細目を定める告示についての次の記述のうち、<u>誤っているもの</u>を１つ選びなさい。なお、解答にあたっては、各選択肢に記載されている事項以外は考慮しないものとする。

1. 自動車（法令に規定する自動車を除く。）の前面（被けん引自動車の前面に限る。）、両側面及び後面には、光を光源方向に効果的に反射することにより夜間に自動車の前方（被けん引自動車の前方に限る。）、側方又は後方にある他の交通に当該自動車の長さ又は幅を示すことができるものとして、反射光の色、明るさ、反射部の形状等に関し告示で定める基準に適合する再帰反射材を備えることができる。

2. 自動車の後面には、夜間にその後方150メートルの距離から走行用前照灯で照射した場合にその反射光を照射位置から確認できる赤色の後部反射器を備えなければならない。

3. 自動車は、告示で定める方法により測定した場合において、長さ（セミトレーラにあっては、連結装置中心から当該セミトレーラの後端までの水平距離）12メートル、幅2.5メートル、高さ3.6メートルを超えてはならない。

4. 火薬類（省令に掲げる数量以下のものを除く。）を運送する自動車、指定数量以上の高圧ガス（可燃性ガス及び酸素に限る。）を運送する自動車及び危険物の規制に関する政令に掲げる指定数量以上の危険物を運送する自動車には、消火器を備えなければならない。（被けん引自動車の場合を除く。）

ポイント解説

1. 正しい。保安基準第38条の３第１項・第２項を参照。

2. 正しい。保安基準第38条第２項、細目告示第210条第１項第３号・第４号を参照。

3. **誤り**。自動車の高さは、**3.8メートル**を超えてはならない。保安基準第２条第１項を参照。

4. 正しい。保安基準第47条第１項第１号・第２号・第４号を参照。

▶答え　**3**

問6 ★★☆ ✓✓✓✓✓

道路運送車両の保安基準及びその細目を定める告示についての次の記述のうち、誤っているものを1つ選びなさい。なお、解答にあたっては、各選択肢に記載されている事項以外は考慮しないものとする。

1. 路線を定めて定期に運行する一般乗合旅客自動車運送事業用自動車に備える旅客が乗降中であることを後方に表示する電光表示器には、点滅する灯火又は光度が増減する灯火を備えることができる。

2. 自動車に備えなければならない後写鏡は、取付部付近の自動車の最外側より突出している部分の最下部が地上2.0メートル以下のものは、当該部分が歩行者等に接触した場合に衝撃を緩衝できる構造でなければならない。

3. 自動車に備えなければならない非常信号用具は、夜間200メートルの距離から確認できる赤色の灯光を発するものでなければならない。

4. 自動車（大型特殊自動車、小型特殊自動車を除く。）の車体の外形その他自動車の形状については、鋭い突起がないこと、回転部分が突出していないこと等他の交通の安全を妨げるおそれがないものとして、告示で定める基準に適合するものでなければならない。

ポイント解説

1. 正しい。保安基準第42条第1項・細目告示第218条第6項第18号を参照。

2. **誤り**。後写鏡は、取付部付近の自動車の最外側より突出している部分の最下部が**地上1.8メートル以下**のものは、当該部分が歩行者等に接触した場合に衝撃を緩衝できる構造でなければならない。保安基準第44条第2項・細目告示第224条第2項第2号を参照。

3. 正しい。保安基準第43条の2第1項・細目告示第220条第1項第1号を参照。

4. 正しい。保安基準第18条第1項第2号を参照。

▶答え　**2**

問7 ★☆☆ ✓✓✓✓✓

道路運送車両法第46条に定める「保安基準の原則」についての次の文中、A、B、C に入るべき字句としていずれか正しいものを１つ選びなさい。

自動車の構造及び自動車の装置等に関する保安上又は（A）その他の環境保全上の技術基準（「保安基準」という。）は、道路運送車両の構造及び装置が（B）に十分堪え、操縦その他の使用のための作業に安全であるとともに、通行人その他に（C）を与えないことを確保するものでなければならず、かつ、これにより製作者又は使用者に対し、自動車の製作又は使用について不当な制限を課することとなるものであってはならない。

A　①　公害防止　　②　事故防止
B　①　衝撃　　　　②　運行
C　①　危害　　　　②　影響

ポイント解説

車両法第46条第１項を参照。

自動車の構造及び自動車の装置等に関する保安上又は（**公害防止**）その他の環境保全上の技術基準（「保安基準」という。）は、道路運送車両の構造及び装置が（**運行**）に十分堪え、操縦その他の使用のための作業に安全であるとともに、通行人その他に（**危害**）を与えないことを確保するものでなければならず、かつ、これにより製作者又は使用者に対し、自動車の製作又は使用について不当な制限を課することとなるものであってはならない。

▶答え　**A－①，B－②，C－①**

覚えておこう 【よく出る保安基準の項目と要点】

項目	要点
長さ・幅・高さ	長さ**12m**（告示で定めるものは13ｍ）、幅**2.5m**、高さ**3.8m**を超えてはならない。
軸重	軸重は**10ｔ**（告示で定める牽引自動車は11.5ｔ）を超えてはならない。
走行装置（タイヤ）	空気入ゴムタイヤの滑り止めの溝は、**1.6mm以上**の深さを有すること（四輪自動車等）。
突入防止装置	貨物の運送の用に供する自動車（二輪自動車等を除く）の**後面**には突入防止装置を備えなければならない。
窓ガラス	可視光線透過率が**70%以上**であること。
後部反射器	**夜間にその後方150m**の距離から走行用前照灯で照射した場合にその反射光を照射位置から確認できる、反射光の色が**赤色**の後部反射器を備えなければならない。
大型後部反射器	車両総重量**7ｔ以上**のものの後面には、**後部反射器＋大型後部反射器**を備えること。
点滅する灯火・光度が増減する灯火	旅客が乗降中であることを後方に表示する電光表示器は可（乗合バス）。
警音器	警音器の警報音発生装置の音が、連続するものであり、かつ、音の大きさ及び**音色が一定なもの**であること。
非常信号用具	**夜間200m**の距離から確認できる**赤色**の灯光を発するものであること。
停止表示器材	**夜間200m**の距離から走行用前照灯で照射した場合にその反射光を照射位置から確認できるものであること。また、反射光の色は赤色、蛍光の色は赤色又は橙色であること。
車両接近通報装置	**電力により作動**する原動機を有する自動車には、車両接近通報装置を備えなければならない（走行中に内燃機関が常に作動する自動車は除く）。
後写鏡	自動車の最外側より突出している部分の最下部が**地上1.8m以下**のものは衝撃を緩衝できる構造であること。
消火器	**火薬類**を運送する自動車、**指定数量以上の高圧ガス**を運送する自動車及び**指定数量以上の危険物**を運送する自動車には、消火器を備えなければならない。

第2章　道路運送車両法

94

第 **3** 章

道路交通法

3−1 目的・定義

問1 ★☆☆ ✓✓✓✓✓

　道路交通法に定める用語の定義等についての次の記述のうち、<u>誤っているものを1つ</u>選びなさい。なお、解答にあたっては、各選択肢に記載されている事項以外は考慮しないものとする。

1．路側帯とは、歩行者及び自転車の通行の用に供するため、歩道の設けられていない道路又は道路の歩道の設けられていない側の路端寄りに設けられた帯状の道路の部分で、道路標示によって区画されたものをいう。

2．安全地帯とは、路面電車に乗降する者若しくは横断している歩行者の安全を図るため道路に設けられた島状の施設又は道路標識及び道路標示により安全地帯であることが示されている道路の部分をいう。

3．車両とは、自動車、原動機付自転車、軽車両及びトロリーバスをいう。

4．自動車とは、原動機を用い、かつ、レール又は架線によらないで運転する車であって、原動機付自転車、軽車両及び身体障害者用の車椅子並びに歩行補助車、小児用の車その他の小型の車で道路交通法施行令で定めるもの以外のものをいう。

ポイント解説

1．**誤り**。路側帯とは、**歩行者の通行の用に供し、又は車道の効用を保つため**、歩道の設けられていない道路又は道路の歩道の設けられていない側の路端寄りに設けられた帯状の道路の部分で、道路標示によって区画されたものをいう。道交法第2条第1項第3号の4を参照。

2．正しい。道交法第2条第1項第6号を参照。

3．正しい。道交法第2条第1項第8号を参照。

4．正しい。道交法第2条第1項第9号を参照。

▶答え　1

　道路交通法に定める用語の意義に関する下記のA・B・C・Dの記述について、その意義に該当する用語の組合せとしていずれか<u>正しいもの</u>を1つ選びなさい。

A．歩行者の通行の用に供し、又は車道の効用を保つため、歩道の設けられていない道路又は道路の歩道の設けられていない側の路端寄りに設けられた帯状の道路の部分で、道路標示によって区画されたものをいう。

B．原動機を用い、かつ、レール又は架線によらないで運転する車であって、原動機付自転車、軽車両及び身体障害者用の車いす並びに歩行補助車、小児用の車その他の小型の車で政令で定めるもの以外のものをいう。

C．車両等が、進行を継続し、又は始めた場合においては危険を防止するため他の車両等がその速度又は方向を急に変更しなければならないこととなるおそれがあるときに、その進行を継続し、又は始めることをいう。

D．道路の交通に関し、規制又は指示を表示する標示で、路面に描かれた道路鋲、ペイント、石等による線、記号又は文字をいう。

A　① 歩道　　　　② 路側帯
B　① 自動車　　　② 車両
C　① 進路変更　　② 進行妨害
D　① 道路標識　　② 道路標示

ポイント解説

A．**路側帯**。道交法第2条第1項第3号の4を参照。

B．**自動車**。道交法第2条第1項第9号を参照。

C．**進行妨害**。道交法第2条第1項第22号を参照。

D．**道路標示**。道交法第2条第1項第16号を参照。

▶答え　A-②，B-①，C-②，D-②

第3章　道路交通法

問1 ★☆☆ ✓✓✓✓✓

道路交通法に定める自動車の種類についての次の記述のうち、<u>誤っているもの</u>を<u>1つ</u>選びなさい。なお、解答にあたっては、各選択肢に記載されている事項以外は考慮しないものとする。

1．乗車定員が2人、最大積載量が6,250キログラム、及び車両総重量10,110キログラムの貨物自動車の種類は、大型自動車である。

2．乗車定員が2人、最大積載量が4,750キログラム、及び車両総重量8,160キログラムの貨物自動車の種類は、中型自動車である。

3．乗車定員が3人、最大積載量が3,000キログラム、及び車両総重量5,955キログラムの貨物自動車の種類は、準中型自動車である。

4．乗車定員が2人、最大積載量が1,750キログラム、及び車両総重量3,490キログラムの貨物自動車の種類は、普通自動車である。

ポイント解説

道交法第3条第1項、道交法施行規則第2条第1項を参照。

1．**誤り**。大型自動車は、**最大積載量6,500キログラム以上、車両総重量11,000キログラム以上**である。

2．正しい。記述のとおり。

3．正しい。記述のとおり。

4．正しい。記述のとおり。

▶答え　1

問2 ★☆☆ ✓✓✓✓✓

　道路交通法に定める第一種免許の自動車免許の自動車の種類等に関する次の文中、A、B、C、Dに入るべき字句として<u>いずれか正しいもの</u>を１つ選びなさい。なお、解答にあたっては、各選択肢に記載されている事項以外は考慮しないものとする。

1．大型自動車とは、大型特殊自動車、大型自動二輪車、普通自動二輪車及び小型特殊自動車以外の自動車で、車両総重量が（A）キログラム以上のもの、最大積載量が6,500キログラム以上のもの又は乗車定員が30人以上のものをいう。

2．中型自動車とは、大型自動車、大型特殊自動車、大型自動二輪車、普通自動二輪車及び小型特殊自動車以外の自動車で、車両総重量が（B）キログラム以上（A）キログラム未満のもの、最大積載量が4,500キログラム以上6,500キログラム未満のもの又は乗車定員が11人以上29人以下のものをいう。

3．準中型自動車とは、大型自動車、中型自動車、大型特殊自動車、大型自動二輪車、普通自動二輪車及び小型特殊自動車以外の自動車で、車両総重量が（C）キログラム以上（B）キログラム未満のもの又は最大積載量が（D）キログラム以上4,500キログラム未満のものをいう。

A　① 11,000　　② 13,000
B　① 7,000　　② 7,500
C　① 3,500　　② 4,000
D　① 2,000　　② 3,000

ポイント解説

道交法第３条第１項、道交法施行規則第２条第１項を参照。

1．大型自動車とは、大型特殊自動車、大型自動二輪車、普通自動二輪車及び小型特殊自動車以外の自動車で、車両総重量が（**11,000**）キログラム以上のもの、最大積載量が6,500キログラム以上のもの又は乗車定員が30人以上のものをいう。

2．中型自動車とは、大型自動車、大型特殊自動車、大型自動二輪車、普通自動二輪車及び小型特殊自動車以外の自動車で、車両総重量が（**7,500**）キログラム以上（**11,000**）キログラム未満のもの、最大積載量が4,500キログラム以上6,500キログラム未満のもの又は乗車定員が11人以上29人以下のものをいう。

3．準中型自動車とは、大型自動車、中型自動車、大型特殊自動車、大型自動二輪車、普通自動二輪車及び小型特殊自動車以外の自動車で、車両総重量が（**3,500**）キログラム以上（**7,500**）キログラム未満のもの又は最大積載量が（**2,000**）キログラム以上4,500キログラム未満のものをいう。

▶答え　A−①，B−②，C−①，D−①

3-3 信号機の意味

問1 ★☆☆ ✓✓✓✓✓

　道路交通法令に定める信号機の信号の意味等に関する次の記述のうち、<u>誤っているもの</u>を1つ選びなさい。なお、解答にあたっては、各選択肢に記載されている事項以外は考慮しないものとする。

1．交差点において信号機の背面板の下部等に図の左折することができる旨の表示が設置された信号機の黄色の灯火又は赤色の灯火の信号の意味は、それぞれの信号により停止位置をこえて進行してはならないこととされている車両に対し、その車両が左折することができることを含むものとする。

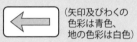

（矢印及びわくの色彩は青色、地の色彩は白色）

2．車両等は、信号機の表示する信号の種類が赤色の灯火のときは、停止位置をこえて進行してはならない。ただし、交差点において既に左折している車両等は、そのまま進行することができる。

3．交差点において既に右折している車両等（多通行帯道路等通行原動機付自転車及び軽車両を除く。）は、信号機の表示する信号の種類が赤色の灯火に変わっても、そのまま進行することができる。この場合において、当該車両等は、青色の灯火により進行することができることとされている車両等に優先して進行することができる。

4．車両は、信号機の表示する信号の種類が青色の灯火の矢印のときは、黄色の灯火又は赤色の灯火の信号にかかわらず、矢印の方向に進行することができる。この場合において、交差点において右折する多通行帯道路等通行原動機付自転車及び軽車両は、直進する多通行帯道路等通行原動機付自転車及び軽車両とみなす。

ポイント解説

1．正しい。道交法施行令第2条第2項を参照。

2．正しい。道交法施行令第2条第1項第2号・第3号を参照。

3．**誤り。**当該車両等は、青色の灯火により進行することができることとされている車両等の**進行妨害をしてはならない。**道交法施行令第2条第1項第4号を参照。

4．正しい。道交法施行令第2条第1項を参照。

▶答え　**3**

用語

多通行帯道路等通行原動機付自転車	片側3車線以上の道路で2段階右折をしなければならない原動機付自転車をいう。

3-4 最高速度

問1 ★★☆ ✓✓✓✓✓

　道路交通法に定める自動車の法定速度についての次の記述のうち、<u>誤っているものを1つ選びなさい</u>。なお、解答にあたっては、各選択肢に記載されている事項以外は考慮しないものとする。

1．貨物自動車運送事業の用に供する車両総重量5,995キログラムの自動車の最高速度は、道路標識等により最高速度が指定されていない片側一車線の一般道路においては、時速60キロメートルである。

2．貨物自動車運送事業の用に供する車両総重量7,520キログラムの自動車は、法令の規定によりその速度を減ずる場合及び危険を防止するためやむを得ない場合を除き、道路標識等により自動車の最低速度が指定されていない区間の高速自動車国道の本線車道（政令で定めるものを除く。）における最低速度は、時速50キロメートルである。

3．貨物自動車運送事業の用に供する車両総重量7,950キログラム、最大積載量4,500キログラムであって乗車定員2名の自動車の最高速度は、道路標識等により最高速度が指定されていない高速自動車国道の本線車道（政令で定めるものを除く。）又はこれに接する加速車線若しくは減速車線においては、時速90キロメートルである。

4．貨物自動車運送事業の用に供する車両総重量が4,995キログラムの自動車が、故障した車両総重量1,500キログラムの普通自動車をロープでけん引する場合の最高速度は、道路標識等により最高速度が指定されていない一般道路においては、時速40キロメートルである。

第3章　道路交通法

ポイント解説

1．正しい。道交法施行令第11条第1項を参照。

2．正しい。道交法第75条の4第1項、道交法施行令第27条の3第1項を参照。

3．**誤り**。選択肢の車両は、車両総重量8トン未満かつ最大積載量5トン未満の**中型トラック**であるため、高速道路での最高速度は**時速100キロメートル**となる。道交法施行令第27条第1項第5号を参照。

4．正しい。けん引される自動車の車両総重量が1,500キログラム、けん引する自動車の車両総重量が4,995キログラムで、3倍以上（4,995kg ÷1,500kg ＝3.33…）の車両総重量の車両によってけん引するため、時速40キロメートルが最高速度となる。道交法施行令第12条第1項第1号を参照。

▶答え　3

問2　★★☆　✓✓✓✓✓

　道路交通法に定める自動車の法定速度に関する次の文中、A、B、C、Dに入るべき字句を下の枠内の選択肢（①～⑤）から選びなさい。

1. 自動車の最高速度は、道路標識等により最高速度が指定されていない片側一車線の一般道路においては、（A）である。

2. 自動車の最低速度は、法令の規定によりその速度を減ずる場合及び危険を防止するためやむを得ない場合を除き、道路標識等により自動車の最低速度が指定されていない区間の高速自動車国道の本線車道（政令で定めるものを除く。）においては、（B）である。

3. 貸切バス（乗車定員47名）の最高速度は、道路標識等により最高速度が指定されていない高速自動車国道の本線車道（政令で定めるものを除く。）又はこれに接する加速車線若しくは減速車線においては、（C）である。

4. トラック（車両総重量12,000キログラム、最大積載量8,000キログラムであって乗車定員3名）の最高速度は、道路標識等により最高速度が指定されていない高速自動車国道の本線車道（政令で定めるものを除く。）又はこれに接する加速車線若しくは減速車線においては、（D）である。

①時速40キロメートル	②時速50キロメートル	③時速60キロメートル
④時速90キロメートル	⑤時速100キロメートル	

ポイント解説

1. 自動車の最高速度は、道路標識等により最高速度が指定されていない片側一車線の一般道路においては、（**時速60キロメートル**）である。道交法施行令第11条第1項を参照。

2. 自動車の最低速度は、法令の規定によりその速度を減ずる場合及び危険を防止するためやむを得ない場合を除き、道路標識等により自動車の最低速度が指定されていない区間の高速自動車国道の本線車道（政令で定めるものを除く。）においては、（**時速50キロメートル**）である。道交法第75条の4第1項、道交法施行令第27条の3第1項を参照。

3. 貸切バス（乗車定員47名）の最高速度は、道路標識等により最高速度が指定されていない高速自動車国道の本線車道（政令で定めるものを除く。）又はこれに接する加速車線若しくは減速車線においては、（**時速100キロメートル**）である。道交法施行令第27条第1項第1号イ、道交法施行規則第2条第1項（大型自動車）を参照。

4. トラック（車両総重量12,000キログラム、最大積載量8,000キログラムであって乗車定員
　3名）の最高速度は、道路標識等により最高速度が指定されていない高速自動車国道の本線
　車道（政令で定めるものを除く。）又はこれに接する加速車線若しくは減速車線においては、
　（時速90キロメートル）である。道交法施行令第27条第1項第2号、道交法施行規則第2
　条第1項（大型自動車）を参照。

▶答え　A-③，B-②，C-⑤，D-④

覚えておこう🖊【最高速度と最低速度のまとめ】

■一般道路の最高速度

① 自動車（②③以外）

② 車両を牽引する自動車

Ⓐ 車両総重量2t以下の車両を
　その3倍以上の車両総重量の
　車両で牽引する場合

Ⓑ ①以外の場合

③ 緊急自動車

■高速道路の最高速度

大型・中型バス，普通自動車
中型※1・準中型トラック

大型トラック
中型トラック※2

トレーラ連結車

※1：車両総重量8t未満かつ最大積載量5t未満のもの
※2：車両総重量8t以上または最大積載量5t以上のもの

■最低速度

一般道

高速道路

ただし、道路標識等で指定されている場合は、その最低速度

3−5　徐行及び一時停止

問1 ★★☆ ✓✓✓✓✓

　道路交通法に定める徐行及び一時停止についての次の記述のうち、<u>誤っているものを1つ</u>選びなさい。なお、解答にあたっては、各選択肢に記載されている事項以外は考慮しないものとする。

1. 交差点又はその附近において、緊急自動車が接近してきたときは、車両（緊急自動車を除く。）は、交差点を避け、かつ、道路の左側（一方通行となっている道路においてその左側に寄ることが緊急自動車の通行を妨げることとなる場合にあっては、道路の右側）に寄って一時停止しなければならない。

2. 車両等は、道路のまがりかど附近、上り坂の頂上附近又は勾配の急な上り坂及び下り坂を通行するときは、徐行しなければならない。

3. 車両等は、横断歩道に接近する場合には、当該横断歩道を通過する際に当該横断歩道によりその進路の前方を横断しようとする歩行者又は自転車がないことが明らかな場合を除き、当該横断歩道の直前で停止することができるような速度で進行しなければならない。

4. 車両は、環状交差点において左折し、又は右折するときは、あらかじめその前からできる限り道路の左側端に寄り、かつ、できる限り環状交差点の側端に沿って（道路標識等により通行すべき部分が指定されているときは、その指定された部分を通行して）徐行しなければならない。

ポイント解説

1. 正しい。道交法第40条第1項を参照。
2. **誤り**。勾配の急な上り坂は、**徐行すべき場所に指定されていない**。道交法第42条第1項第2号を参照。
3. 正しい。道交法第38条第1項を参照。
4. 正しい。道交法第35条の2第1項を参照。

▶答え　**2**

用語

環状交差点	車両の通行部分が環状（ドーナツ状）の形になっていて、車両が右回り（時計回り）に通行することが指定されている交差点

徐行及び一時停止等に関する次の記述のうち、<u>正しいものを２つ</u>選びなさい。なお、解答にあたっては、各選択肢に記載されている事項以外は考慮しないものとする。

1．車両は、道路外の施設又は場所に出入りするためやむを得ない場合において歩道等を横断するとき、又は法令の規定により歩道等で停車し、若しくは駐車するため必要な限度において歩道等を通行するときは、徐行しなければならない。

2．車両は、歩道と車道の区別のない道路を通行する場合その他の場合において、歩行者の側方を通過するときは、これとの間に安全な間隔を保ち、又は徐行しなければならない。

3．車両等は、横断歩道等に接近する場合には、当該横断歩道等を通過する際に当該横断歩道等によりその進路の前方を横断しようとする歩行者等がないことが明らかな場合を除き、当該横断歩道等の直前（道路標識等による停止線が設けられているときは、その停止線の直前。以下同じ。）で停止することができるような速度で進行しなければならない。この場合において、横断歩道等によりその進路の前方を横断し、又は横断しようとする歩行者等があるときは、当該横断歩道等の直前で一時停止し、かつ、その通行を妨げないようにしなければならない。

4．車両等は、横断歩道等（当該車両等が通過する際に信号機の表示する信号又は警察官等の手信号等により当該横断歩道等による歩行者等の横断が禁止されているものを除く。）又はその手前の直前で停止している車両等がある場合において、当該停止している車両等の側方を通過してその前方に出ようとするときは、その前方に出る直前で停止することができるような速度で進行しなければならない。

ポイント解説

1．誤り。車両は、歩道等を横断するとき、又は歩道等で停車し、若しくは駐車するため歩道等を通行するときは、**歩道等に入る直前で一時停止し**、かつ、**歩行者の通行を妨げないようにしなければならない**。道交法第17条第１項・第２項を参照。

2．**正しい**。道交法第18条第２項を参照。

3．**正しい**。道交法第38条第１項を参照。

4．誤り。停止している車両等の側方を通過してその前方に出ようとするときは、その前方に出る前に**一時停止**しなければならない。道交法第38条第２項を参照。

▶答え　**２と３**

3-6 車両の交通方法

問1 ★☆☆ ✓✓✓✓✓

　道路交通法に定める車両の交通方法等についての次の記述のうち、**誤っているものを1つ**選びなさい。なお、解答にあたっては、各選択肢に記載されている事項以外は考慮しないものとする。

1. 車両は、車両通行帯の設けられた道路においては、道路の左側端から数えて1番目の車両通行帯を通行しなければならない。ただし、自動車（小型特殊自動車及び道路標識等によって指定された自動車を除く。）は、当該道路の左側部分（当該道路が一方通行となっているときは、当該道路）に3以上の車両通行帯が設けられているときは、政令で定めるところにより、その速度に応じ、その最も右側の車両通行帯以外の車両通行帯を通行することができる。

2. 車両等は、踏切を通過しようとするときは、踏切の直前（道路標識等による停止線が設けられているときは、その停止線の直前。以下同じ。）で停止し、かつ、安全であることを確認した後でなければ進行してはならない。ただし、信号機の表示する信号に従うときは、踏切の直前で停止しないで進行することができる。

3. 一般乗合旅客自動車運送事業者による路線定期運行の用に供する自動車（以下「路線バス等」という。）の優先通行帯であることが道路標識等により表示されている車両通行帯が設けられている道路においては、自動車（路線バス等を除く。）は、路線バス等が後方から接近してきた場合に当該道路における交通の混雑のため当該車両通行帯から出ることができないこととなるときであっても、路線バス等が実際に接近してくるまでの間は、当該車両通行帯を通行することができる。

4. 車両は、車両通行帯の設けられた道路において、道路標識等により法令に規定する通行の区分と異なる通行の区分が指定されているときは、当該通行の区分に従い、当該車両通行帯を通行しなければならない。

ポイント解説

1. 正しい。道交法第20条第1項を参照。
2. 正しい。道交法第33条第1項を参照。
3. **誤り。**路線バス等が後方から接近してきた場合に当該道路における交通の混雑のため車両通行帯から出ることができないこととなるときは、当該車両通行帯を**通行してはならない。**道交法第20条の2第1項を参照。
4. 正しい。道交法第20条第2項を参照。

▶答え　3

道路交通法に定める車両の交通方法等について次の記述のうち、正しいものを2つ選び
なさい。なお、解答にあたっては、各選択肢に記載されている事項以外は考慮しないもの
とする。

1. 車両の運転者が同一方向に進行しながら進路を左方又は右方に変えるときの合図を行
   う時期は、その行為をしようとする地点から30メートル手前の地点に達したときであ
   る。
2. 車両は、道路の中央から左の部分の幅員が8メートルに満たない道路において、他の
   車両を追い越そうとするとき（道路の中央から右の部分を見とおすことができ、かつ、
   反対の方向からの交通を妨げるおそれがない場合に限るものとし、道路標識等により追
   越しのため道路の中央から右の部分にはみ出して通行することが禁止されている場合を
   除く。）は、道路の中央から右の部分にその全部又は一部をはみ出して通行することが
   できる。
3. 車両は、道路外の施設又は場所に出入するためやむを得ない場合において歩道又は路
   側帯（以下「歩道等」という。）を横断するとき、又は法令の規定により歩道等で停車
   し、若しくは駐車するため必要な限度において歩道等を通行するときは、一時停止し、
   かつ、歩行者の通行を妨げないようにしなければならない。
4. 一般乗合旅客自動車運送事業者による路線定期運行の用に供する自動車（以下「路線
   バス等」という。）の優先通行帯であることが道路標識等により表示されている車両通
   行帯が設けられている道路においては、自動車（路線バス等を除く。）は、路線バス等
   が後方から接近してきた場合に当該道路における交通の混雑のため当該車両通行帯から
   出ることができないこととなるときは、当該車両通行帯を通行してはならない。

ポイント解説

1. 誤り。同一方向に進行しながら進路を左方又は右方に変えるときは、その行為をしようと
   する**3秒前**に合図を行う。30メートル手前で合図を行うのは、左折又は右折、転回するとき。
   道交法施行令第21条第1項第2号を参照。
2. 誤り。車両は、道路の中央から左の部分の幅員が**6メートル**に満たない道路において、他
   の車両を追い越そうとするときは、道路の中央から右の部分にその全部又は一部をはみ出し
   て通行することができる。道交法第17条第5項第4号を参照。
3. **正しい**。道交法第17条第1項・第2項を参照。
4. **正しい**。道交法第20条の2第1項を参照。

▶答え　**3と4**

3-7 追越し等

問1 ★★☆ ✓✓✓✓✓

　道路交通法に定める追越し等についての次の記述のうち、<u>正しいものを2つ選びなさ</u>い。なお、解答にあたっては、各選択肢に記載されている事項以外は考慮しないものとする。

1. 車両は、法令に規定する優先道路を通行している場合における当該優先道路にある交差点を除き、交差点の手前の側端から前に30メートル以内の部分においては、他の車両（軽車両を除く。）を追い越そうとするときは、速やかに進路を変更しなければならない。

2. 車両は、トンネル内の車両通行帯が設けられている道路の部分（道路標識等により追越しが禁止されているものを除く。）においては、他の車両を追い越すことができる。

3. 車両は、路面電車を追い越そうとするときは、当該車両が追いついた路面電車の左側を通行しなければならない。ただし、軌道が道路の左側端に寄って設けられているときは、この限りでない。

4. 車両は、道路のまがりかど附近、上り坂の頂上附近又は勾配の急な下り坂の道路の部分においては、前方が見とおせる場合を除き、他の車両（軽車両を除く。）を追い越すため、進路を変更し、又は前車の側方を通過してはならない。

ポイント解説

1. 誤り。交差点の手前の側端から前に30メートル以内の部分は、追い越しを禁止する場所にあたるため**進路を変更してはならない**。道交法第30条第1項第3号を参照。

2. **正しい**。道交法第30条第1項第2号を参照。

3. **正しい**。道交法第28条第3項を参照。

4. 誤り。追越しを禁止する場所に、前方が見とおせる場合という**適用除外はない**。道交法第30条第1項を参照。

▶答え　**2と3**

　道路交通法に定める追越し等についての次の記述のうち、誤っているものを1つ選びなさい。なお、解答にあたっては、各選択肢に記載されている事項以外は考慮しないものとする。

1．車両は、他の車両を追い越そうとするときは、その追い越されようとする車両（以下「前車」という。）の右側を通行しなければならない。ただし、法令の規定により追越しを禁止されていない場所において、前車が法令の規定により右折をするため道路の中央又は右側端に寄って通行しているときは、その左側を通行しなければならない。

2．車両は、交差点（法令に規定する優先道路を通行している場合における当該優先道路にある交差点を除く。）や踏切、横断歩道又は自動車横断帯及びこれらの手前の側端から前に30メートル以内の部分において、他の車両（軽車両を除く。）を追い越そうとするときは、速やかに進路を変更しなければならない。

3．車両は、進路を変更した場合にその変更した後の進路と同一の進路を後方から進行してくる車両等の速度又は方向を急に変更させることとなるおそれがあるときは、進路を変更してはならない。

4．車両は、車両通行帯を通行している場合において、その車両通行帯が当該車両通行帯を通行している車両の進路の変更の禁止を表示する道路標示によって区画されているときは、法で定める場合を除き、その道路標示をこえて進路を変更してはならない。

ポイント解説

1．正しい。道交法第28条第1項・第2項を参照。

2．**誤り**。交差点（法令に規定する優先道路を通行している場合における当該優先道路にある交差点を除く。）や踏切、横断歩道又は自動車横断帯及びこれらの手前の側端から前に30メートル以内の部分は追い越しを禁止する場所にあたるため、**進路を変更してはならない**。道交法第30条第1項第3号を参照。

3．正しい。道交法第26条の2第2項を参照。

4．正しい。道交法第26条の2第3項を参照。

▶答え　2

　道路交通法に定める追越し等についての次の記述のうち、誤っているものを1つ選びなさい。なお、解答にあたっては、各選択肢に記載されている事項以外は考慮しないものとする。

1．車両等は、同一の進路を進行している他の車両等の直後を進行するときは、その直前の車両等が急に停止したときにおいてもこれに追突するのを避けることができるため必要な距離を、これから保たなければならない。

2．車両は、道路のまがりかど附近、上り坂の頂上附近又は勾配の急な下り坂の道路の部分においては、他の車両（軽車両を除く。）を追い越すため、進路を変更し、又は前車の側方を通過してはならない。

3．車両は、道路標識等により追越しが禁止されている道路の部分においても、前方を進行している原動機付自転車は追い越すことができる。

4．車両は、法令の規定若しくは警察官の命令により、又は危険を防止するため、停止し、若しくは停止しようとして徐行している車両等に追いついたときは、その前方にある車両等の側方を通過して当該車両等の前方に割り込み、又はその前方を横切ってはならない。

ポイント解説

1．正しい。道交法第26条第1項を参照。

2．正しい。道交法第30条第1項を参照。

3．**誤り**。原動機付自転車は**軽車両に該当しないため**、追越し禁止の道路では**追い越してはならない**。道交法第30条第1項を参照。

4．正しい。道交法第32条第1項を参照。

▶答え　**3**

覚えておこう🖊 【追越し禁止場所】

まがりかど

上り坂の頂上

勾配が急な下り坂

トンネル
（車両通行帯以外）

交差点等及び
その手前から30m以内

問1 ★★☆ ✓✓✓✓✓

　道路交通法に定める交差点等における通行方法についての次の記述のうち、誤っているものを1つ選びなさい。なお、解答にあたっては、各選択肢に記載されている事項以外は考慮しないものとする。

1. 車両等（優先道路を通行している車両等を除く。）は、交通整理の行われていない交差点に入ろうとする場合において、交差道路が優先道路であるとき、又はその通行している道路の幅員よりも交差道路の幅員が明らかに広いものであるときは、その前方に出る前に必ず一時停止しなければならない。

2. 車両等は、交差点に入ろうとし、及び交差点内を通行するときは、当該交差点の状況に応じ、交差道路を通行する車両等、反対方向から進行してきて右折する車両等及び当該交差点又はその直近で道路を横断する歩行者に特に注意し、かつ、できる限り安全な速度と方法で進行しなければならない。

3. 車両は、左折するときは、あらかじめその前からできる限り道路の左側端に寄り、かつ、できる限り道路の左側端に沿って（道路標識等により通行すべき部分が指定されているときは、その指定された部分を通行して）徐行しなければならない。

4. 左折又は右折しようとする車両が、法令の規定により、それぞれ道路の左側端、中央又は右側端に寄ろうとして手又は方向指示器による合図をした場合においては、その後方にある車両は、その速度又は方向を急に変更しなければならないこととなる場合を除き、当該合図をした車両の進路の変更を妨げてはならない。

ポイント解説

1. **誤り**。交差道路が優先道路であるとき、又はその通行している道路の幅員よりも交差道路の幅員が明らかに広いものであるときは、**徐行**しなければならない。道交法第36条第3項を参照。

2. 正しい。道交法第36条第4項を参照。

3. 正しい。道交法第34条第1項を参照。

4. 正しい。道交法第34条第6項を参照。

▶答え　1

第3章　道路交通法

111

　道路交通法に定める交差点等における通行方法についての次の記述のうち、<u>正しいもの</u>を2つ選びなさい。なお、解答にあたっては、各選択肢に記載されている事項以外は考慮しないものとする。

1．左折又は右折しようとする車両が、法令の規定により、それぞれ道路の左側端、中央又は右側端に寄ろうとして手又は方向指示器による合図をした場合においては、その後方にある車両は、いかなる場合であっても当該合図をした車両の進路を妨げてはならない。

2．車両等は、交差点に入ろうとし、及び交差点内を通行するときは、当該交差点の状況に応じ、交差道路を通行する車両等、反対方向から進行してきて右折する車両等及び当該交差点又はその直近で道路を横断する歩行者に特に注意し、かつ、できる限り安全な速度と方法で進行しなければならない。

3．車両等は、横断歩道に接近する場合には、当該横断歩道を通過する際に当該横断歩道によりその進路の前方を横断しようとする歩行者がないことが明らかな場合を除き、当該横断歩道の直前で停止することができるような速度で進行しなければならない。

4．車両等（優先道路を通行している車両等を除く。）は、交通整理の行われていない交差点に入ろうとする場合において、交差道路が優先道路であるとき、又はその通行している道路の幅員よりも交差道路の幅員が明らかに広いものであるときは、その前方に出る前に必ず一時停止しなければならない。

ポイント解説

1．誤り。左折又は右折しようとする車両が、法令の規定により、それぞれ道路の左側端、中央又は右側端に寄ろうとして手又は方向指示器による合図をした場合においては、その後方にある車両は、**その速度又は方向を急に変更しなければならないこととなる場合を除き、**当該合図をした車両の進路を妨げてはならない。道交法第25条第3項を参照。

2．**正しい**。道交法第36条第4項を参照。

3．**正しい**。道交法第38条第1項を参照。

4．誤り。交差道路が優先道路であるとき、又はその通行している道路の幅員よりも交差道路の幅員が明らかに広いものであるときは、**徐行**しなければならない。道交法第36条第3項を参照。

▶答え　2と3

第3章　道路交通法

3-9 停車及び駐車の禁止場所

問1 ★★☆ ☑☑☑☑☑

道路交通法に定める停車及び駐車等についての次の記述のうち、<u>正しいものを2つ選び</u>なさい。なお、解答にあたっては、各選択肢に記載されている事項以外は考慮しないものとする。

1. 車両は、道路工事が行なわれている場合における当該工事区域の側端から5メートル以内の道路の部分においては、駐車してはならない。

2. 車両は、人の乗降、貨物の積卸し、駐車又は自動車の格納若しくは修理のため道路外に設けられた施設又は場所の道路に接する自動車用の出入口から5メートル以内の道路の部分においては、駐車してはならない。

3. 車両は、公安委員会が交通がひんぱんでないと認めて指定した区域を除き、法令の規定により駐車する場合に当該車両の右側の道路上に5メートル(道路標識等により距離が指定されているときは、その距離)以上の余地がないこととなる場所においては、駐車してはならない。

4. 車両は、消防用機械器具の置場若しくは消防用防火水槽の側端又はこれらの道路に接する出入口から5メートル以内の道路の部分においては、駐車してはならない。

ポイント解説

1. **正しい**。道交法第45条第1項第2号を参照。

2. 誤り。車両は、人の乗降、貨物の積卸し、駐車又は自動車の格納若しくは修理のため道路外に設けられた施設又は場所の道路に接する自動車用の出入口から**3メートル以内**の道路の部分においては、駐車してはならない。道交法第45条第1項第1号を参照。

3. 誤り。車両は、公安委員会が交通がひんぱんでないと認めて指定した区域を除き、法令の規定により駐車する場合に当該車両の右側の道路上に**3.5メートル**(道路標識等により距離が指定されているときは、その距離)**以上の余地**がないこととなる場所においては、駐車してはならない。道交法第45条第2項を参照。

4. **正しい**。道交法第45条第1項第3号を参照。

▶答え **1と4**

問2 ★★☆ ☑☑☑☑☑

道路交通法に定める停車及び駐車等についての次の記述のうち、<u>正しいものを2つ</u>選びなさい。なお、解答にあたっては、各選択肢に記載されている事項以外は考慮しないものとする。

1. 車両は、人の乗降、貨物の積卸し、駐車又は自動車の格納若しくは修理のため道路外に設けられた施設又は場所の道路に接する自動車用の出入口から3メートル以内の道路の部分においては、駐車してはならない。

2. 車両は、法令の規定により駐車しようとする場合には、当該車両の右側の道路上に3.5メートル（道路標識等により距離が指定されているときは、その距離）以上の余地があれば駐車してもよい。

3. 車両は、交差点の側端又は道路の曲がり角から3メートル以内の道路の部分においては、法令の規定若しくは警察官の命令により、又は危険を防止するため一時停止する場合のほか、停車し、又は駐車してはならない。

4. 車両は、踏切の前後の側端からそれぞれ前後に5メートル以内の道路の部分においては、法令の規定若しくは警察官の命令により、又は危険を防止するため一時停止する場合のほか、停車し、又は駐車してはならない。

ポイント解説

1. **正しい**。道交法第45条第1項第1号を参照。

2. **正しい**。道交法第45条第2項を参照。

3. 誤り。交差点の側端又は道路の曲がり角から**5メートル以内**の道路の部分は、駐停車してはならない。道交法第44条第1項第2号を参照。

4. 誤り。踏切の前後の側端からそれぞれ前後に**10メートル以内**の道路の部分は、駐停車してはならない。道交法第44条第1項第6号を参照。

▶答え　**1と2**

覚えておこう✍ 【駐停車禁止場所と駐車禁止場所】

■ 駐停車禁止場所

5m以内	交差点、曲がり角、横断歩道	10m以内	踏切、安全地帯、バス停

■ 駐車禁止場所

1m以内	火災報知機	3m以内	施設等の出入口	5m以内	防火水槽、消火栓
右側の道路上に**3.5m以上の余地がない場所**					

道路交通法に定める停車及び駐車を禁止する場所についての次の文中、A、B、C、Dに入るべき字句を下の枠内の選択肢（①～③）から選びなさい。なお、各選択肢は、法令の規定若しくは警察官の命令により、又は危険を防止するため一時停止する場合には当たらないものとする。なお、解答にあたっては、各選択肢に記載されている事項以外は考慮しないものとする。

1．車両は、交差点の側端又は道路のまがりかどから（A）以内の道路の部分においては、停車し、又は駐車してはならない。

2．車両は、横断歩道又は自転車横断帯の前後の側端からそれぞれ前後に（B）以内の道路の部分においては、停車し、又は駐車してはならない。

3．車両は、安全地帯が設けられている道路の当該安全地帯の左側の部分及び当該部分の前後の側端からそれぞれ前後に（C）以内の道路の部分においては、停車し、又は駐車してはならない。

4．車両は、踏切の前後の側端からそれぞれ前後に（D）以内の部分においては、停車し、又は駐車してはならない。

① ３メートル	② ５メートル	③ 10メートル

ポイント解説

1．車両は、交差点の側端又は道路のまがりかどから（**５メートル**）以内の道路の部分においては、停車し、又は駐車してはならない。道交法第44条第１項第２号を参照。

2．車両は、横断歩道又は自転車横断帯の前後の側端からそれぞれ前後に（**５メートル**）以内の道路の部分においては、停車し、又は駐車してはならない。道交法第44条第１項第３号を参照。

3．車両は、安全地帯が設けられている道路の当該安全地帯の左側の部分及び当該部分の前後の側端からそれぞれ前後に（**10メートル**）以内の道路の部分においては、停車し、又は駐車してはならない。道交法第44条第１項第４号を参照。

4．車両は、踏切の前後の側端からそれぞれ前後に（**10メートル**）以内の部分においては、停車し、又は駐車してはならない。道交法第44条第１項第６号を参照。

▶答え　A-②，B-②，C-③，D-③

第３章　道路交通法

3-10 灯火及び合図

問1 ★★☆ ☑☑☑☑☑

道路交通法に定める灯火及び合図等についての次の記述のうち、<u>正しいものを2つ</u>選びなさい。なお、解答にあたっては、各選択肢に記載されている事項以外は考慮しないものとする。

1. 車両等は、夜間（日没時から日出時までの時間をいう。）、道路にあるときは、道路交通法施行令で定めるところにより、前照灯、車幅灯、尾灯その他の灯火をつけなければならない。ただし、高速自動車国道及び自動車専用道路においては前方200メートル、その他の道路においては前方50メートルまで明りょうに見える程度に照明が行われているトンネルを通行する場合は、この限りではない。

2. 停留所において乗客の乗降のため停車していた乗合自動車が発進するため進路を変更しようとして手又は方向指示器により合図をした場合においては、その後方にある車両は、その速度を急に変更しなければならないこととなる場合にあっても、当該合図をした乗合自動車の進路の変更を妨げてはならない。

3. 車両等の運転者は、山地部の道路その他曲折が多い道路について道路標識等により指定された区間以外であっても、見とおしのきかない道路のまがりかど又は見とおしのきかない上り坂の頂上を通行しようとするときは、必ず警音器を鳴らさなければならない。

4. 車両の運転者が同一方向に進行しながら進路を左方又は右方に変えるときの合図を行う時期は、その行為をしようとする時の3秒前のときである。

ポイント解説

1. **正しい**。道交法第52条第1項・道交法施行令第18条第1項を参照。

2. 誤り。その速度又は方向を**急に変更しなければならないこととなる場合を除き**、当該合図をした乗合自動車の進路の変更を妨げてはならない。道交法第31条の2第1項を参照。

3. 誤り。警音器は、**危険を防止するためやむを得ない場合を除き**、道路標識等により指定された区間以外で鳴らしてはならない。道交法第54条第1項を参照。

4. **正しい**。道交法施行令第21条第1項第2号を参照。

▶答え　1と4

道路交通法に定める合図等に関する次の記述のうち、誤っているものを1つ選びなさい。なお、解答にあたっては、各選択肢に記載されている事項以外は考慮しないものとする。

1. 車両（自転車以外の軽車両を除く。以下同じ。）の運転者が同一方向に進行しながら進路を左方又は右方に変えるときの合図を行う時期は、その行為をしようとする時の3秒前のときである。

2. 車両の運転者は、左折し、右折し、転回し、徐行し、停止し、後退し、又は同一方向に進行しながら進路を変えるときは、手、方向指示器又は灯火により合図をし、かつ、これらの行為を終わるまで当該合図を継続しなければならない。（環状交差点における場合を除く。）

3. 車両の運転者が徐行し、又は停止するときの合図を行う時期は、その行為をしようとするときである。

4. 車両の運転者が左折又は右折するときの合図を行う時期は、その行為をしようとする時（交差点においてその行為をする場合にあっては、当該交差点の手前の側端に達する時）の3秒前のときである。

ポイント解説

1. 正しい。道交法施行令第21条第1項第2号を参照。

2. 正しい。道交法第53条第1項を参照。

3. 正しい。道交法施行令第21条第1項第4号を参照。

4. **誤り。左折又は右折**するときは、その行為をする地点（交差点においてその行為をする場合にあっては、その交差点の手前の側端）から**30メートル手前の地点に達したとき**である。道交法施行令第21条第1項第1号・第3号を参照。

▶答え　4

覚えておこう【合図の時期】

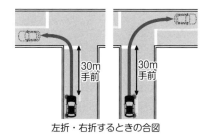

左折・右折するときの合図

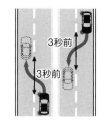

同一方向に進行しながらの
進路変更の合図

第3章　道路交通法

3−11　積載の制限と過積載車両の取扱い

問1 ★☆☆ ☑☑☑☑☑

貨物自動車に係る道路交通法に定める乗車、積載及び過積載（車両に積載をする積載物の重量が法令による制限に係る重量を超える場合における当該積載。以下同じ。）等についての次の記述のうち、誤っているものを1つ選びなさい。なお、解答にあたっては、各選択肢に記載されている事項以外は考慮しないものとする。

1. 車両の運転者は、当該車両の乗車のために設備された場所以外の場所に乗車させ、又は乗車若しくは積載のために設備された場所以外の場所に積載して車両を運転してはならない。ただし、貨物自動車で貨物を積載しているものにあっては、当該貨物を看守するため必要な最小限度の人員をその荷台に乗車させて運転することができる。

2. 車両の運転者は、運転者の視野若しくはハンドルその他の装置の操作を妨げ、後写鏡の効用を失わせ、車両の安定を害し、又は外部から当該車両の方向指示器、車両の番号標、制動灯、尾灯若しくは後部反射器を確認することができないこととなるような乗車をさせ、又は積載をして車両を運転してはならない。

3. 警察署長は、荷主が自動車の運転者に対し、過積載をして自動車を運転することを要求するという違反行為を行った場合において、当該荷主が当該違反行為を反復して行うおそれがあると認めるときは、内閣府令で定めるところにより、当該自動車の運転者に対し、当該過積載による運転をしてはならない旨を命ずることができる。

4. 車両（軽車両を除く。）の運転者は、当該車両について政令で定める乗車人員又は積載物の重量、大きさ若しくは積載の方法の制限を超えて乗車をさせ、又は積載をして車両を運転してはならない。ただし、当該車両の出発地を管轄する警察署長による許可を受けてもっぱら貨物を運搬する構造の自動車の荷台に乗車させる場合にあっては、当該制限を超える乗車をさせて運転することができる。

ポイント解説

1. 正しい。道交法第55条第1項を参照。
2. 正しい。道交法第55条第2項を参照。
3. **誤り**。警察署長は、荷主が自動車の運転者に対し、過積載をして自動車を運転することを要求するという違反行為を行った場合において、当該荷主が当該違反行為を反復して行うおそれがあると認めるときは、内閣府令で定めるところにより、**当該荷主に対し、当該違反行為をしてはならない旨を命ずる**ことができる。道交法第58条の5第2項を参照。
4. 正しい。道交法第57条第1項を参照。

▶答え　3

　貨物自動車に係る道路交通法に定める乗車、積載及び過積載（車両に積載をする積載物の重量が法令による制限に係る重量を超える場合における当該積載。以下同じ。）等についての次の記述のうち、**誤っているものを1つ**選びなさい。なお、解答にあたっては、各選択肢に記載されている事項以外は考慮しないものとする。

1．自動車の使用者は、その者の業務に関し、自動車の運転者に対し、道路交通法第57条（乗車又は積載の制限等）第1項の規定に違反して政令で定める積載物の重量、大きさ又は積載の方法の制限を超えて積載をして運転することを命じ、又は自動車の運転者がこれらの行為をすることを容認してはならない。

2．車両（軽車両を除く。）の運転者は、当該車両について政令で定める乗車人員又は積載物の重量、大きさ若しくは積載の方法の制限を超えて乗車をさせ、又は積載をして車両を運転してはならない。ただし、当該車両の出発地を管轄する警察署長による許可を受けてもっぱら貨物を運搬する構造の自動車の荷台に乗車させる場合にあっては、当該制限を超える乗車をさせて運転することができる。

3．警察署長は、荷主が自動車の運転者に対し、過積載をして自動車を運転することを要求するという違反行為を行った場合において、当該荷主が当該違反行為を反復して行うおそれがあると認めるときは、内閣府令で定めるところにより、当該自動車の運転者に対し、当該過積載による運転をしてはならない旨を命ずることができる。

4．積載物の長さは、自動車（大型自動二輪車及び普通自動二輪車を除く。以下同じ。）の長さにその長さの10分の2の長さを加えたものを超えてはならず、積載の方法は、自動車の車体の前後から自動車の長さの10分の1の長さを超えてはみ出してはならない。

ポイント解説

1．正しい。道交法第75条第1項第6号を参照。

2．正しい。道交法第57条第1項を参照。

3．**誤り**。警察署長は、荷主が自動車の運転者に対し、過積載をして自動車を運転することを要求するという違反行為を行った場合において、当該荷主が当該違反行為を反復して行うおそれがあると認めるときは、内閣府令で定めるところにより、**当該荷主に対し、当該違反行為をしてはならない旨**を命ずることができる。道交法第58条の5第2項を参照。

4．正しい。道交法施行令第22条第1項第3号イ・第4号イを参照。

▶答え　**3**

　貨物自動車に係る道路交通法に定める乗車、積載及び過積載（車両に積載をする積載物の重量が法令による制限に係る重量を超える場合における当該積載。以下同じ。）についての次の記述のうち、正しいものを2つ選びなさい。なお、解答にあたっては、各選択肢に記載されている事項以外は考慮しないものとする。

1．積載物の長さは、自動車の長さにその長さの20分の1の長さを加えたものを超えてはならない。

2．貨物が分割できないものであるため積載重量等の制限、又は公安委員会が定める積載重量等を超えることとなる場合において、出発地警察署長が当該車両の構造又は道路若しくは交通の状況により支障がないと認めて積載重量等を限って許可をしたときは、車両の運転者は、第57条（乗車又は積載の制限等）第1項の規定にかかわらず、当該許可に係る積載重量等の範囲内で当該制限を超える積載をして車両を運転することができる。

3．警察署長は、過積載をしている車両の運転者に対し、当該車両に係る積載が過積載とならないようにするため必要な応急の措置をとることを命ずることができる。

4．警察官は、第57条（乗車又は積載の制限等）第1項の積載物の重量の制限を超える積載をしていると認められる車両が運転されているときは、当該車両を停止させ、並びに当該車両の運転者に対し、自動車検査証その他政令で定める書類の提示を求め、及び当該車両の積載物の重量を測定することができる。

ポイント解説

1．誤り。自動車の長さにその長さの**10分の2**の長さを加えたものを超えてはならない。道交法施行令第22条第1項第3号イを参照。

2．**正しい**。道交法57条第3項を参照。

3．誤り。**警察官**は、過積載をしている車両の運転者に対し、当該車両に係る積載が過積載とならないようにするため必要な応急の措置をとることを命ずることができる。道交法58条の3第1項を参照。

4．**正しい**。道交法第58条の2第1項を参照。

▶答え　2と4

3-12 酒気帯び運転の禁止

　道路交通法及び道路交通法施行令に定める酒気帯び運転等の禁止等に関する次の文中、A、B、Cに入るべき字句としていずれか正しいものを1つ選びなさい。

1. 何人も、酒気を帯びて車両等を運転してはならない。
2. 何人も、酒気を帯びている者で、1.の規定に違反して車両等を運転することとなるおそれがあるものに対し、（A）してはならない。
3. 何人も、1.の規定に違反して車両等を運転することとなるおそれがある者に対し、酒類を提供し、又は飲酒をすすめてはならない。
4. 何人も、車両（トロリーバス及び旅客自動車運送事業の用に供する自動車で当該業務に従事中のものその他の政令で定める自動車を除く。）の運転者が酒気を帯びていることを知りながら、当該運転者に対し、当該車両を運転して自己を運送することを要求し、又は依頼して、当該運転者が1.の規定に違反して運転する（B）してはならない。
5. 1.の規定に違反して車両等（軽車両を除く。）を運転した者で、その運転をした場合において身体に血液1ミリリットルにつき0.3ミリグラム又は呼気1リットルにつき（C）ミリグラム以上にアルコールを保有する状態にあったものは、3年以下の懲役又は50万円以下の罰金に処する。

A　① 運転を指示　　② 車両等を提供
B　① 車両に同乗　　② 機会を提供
C　① 0.15　　② 0.25

ポイント解説

2. 何人も、酒気を帯びている者で、1.の規定に違反して車両等を運転することとなるおそれがあるものに対し、（**車両等を提供**）してはならない。道交法第65条第2項を参照。

4. 何人も、車両（トロリーバス及び旅客自動車運送事業の用に供する自動車で当該業務に従事中のものその他の政令で定める自動車を除く。）の運転者が酒気を帯びていることを知りながら、当該運転者に対し、当該車両を運転して自己を運送することを要求し、又は依頼して、当該運転者が1.の規定に違反して運転する（**車両に同乗**）してはならない。道交法第65条第4項を参照。

5. 1.の規定に違反して車両等（軽車両を除く。）を運転した者で、その運転をした場合において身体に血液1ミリリットルにつき0.3ミリグラム又は呼気1リットルにつき（**0.15**）ミリグラム以上にアルコールを保有する状態にあったものは、3年以下の懲役又は50万円以下の罰金に処する。道交法第117条の2の2第1項第3号、道交法施行令第44条の3第1項を参照。

▶答え　A-②，B-①，C-①

第3章　道路交通法

3-13 過労運転の禁止

問1 ★☆☆ ☑☑☑☑☑

道路交通法に定める過労運転に係る車両の使用者に対する指示についての次の文中、A、B、C、Dに入るべき字句としていずれか正しいものを1つ選びなさい。

車両の運転者が道路交通法第66条（過労運転等の禁止）の規定に違反して過労により（A）ができないおそれがある状態で車両を運転する行為（以下「過労運転」という。）を当該車両の使用者（当該車両の運転者であるものを除く。以下同じ。）の業務に関してした場合において、当該過労運転に係る（B）が当該車両につき過労運転を防止するため必要な（C）を行っていると認められないときは、当該車両の使用の本拠の位置を管轄する公安委員会は、当該車両の使用者に対し、過労運転が行われることのないよう運転者に指導し又は助言することその他過労運転を防止するため（D）ことを指示することができる。

A　① 運転の維持、継続　　　　② 正常な運転

B　① 車両の使用者　　　　　　② 車両の所有者

C　① 運行の管理　　　　　　　② 労務の管理

D　① 必要な施設等を整備する　② 必要な措置をとる

ポイント解説

道交法第66条の2第1項を参照。

車両の運転者が道路交通法第66条（過労運転等の禁止）の規定に違反して過労により（**正常な運転**）ができないおそれがある状態で車両を運転する行為（以下「過労運転」という。）を当該車両の使用者（当該車両の運転者であるものを除く。以下同じ。）の業務に関してした場合において、当該過労運転に係る（**車両の使用者**）が当該車両につき過労運転を防止するため必要な（**運行の管理**）を行っていると認められないときは、当該車両の使用の本拠の位置を管轄する公安委員会は、当該車両の使用者に対し、過労運転が行われることのないよう運転者に指導し又は助言することその他過労運転を防止するため（**必要な措置をとる**）ことを指示することができる。

▶答え　A—②、B—①、C—①、D—②

3-14 運転者の遵守事項

問1 ★★☆ ☑☑☑☑☑

　道路交通法に定める運転者の遵守事項等についての次の記述のうち、<u>誤っているものを1つ</u>選びなさい。なお、解答にあたっては、各選択肢に記載されている事項以外は考慮しないものとする。

1．自動車を運転する場合においては、当該自動車が停止しているときを除き、携帯電話用装置（その全部又は一部を手で保持しなければ送信及び受信のいずれをも行うことができないものに限る。）を通話（傷病者の救護等のため当該自動車の走行中に緊急やむを得ずに行うものを除く。）のために使用してはならない。

2．免許証の更新を受けようとする者で更新期間が満了する日における年齢が70歳以上のもの（当該講習を受ける必要がないものとして法令で定める者を除く。）は、更新期間が満了する日前6ヵ月以内にその者の住所地を管轄する公安委員会が行った「高齢者講習」を受けていなければならない。

3．車両等に積載している物が道路に転落し、又は飛散したときは、必ず道路管理者に通報するものとし、当該道路管理者からの指示があるまでは、転落し、又は飛散した物を除去してはならない。

4．自動車の運転者は、故障その他の理由により高速自動車国道等の本線車道若しくはこれに接する加速車線、減速車線若しくは登坂車線又はこれらに接する路肩若しくは路側帯において当該自動車を運転することができなくなったときは、道路交通法施行令で定めるところにより、停止表示器材を後方から進行してくる自動車の運転者が見やすい位置に置いて、当該自動車が故障その他の理由により停止しているものであることを表示しなければならない。

ポイント解説

1．正しい。道交法第71条第1項第5号の5を参照。

2．正しい。道交法第101条の4第1項を参照。

3．**誤り。** 積載物が道路に転落し、又は飛散したときは、**速やかにそれらの物を除去する**等、道路の危険防止のため必要な措置を講ずること。道交法第71条第1項第4号の2を参照。

4．正しい。道交法第75条の11第1項、道交法施行令第27条の6第1項を参照。

▶答え　**3**

道路交通法に定める運転者の遵守事項等についての次の記述のうち、誤っているものを1つ選びなさい。なお、解答にあたっては、各選択肢に記載されている事項以外は考慮しないものとする。

1. 車両等の運転者は、監護者が付き添わない児童若しくは幼児が歩行しているときのほか、高齢の歩行者、身体の障害のある歩行者その他の歩行者でその通行に支障のあるものが通行しているときは、一時停止し、又は徐行して、その通行又は歩行を妨げないようにしなければならない。

2. 車両等の運転者は、自動車を運転する場合において、道路交通法に規定する初心運転者の標識を付けた者が普通自動車(以下「表示自動車」という。)を運転しているときは、危険防止のためやむを得ない場合を除き、当該自動車が進路を変更した場合にその変更した後の進路と同一の進路を後方から進行してくる表示自動車が当該自動車との間に同法に規定する必要な距離を保つことができないこととなるときは進路を変更してはならない。

3. 車両等は、交差点又はその直近で横断歩道の設けられていない場所において歩行者が道路を横断しているときは、必ず一時停止し、その歩行者の通行を妨げないように努めなければならない。

4. 車両等の運転者は、児童、幼児等の乗降のため、道路運送車両の保安基準に関する規定に定める非常点滅表示灯をつけて停車している通学通園バス(専ら小学校、幼稚園等に通う児童、幼児等を運送するために使用する自動車で政令で定めるものをいう。)の側方を通過するときは、徐行して安全を確認しなければならない。

ポイント解説

1. 正しい。道交法第71条第1項第2号, 第2号の2を参照。

2. 正しい。道交法第71条第1項第5項の4を参照。

3. **誤り**。車両等は、交差点又はその直近で横断歩道の設けられていない場所において歩行者が道路を横断しているときは、**その歩行者の通行を妨げてはならない**。道交法第38条の2第1項を参照。

4. 正しい。道交法第71条第1項第2号の3を参照。

▶答え　3

道路交通法に照らし、次の記述のうち、<u>正しいものを２つ</u>選びなさい。なお、解答にあたっては、各選択肢に記載されている事項以外は考慮しないものとする。

1．車両等の運転者は、著しく他人に迷惑を及ぼすこととなる騒音を生じさせるような方法で、自動車を急に発進させ、若しくは原動機の動力を車輪に伝達させないで原動機の回転数を増加させないこと。

2．車両等の運転者は、乗降口のドアを閉じ、貨物の積載を確実に行う等乗車している者の転落又は積載物の落下若しくは飛散を防ぐために必要な措置を講ずること。

3．自動車を運転する場合において、下図の標識が表示されている自動車は、肢体不自由である者が運転していることを示しているので、危険防止のためやむを得ない場合を除き、進行している当該表示自動車の側方に幅寄せをしてはならない。

道路交通法施行規則で定める様式
縁の色彩は白色
マークの色彩は黄色
地の部分の色彩は緑色

4．高齢運転者等専用時間制限駐車区間においては、高齢運転者等標章自動車以外の車両であっても、空いている場合は駐車できる。

ポイント解説

1．**正しい**。道交法第71条第１項第５号の３を参照。
2．**正しい**。道交法第71条第１項第４号を参照。
3．誤り。選択肢の標識は**聴覚障害者**である者が運転していることを示す標識である。道交法第71条第１項第５号の４を参照。
4．誤り。たとえ空いている場合であっても、高齢運転者等標章自動車以外の車両は、**駐車してはならない**。道交法第49条の４第１項を参照。

▶答え　1と2

覚えておこう 【運転者が表示する各種標識】

【初心運転者標識】	（旧）　（新） 【高齢運転者標識】	【聴覚障害者標識】	【身体障害者標識】

道路交通法に定める運転者の遵守事項等についての次の記述のうち、誤っているものを1つ選びなさい。なお、解答にあたっては、各選択肢に記載されている事項以外は考慮しないものとする。

1. 車両等の運転者は、児童、幼児等の乗降のため、道路運送車両の保安基準に関する規定に定める非常点滅表示灯をつけて停車している通学通園バス（専ら小学校、幼稚園等に通う児童、幼児等を運送するために使用する自動車で政令で定めるものをいう。）の側方を通過するときは、徐行して安全を確認しなければならない。

2. 自動車の運転者は、故障その他の理由により高速自動車国道等の本線車道若しくはこれに接する加速車線、減速車線若しくは登坂車線又はこれらに接する路肩若しくは路側帯において当該自動車を運転することができなくなったときは、道路交通法施行令で定めるところにより、停止表示器材を後方から進行してくる自動車の運転者が見やすい位置に置いて、当該自動車が故障その他の理由により停止しているものであることを表示しなければならない。

3. 運転免許（仮運転免許を除く。）を受けた者が自動車等の運転に関し、当該自動車等の交通による人の死傷があった場合において、道路交通法第72条第1項前段の規定（交通事故があったときは、直ちに車両等の運転を停止して、負傷者を救護し、道路における危険を防止する等必要な措置を講じなければならない。）に違反したときは、その者が当該違反をしたときにおけるその者の住所地を管轄する公安委員会は、その者の運転免許を取り消すことができる。

4. 車両等の運転者は、身体障害者用の車椅子が通行しているときは、その側方を離れて走行し、車椅子の通行を妨げないようにしなければならない。

ポイント解説

1. 正しい。道交法第71条第1項だい2号の3を参照。
2. 正しい。道交法第75条の11第1項・道交法施行令第27条の6第1項を参照。
3. 正しい。道交法第103条第2項第4号を参照。
4. **誤り**。車両等の運転者は、身体障害者用の車椅子が通行しているときは、**一時停止し、又は徐行して**、車椅子の通行を妨げないようにしなければならない。道交法第71条第1項第2号を参照。

▶答え　4

3-15 交通事故の場合の措置

問1 ★☆☆ ✓✓✓✓✓

道路交通法に定める交通事故の場合の措置についての次の文中、A、B、Cに入るべき字句としていずれか正しいものを1つ選びなさい。

交通事故があったときは、当該交通事故に係る車両等の運転者その他の乗務員は、直ちに車両等の運転を停止して、（A）し、道路における危険を防止する等必要な措置を講じなければならない。この場合において、当該車両等の運転者（運転者が死亡し、又は負傷したためやむを得ないときは、その他の乗務員）は、警察官が現場にいるときは当該警察官に、警察官が現場にいないときは直ちに最寄りの警察署の警察官に当該交通事故が発生した日時及び場所、当該交通事故における（B）及び負傷者の負傷の程度並びに損壊した物及びその損壊の程度、当該交通事故に係る車両等の積載物並びに（C）を報告しなければならない。

A ① 事故状況を確認 ② 負傷者を救護
B ① 死傷者の数 ② 事故車両の数
C ① 当該交通事故について講じた措置 ② 運転者の健康状態

ポイント解説

道交法第72条第1項を参照。

交通事故があったときは、当該交通事故に係る車両等の運転者その他の乗務員は、直ちに車両等の運転を停止して、（**負傷者を救護**）し、道路における危険を防止する等必要な措置を講じなければならない。この場合において、当該車両等の運転者（運転者が死亡し、又は負傷したためやむを得ないときは、その他の乗務員）は、警察官が現場にいるときは当該警察官に、警察官が現場にいないときは直ちに最寄りの警察署の警察官に当該交通事故が発生した日時及び場所、当該交通事故における（**死傷者の数**）及び負傷者の負傷の程度並びに損壊した物及びその損壊の程度、当該交通事故に係る車両等の積載物並びに（**当該交通事故について講じた措置**）を報告しなければならない。

▶答え **A-②，B-①，C-①**

第3章 道路交通法

3－16 使用者に対する通知

問1 ★☆☆ ✓✓✓✓✓

車両等の運転者が道路交通法に定める規定に違反した場合等の措置についての次の文中、A、B、Cに入るべき字句としていずれか正しいものを1つ選びなさい。

車両等の運転者が道路交通法若しくは同法に基づく命令の規定又は同法の規定に基づく（A）した場合において、当該違反が当該違反に係る車両等の（B）の業務に関してなされたものであると認めるときは、公安委員会は、内閣府令で定めるところにより、当該車両等の使用者が道路運送法の規定による自動車運送事業者、貨物利用運送事業法の規定による第二種貨物利用運送事業を経営する者であるときは当該事業者及び当該事業を監督する行政庁に対し、当該車両等の使用者がこれらの事業者以外の者であるときは当該車両等の使用者に対し、当該（C）を通知するものとする。

A ① 処分に違反 ② 指示に違反
B ① 運行管理者 ② 使用者
C ① 違反の内容 ② 指示の内容

ポイント解説

道交法第108条の34第1項を参照。

車両等の運転者が道路交通法若しくは同法に基づく命令の規定又は同法の規定に基づく（**処分に違反**）した場合において、当該違反が当該違反に係る車両等の（**使用者**）の業務に関してなされたものであると認めるときは、公安委員会は、内閣府令で定めるところにより、当該車両等の使用者が道路運送法の規定による自動車運送事業者、貨物利用運送事業法の規定による第二種貨物利用運送事業を経営する者であるときは当該事業者及び当該事業を監督する行政庁に対し、当該車両等の使用者がこれらの事業者以外の者であるときは当該車両等の使用者に対し、当該（**違反の内容**）を通知するものとする。

▶答え　A－①，B－②，C－①

3-17 道路標識

問1 ★★☆ ☑☑☑☑☑

次に掲げる標識に関する次の記述のうち、誤っているものを1つ選びなさい。なお、解答にあたっては、各選択肢に記載されている事項以外は考慮しないものとする。

1．大型貨物自動車、特定中型貨物自動車及び大型特殊自動車は、最も左側の車両通行帯を通行しなければならない。

「道路標識、区画線及び道路標示に関する命令」に定める様式
文字、記号及び縁を白色、地を青色とする。

2．車両は、指定された方向以外の方向に進行してはならない。

「道路標識、区画線及び道路標示に関する命令」に定める様式
文字及び記号を青色、斜めの帯及び枠を赤色、縁及び地を白色とする。

3．車両は、黄色又は赤色の灯火の信号にかかわらず左折することができる。

道路交通法施行規則 別記様式第1
矢印及びわくの色彩は青色、地の色彩は白色とする。

4．車両は、法令の規定若しくは警察官の命令により、又は危険を防止するため一時停止する場合のほか、8時から20時までの間は駐停車してはならない。

「道路標識、区画線及び道路標示に関する命令」に定める様式
斜めの帯及び枠を赤色、文字及び縁を白色、地を青色とする。

ポイント解説

1．正しい。標識の名称は［特定の種類の車両の通行区分］である。
2．**誤り**。標識の名称は［車両横断禁止］である。車両は、**横断**（道路外の施設に等に出入りするための左折を伴う横断を除く）**することができない**。
3．正しい。標識の名称は［左折可］である。
4．正しい。標識の名称は［駐停車禁止］である。

▶答え　2

第3章　道路交通法

次に掲げる標識に関する次の記述のうち、<u>誤っているものを1つ</u>選びなさい。なお、解答にあたっては、各選択肢に記載されている事項以外は考慮しないものとする。

1. 車両は、他の車両（軽車両を除く。）を追い越すことができない。

「道路標識、区画線及び道路標示に関する命令」に定める様式
文字及び記号を青色、斜めの帯及び枠を赤色、縁及び地を白色とする。
また、補助標識は、地を白色、文字を黒色とする。

2. 車両は横断（道路外の施設又は場所に出入するための左折を伴う横断を除く。）することができない。

「道路標識、区画線及び道路標示に関する命令」に定める様式
文字及び記号を青色、斜めの帯及び枠を赤色、縁及び地を白色とする。

3. 車両は、8時から20時までの間は駐停車してはならない。

「道路標識、区画線及び道路標示に関する命令」に定める様式
斜めの帯及び枠を赤色、文字及び縁を白色、地を青色とする。

4. 大型貨物自動車は、時速50キロメートルを超える速度で進行してはならない。

「道路標識、区画線及び道路標示に関する命令」に定める様式
文字を青色、枠を赤色、縁及び地を白色とする。
また、補助標識は、地を白色、文字を黒色とする。

ポイント解説

1. 正しい。標識の名称は［追越し禁止］である。補助標識で追越し禁止を指定し、右側にはみ出し通行の禁止を示している。
2. 正しい。標識の名称は［車両横断禁止］である。
3. **誤り**。標識の名称は［駐車禁止］である。8時から20時までの間は**駐車禁止**である。
4. 正しい。標識の名称は［特定の種類の車両の最高速度］である。補助標識で大型貨物自動車を指定し、最高速度の規制をしている。

▶答え　3

問3 ★★☆ ☑☑☑☑☑

次に掲げる標識に関する次の記述のうち、誤っているものを1つ選びなさい。なお、解答にあたっては、各選択肢に記載されている事項以外は考慮しないものとする。

1. 緊急通行車両その他の車両であって、広域災害応急対策の実施に関し道路管理者が必要と認める者以外の者の利用を禁止する。

 「道路標識、区画線及び道路標示に関する命令」に定める様式
文字、記号及び縁を白色、地を青色とする。

2. この標識より先にある道路の道幅が狭くなることを表している。

 「道路標識、区画線及び道路標示に関する命令」に定める様式
縁線、文字及び記号を黒色、縁及び地を黄色とする。

3. 大型貨物自動車は、時速50キロメートルを超える速度で進行してはならない。

 「道路標識、区画線及び道路標示に関する命令」に定める様式
文字を青色、枠を赤色、縁及び地を白色とする。
また、補助標識は、地を白色、文字を黒色とする。

4. 車両は、8時から20時までの間は駐車してはならない。

 「道路標識、区画線及び道路標示に関する命令」に定める様式
斜めの帯及び枠を赤色、文字及び縁を白色、地を青色とする。

ポイント解説

1. 正しい。標識の名称は［広域災害応急対策車両専用］である。
2. **誤り**。標識の名称は［車線数減少］である。標識より先にある道路の**車線の数が減少する**ことを示している。
3. 正しい。標識の名称は［特定の種類の車両の最高速度］である。
4. 正しい。標識の名称は［駐車禁止］である。

▶答え　2

標　識	標識名称	意　味
	車両進入禁止	道路における車両の通行につき一定の方向にする通行が禁止される道路において、車両がその禁止される方向に向かって進入することができない。
	大型貨物自動車等通行止め	大型貨物自動車、大型特殊自動車、特定中型自動車※1は、通行できない。
	車両横断禁止	車両は横断（道路外の施設又は場所に出入するための左折を伴う横断を除く。）することができない。
追越し禁止	追越し禁止	自動車は、他の自動車を追い越してはならない。
8-20	駐停車禁止	8時から20時までの間は**駐停車**してはならない。
8-20	駐車禁止	8時から20時までの間は**駐車**してはならない。
5.5t	重量制限	車両総重量が5.5トンを超える車両の通行を禁止する。
3.3m	高さ制限	3.3メートルを超える高さ（積載した貨物の高さを含む。）の車両の通行を禁止する。
50 大　貨	特定の種類の車両の最高速度	大型貨物自動車は、時速50キロメートルを超える速度で進行してはならない。

第3章　道路交通法

132

	チェーン規制※1	タイヤチェーンを取り付けていない車両は通行してはならない。
	広域災害応急対策車両専用	緊急通行車両その他の車両であって、広域災害応急対策の実施に関し道路管理者が必要と認める者以外の者の利用を禁止する。
	特定の種類の車両の通行区分	大型貨物自動車、大型特殊自動車、特定中型自動車※2は、最も左側の車両通行帯を通行しなければならない。
	けん引自動車の高速自動車国道通行区分	けん引自動車は高速自動車国道の第1車両通行帯を通行できない。
	路線バス等優先通行帯	特定の車両を優先して通行させなければならない車両通行帯を指定したもので、他の車両がその路線バス等優先通行帯を通行することもできるが、後ろから路線バス等が接近してきたときは速やかに当該優先通行帯から出なければならない。
	車線数減少	この標識より先にある道路の**車線の数が減少する**ことを示す。
	幅員減少	この標識より先にある道路の**道幅が狭くなる**ことを示す。
8 - 20	時間	8時から20時までの間に本標識が表示する交通の規制が行われている。
	左折可	黄色又は赤色の灯火の信号にかかわらず左折することができる。

※1：正式名称「タイヤチェーンを取り付けていない車両通行止め」
※2：特定中型貨物自動車…車両総重量8t以上11t未満、最大積載量5t以上6.5t未満。

- MEMO -

第**4**章

労働基準法

問1 ★★☆ ✓✓✓✓✓

　労働基準法の定めに関する次の記述のうち、<u>正しいものを2つ</u>選びなさい。なお、解答にあたっては、各選択肢に記載されている事項以外は考慮しないものとする。

1．この法律で定める労働条件の基準は最低のものであるから、労働関係の当事者は、この基準を理由として労働条件を低下させてはならないことはもとより、その向上を図るように努めなければならない。
2．使用者は、労働者の国籍、信条又は社会的身分を理由として、賃金、労働時間その他の労働条件について、差別的取扱をしないように努めなければならない。
3．「使用者」とは、事業主又は事業の経営担当者その他その事業の労働者に関する事項について、事業主のために行為をするすべての者をいう。
4．「平均賃金」とは、これを算定すべき事由の発生した日以前3ヵ月間にその労働者に対し支払われた賃金の総額を、その期間の所定労働日数で除した金額をいう。

ポイント解説

1．**正しい**。労基法第1条第2項を参照。
2．誤り。使用者は、労働者の国籍、信条又は社会的身分を理由として、賃金、労働時間その他の労働条件について、**差別的取扱をしてはならない**。労基法第3条第1項を参照。
3．**正しい**。労基法第10条第1項を参照。
4．誤り。「平均賃金」とは、これを算定すべき事由の発生した日以前3ヵ月間にその労働者に対し支払われた賃金の総額を、その期間の**総日数**で除した金額をいう。労基法第12条第1項を参照。

▶答え　**1と3**

労働基準法（以下「法」という。）に定める労働契約についての次の記述のうち、<u>正しいものを２つ選びなさい</u>。なお、解答にあたっては、各選択肢に記載されている事項以外は考慮しないものとする。

1．使用者は、労働者が業務上負傷し、又は疾病にかかり療養のために休業する期間及びその後６週間並びに産前産後の女性が法第65条（産前産後）の規定によって休業する期間及びその後６週間は、解雇してはならない。

2．労働者が、退職の場合において、使用期間、業務の種類、その事業における地位、賃金又は退職の事由（退職の事由が解雇の場合にあっては、その理由を含む。）について証明書を請求した場合においては、使用者は、遅滞なくこれを交付しなければならない。

3．使用者は、労働者を解雇しようとする場合においては、法第20条の規定に基づき、少くとも14日前にその予告をしなければならない。14日前に予告をしない使用者は、14日分以上の平均賃金を支払わなければならない。

4．法第20条（解雇の予告）の規定は、法に定める期間を超えない限りにおいて、「日日雇い入れられる者」、「２ヵ月以内の期間を定めて使用される者」、「季節的業務に４ヵ月以内の期間を定めて使用される者」又は「試の使用期間中の者」のいずれかに該当する労働者については適用しない。

ポイント解説

1．誤り。労働者が業務上負傷し、又は疾病にかかり療養のために休業する期間及びその後**30日間**並びに産前産後の女性が法第65条（産前産後）の規定によって休業する期間及びその後**30日間**は、解雇してはならない。労基法第19条第１項を参照。

2．**正しい**。労基法第22条第１項を参照。

3．誤り。労働者を解雇しようとする場合においては、法第20条の規定に基づき、少くとも**30日前**にその予告をしなければならない。**30日前**に予告をしない使用者は、**30日分**以上の平均賃金を支払わなければならない。労基法第20条第１項を参照。

4．**正しい**。労基法第21条第１項第１号〜第４号を参照。

▶答え　**2と4**

第４章　労働基準法

問3 ★★☆ ✓✓✓✓✓

労働基準法（以下「法」という。）に関する次の記述のうち、<u>正しいものを2つ</u>選びなさい。なお、解答にあたっては、各選択肢に記載されている事項以外は考慮しないものとする。

1. 使用者は、労働契約の不履行について違約金を定め、又は損害賠償額を予定する契約をしてはならない。

2. 使用者は、労働者の死亡又は退職の場合において、権利者の請求があった場合においては、7日以内に賃金を支払い、積立金、保証金、貯蓄金その他名称の如何を問わず、労働者の権利に属する金品を返還しなければならない。

3. 労働契約は、期間の定めのないものを除き、一定の事業の完了に必要な期間を定めるもののほかは、1年（法第14条（契約期間等）第1項各号のいずれかに該当する労働契約にあっては、3年）を超える期間について締結してはならない。

4. 出来高払制その他の請負制で使用する労働者については、使用者は、労働時間にかかわらず一定額の賃金の保障をしなければならない。

ポイント解説

1. **正しい**。労基法第16条第1項を参照。

2. **正しい**。労基法第23条第1項を参照。

3. 誤り。労働契約は、期間の定めのないものを除き、一定の事業の完了に必要な期間を定めるもののほかは、**3年**（法第14条（契約期間等）第1項各号のいずれかに該当する労働契約にあっては、**5年**）を超える期間について締結してはならない。労基法第14条第1項を参照。

4. 誤り。出来高払制その他の請負制で使用する労働者については、使用者は、**労働時間に応じ**一定額の賃金の保障をしなければならない。労基法第27条第1項を参照。

▶答え　**1と2**

問1 ★★☆ ☑☑☑☑☑

　労働基準法に定める労働時間及び休日等に関する次の記述のうち、誤っているものを１つ選びなさい。なお、解答にあたっては、各選択肢に記載されている事項以外は考慮しないものとする。

1．労働時間は、事業場を異にする場合においても、労働時間に関する規定の適用については通算する。

2．使用者は、労働時間が６時間を超える場合においては少くとも30分、８時間を超える場合においては少くとも45分の休憩時間を労働時間の途中に与えなければならない。

3．使用者は、労働者に対して、毎週少くとも１回の休日を与えなければならない。ただし、この規定は、４週間を通じ４日以上の休日を与える使用者については適用しない。

4．使用者は、その雇入れの日から起算して６ヵ月間継続勤務し全労働日の８割以上出勤した労働者に対して、継続し、又は分割した10労働日の有給休暇を与えなければならない。

ポイント解説

1．正しい。労基法第38条第１項を参照。

2．**誤り**。使用者は、労働時間が６時間を超える場合においては少くとも**45分**、８時間を超える場合においては少くとも**1時間**の休憩時間を労働時間の途中に与えなければならない。労基法第34条第１項を参照。

3．正しい。労基法第35条第１項・第２項を参照。

4．正しい。労基法第39条第１項を参照。

▶答え　**2**

労働基準法（以下「法」という。）に定める労働時間及び休日等に関する次の記述のうち、誤っているものを1つ選びなさい。なお、解答にあたっては、各選択肢に記載されている事項以外は考慮しないものとする。

1. 使用者は、当該事業場に、労働者の過半数で組織する労働組合がある場合においてはその労働組合、労働者の過半数で組織する労働組合がない場合においては使用者が指名する労働者との書面による協定をし、これを行政官庁に届け出た場合においては、法定労働時間又は法定休日に関する規定にかかわらず、その協定で定めるところによって労働時間を延長し、又は休日に労働させることができる。

2. 生後満1年に達しない生児を育てる女性は、法で定める所定の休憩時間のほか、1日2回各々少なくとも30分、その生児を育てるための時間を請求することができる。

3. 使用者は、労働者に対して、毎週少くとも1回の休日を与えなければならない。ただし、この規定は、4週間を通じ4日以上の休日を与える使用者については適用しない。

4. 使用者が、法の規定により労働時間を延長し、又は休日に労働させた場合においては、その時間又はその日の労働については、通常の労働時間又は労働日の賃金の計算額の2割5分以上5割以下の範囲内でそれぞれ政令で定める率以上の率で計算した割増賃金を支払わなければならない。

ポイント解説

1. **誤り**。労働者の過半数で組織する労働組合がない場合は、**労働者の過半数を代表する者**と書面による協定を行う。労基法第36条第1項を参照。

2. 正しい。労基法第67条第1項を参照。

3. 正しい。労基法第35条第1項・第2項を参照。

4. 正しい。労基法第37条第1項を参照。

▶答え　1

労働基準法の定めに関する次の記述のうち、<u>正しいものを2つ選びなさい</u>。なお、解答にあたっては、各選択肢に記載されている事項以外は考慮しないものとする。

1. 使用者は、労働者が出産、疾病、災害その他厚生労働省令で定める非常の場合の費用に充てるために請求する場合においては、支払期日前であっても、既往の労働に対する賃金を支払わなければならない。

2. 使用者は、労働契約の不履行についての違約金を定め、又は損害賠償額を予定する契約をしてはならない。ただし、当該事業場に、労働者の過半数で組織する労働組合がある場合においてはその労働組合、労働者の過半数で組織する労働組合がない場合においては労働者の過半数を代表する者との書面による協定があるときは、この限りでない。

3. 使用者は、産後6週間を経過しない女性を就業させてはならない。ただし、産後4週間を経過した女性が請求した場合において、その者について医師が支障がないと認めた業務に就かせることは、差し支えない。

4. 使用者は、その雇入れの日から起算して6ヵ月間継続勤務し全労働日の8割以上出勤した労働者に対して、継続し、又は分割した10労働日の有給休暇を与えなければならない。

ポイント解説

1. **正しい**。労基法第25条第1項を参照。

2. 誤り。労働組合、労働者の過半数を代表する者との**書面による協定の有無にかかわらず**、労働契約の不履行についての違約金を定め、又は損害賠償額を予定する契約をしてはならない。労基法第16条第1項を参照。

3. 誤り。使用者は、**産後8週間**を経過しない女性を就業させてはならない。ただし、**産後6週間**を経過した女性が請求した場合において、その者について医師が支障がないと認めた業務に就かせることは、差し支えない。労基法第65条第2項を参照。

4. **正しい**。労基法第39条第1項を参照。

▶答え　**1と4**

用語

既往の労働	既往とは「過去」や「過ぎ去った物事」のこと。つまり、既往の労働とは、既に働いた分ということ。

労働基準法（以下「法」という。）に定める労働時間及び休日等に関する次の記述のうち、誤っているものを1つ選びなさい。なお、解答にあたっては、各選択肢に記載されている事項以外は考慮しないものとする。

1. 使用者は、労働者に、休憩時間を除き1週間について40時間を超えて、労働させてはならない。また、1週間の各日については、労働者に、休憩時間を除き1日について8時間を超えて、労働させてはならない。

2. 使用者は、6週間（多胎妊娠の場合にあっては、14週間）以内に出産する予定の女性が休業を請求した場合においては、その者を就業させてはならない。また、産後8週間を経過しない女性を就業させてはならない。ただし、産後6週間を経過した女性が請求した場合において、その者について医師が支障がないと認めた業務に就かせることは、差し支えない。

3. 使用者は、災害その他避けることのできない事由によって、臨時の必要がある場合においては、行政官庁の許可を受けて、その必要の限度において法に定める労働時間を延長し、又は休日に労働させることができる。ただし、事態急迫のために行政官庁の許可を受ける暇がない場合においては、事後に遅滞なく届け出なければならない。

4. 使用者は、4週間を通じ8日以上の休日を与える場合を除き、労働者に対して、毎週少なくとも2回の休日を与えなければならない。

ポイント解説

1. 正しい。労基法第32条第1項・第2項を参照。
2. 正しい。労基法第65条第1項・第2項を参照。
3. 正しい。労基法第33条第1項を参照。
4. **誤り**。使用者は、4週間を通じ**4日以上**の休日を与える場合を除き、労働者に対して、毎週少なくとも**1回**の休日を与えなければならない。労基法第35条第1項・第2項を参照。

▶答え　4

問1　★★☆ ✓✓✓✓✓

　労働基準法（以下「法」という。）に定める労働契約等についての次の記述のうち、誤っているものを1つ選びなさい。なお、解答にあたっては、各選択肢に記載されている事項以外は考慮しないものとする。

1. 常時5人以上の労働者を使用する使用者は、始業及び終業の時刻、休憩時間、休日、休暇等法令に定める事項について就業規則を作成し、行政官庁に届け出なければならない。

2. 使用者は、就業規則の作成又は変更について、当該事業場に、労働者の過半数で組織する労働組合がある場合においてはその労働組合、労働者の過半数で組織する労働組合がない場合においては労働者の過半数を代表する者の意見を聴かなければならない。

3. 法第106条に基づき使用者は、この法律及びこれに基づく命令の要旨、就業規則、時間外労働・休日労働に関する協定等を、常時各作業場の見やすい場所へ掲示し、又は備え付けること、書面を交付することその他の厚生労働省令で定める方法によって、労働者に周知させなければならない。

4. 就業規則で定める基準に達しない労働条件を定める労働契約は、その部分については、無効とする。この場合において、無効となった部分は、就業規則で定める基準による。

ポイント解説

1. **誤り**。**常時10人以上**の労働者を使用する使用者は、始業及び終業の時刻、休憩時間、休日、休暇等法令に定める事項について就業規則を作成し、行政官庁に届け出なければならない。労基法第89条第1項第1号を参照。

2. 正しい。労基法第90条第1項を参照。

3. 正しい。労基法第106条第1項を参照。

4. 正しい。労働契約法第12条第1項を参照。

▶答え　**1**

労働基準法の定めに関する次の記述のうち、<u>正しいもの</u>を2つ選びなさい。なお、解答にあたっては、各選択肢に記載されている事項以外は考慮しないものとする。

1. 使用者は、労働者名簿、賃金台帳及び雇入れ、解雇、災害補償、賃金その他労働関係に関する重要な書類を1年間（ただし、当分の間は3年間）保存しなければならない。

2. 使用者は、労働者に、休憩時間を除き1週間について40時間を超えて、労働させてはならない。また、1週間の各日については、労働者に、休憩時間を除き1日について8時間を超えて、労働させてはならない。

3. 使用者は、労働時間が6時間を超える場合においては少くとも45分、8時間を超える場合においては少くとも1時間の休憩時間を労働時間の途中に与えなければならない。

4. 労働契約は、期間の定めのないものを除き、一定の事業の完了に必要な期間を定めるもののほかは、1年を超える期間について締結してはならない。

ポイント解説

1. 誤り。使用者は、労働者名簿、賃金台帳及び雇入れ、解雇、災害補償、賃金その他労働関係に関する重要な書類を**5年間**（ただし、当分の間は3年間）**保存**しなければならない。労基法第109条第1項を参照。

2. **正しい**。労基法第32条第1項・第2項を参照。

3. **正しい**。労基法第34条第1項を参照。

4. 誤り。労働契約は、期間の定めのないものを除き、一定の事業の完了に必要な期間を定めるもののほかは、**3年を超える期間**について締結してはならない。労基法第14条第1項を参照。

▶答え　2と3

4-4 健康診断

問1 ★★☆ ☑☑☑☑☑

　労働基準法及び労働安全衛生法の定める健康診断に関する次の記述のうち、<u>正しいもの</u>を<u>2つ</u>選びなさい。なお、解答にあたっては、各選択肢に記載されている事項以外は考慮しないものとする。

1．事業者は、健康診断の結果（当該健康診断の項目に異常の所見があると診断された労働者に係るものに限る。）に基づき、当該労働者の健康を保持するために必要な措置について、労働安全衛生規則で定めるところにより、医師又は歯科医師の意見を聴かなければならない。

2．事業者は、労働安全衛生規則で定めるところにより、深夜業に従事する労働者が、自ら受けた健康診断の結果を証明する書面を事業者に提出した場合において、その健康診断の結果（当該健康診断の項目に異常の所見があると診断された労働者に係るものに限る。）に基づく医師からの意見聴取は、当該健康診断の結果を証明する書面が事業者に提出された日から4ヵ月以内に行わなければならない。

3．事業者は、深夜業を含む業務等に常時従事する労働者に対し、当該業務への配置替えの際及び6ヵ月以内ごとに1回、定期に、労働安全衛生規則に定める所定の項目について医師による健康診断を行わなければならない。

4．事業者は、事業者が行う健康診断を受けた労働者から請求があった場合に限り、当該労働者に対し、規則で定めるところにより、当該健康診断の結果を通知するものとする。

ポイント解説

1．**正しい**。安衛法第66条の4第1項を参照。

2．誤り。医師からの意見聴取は、当該健康診断の結果を証明する書面が事業者に提出された日から**2ヵ月以内**に行わなければならない。衛生規則第51条の2第2項第1号を参照。

3．**正しい**。衛生規則第45条第1項を参照。

4．誤り。事業者は、事業者が行う健康診断を受けた労働者から**請求があった場合に限らず**、労働者に対し当該健康診断の**結果を通知しなければならない**。安衛法第66条の6第1項を参照。

▶答え　**1と3**

　労働基準法及び労働安全衛生法の定める健康診断に関する次の記述のうち、<u>誤っている</u>ものを1つ選びなさい。なお、解答にあたっては、各選択肢に記載されている事項以外は考慮しないものとする。

1．事業者は、常時使用する労働者（労働安全衛生規則（以下「規則」という。）に定める深夜業を含む業務等に常時従事する労働者を除く。）に対し、1年以内ごとに1回、定期に、規則に定める項目について医師による健康診断を行わなければならない。また、この健康診断の結果に基づき、健康診断個人票を作成し、5年間保存しなければならない。

2．事業者は、健康診断の結果（当該健康診断の項目に異常の所見があると診断された労働者に係るものに限る。）に基づき、当該労働者の健康を保持するために必要な措置について、規則で定めるところにより、医師又は歯科医師の意見を聴かなければならない。

3．事業者は、事業者が行う健康診断を受けた労働者から請求があった場合に限り、当該労働者に対し、規則で定めるところにより、当該健康診断の結果を通知するものとする。

4．事業者は、その労働時間の状況その他の事項が労働者の健康の保持を考慮して規則第52条の2で定める要件に該当する労働者からの申出があったときは、遅滞なく、当該労働者に対し、規則で定めるところにより、医師による面接指導を行わなければならない。

ポイント解説

1．正しい。衛生規則第44条第1項、衛生規則第51条第1項を参照。

2．正しい。安衛法第66条の4第1項を参照。

3．**誤り**。事業者は、事業者が行う健康診断を受けた労働者から**請求があった場合に限らず**、労働者に対し当該健康診断の結果を**通知しなければならない**。安衛法第66条の6第1項を参照。

4．正しい。安衛法第66条の8第1項、衛生規則第52条の3第1項・第3項を参照。

▶答え　3

💡問題を解く前のヒント【１ヵ月間の拘束時間】

　１ヵ月の拘束時間の問題は、①**284時間**を超える月が**6ヵ月以内**であるか、②**284時間**を超える月が**4ヵ月以上連続**しているか、③拘束時間が**310時間**を超える月があるか、④**1年間**についての拘束時間が**3,400時間**を超えていないか、がポイントになります。改善基準に適合する例と違反する例は以下のとおりです。また、いずれも労使協定がある場合とします。

> ※「284時間を**超える**」は「284時間」を**含まない**、「4ヵ月**以上**」は「4ヵ月」を**含む**、「6ヵ月**以内**」は「6ヵ月」を**含む**。

例1）１ヵ月の拘束時間が改善基準に適合する場合

	4月	5月	6月	7月	8月	9月	10月	11月	12月	1月	2月	3月	1年間
各月の拘束時間	255時間	310時間	284時間	295時間	255時間	255時間	310時間	295時間	295時間	267時間	295時間	284時間	3,400時間

①拘束時間が284時間を超える月は、5月（310時間）・7月（295時間）・10月（310時間）・11月（295時間）・12月（295時間）・2月（295時間）の6ヵ月。

②284時間を超える月は、4ヵ月以上連続していない。

③拘束時間が310時間を超える月はない。

④1年についての拘束時間は3,400時間を超えていない。

結果　１ヵ月の拘束時間が284時間を超える月が6ヵ月以内。また、拘束時間が310時間を超えている月もなく、1年についての拘束時間も3,400時間を超えていないため、改善基準に適合している。

例2）１ヵ月の拘束時間が改善基準に違反する場合①

	4月	5月	6月	7月	8月	9月	10月	11月	12月	1月	2月	3月	1年間
各月の拘束時間	285時間	295時間	280時間	295時間	255時間	255時間	300時間	295時間	295時間	267時間	295時間	283時間	3,400時間

①拘束時間が284時間を超える月は、4月（285時間）・5月（295時間）・7月（295時間）・10月（300時間）・11月（295時間）・12月（295時間）・2月（295時間）の**7ヵ月**。

②284時間を超える月は、4ヵ月以上連続していない。

③拘束時間が310時間を超える月はない。

④1年についての拘束時間は3,400時間を超えていない。

結果　１ヵ月の拘束時間が284時間を超える月が<u>6ヵ月を超えている</u>ため、**改善基準に違反している。**

例3）1ヵ月の拘束時間が改善基準に違反する場合②

	4月	5月	6月	7月	8月	9月	10月	11月	12月	1月	2月	3月	1年間
各月の拘束時間	285時間	310時間	308時間	295時間	250時間	253時間	283時間	285時間	280時間	283時間	279時間	283時間	3,394時間

①拘束時間が284時間を超える月は、4月（285時間）・5月（310時間）・6月（308時間）・7月（295時間）・11月（285時間）の5ヵ月。

②**284時間を超える月**が、4月・5月・6月・7月と**4ヵ月連続している**。

③拘束時間が310時間を超える月はない。

④1年についての拘束時間は3,400時間を超えていない。

結果 284時間を超える月が4ヵ月以上連続しているため、**改善基準に違反している**。

例4）1ヵ月の拘束時間が改善基準に違反する場合③

	4月	5月	6月	7月	8月	9月	10月	11月	12月	1月	2月	3月	1年間
各月の拘束時間	285時間	286時間	302時間	253時間	294時間	250時間	273時間	**314時間**	283時間	278時間	297時間	263時間	3,378時間

①拘束時間が284時間を超える月は、4月（285時間）・5月（286時間）・6月（302時間）・8月（294時間）・11月（314時間）・2月（297時間）の6ヵ月。

②284時間を超える月は、4ヵ月以上連続していない。

③11月（**314時間**）に拘束時間が310時間を超えている。

④1年についての拘束時間は3,400時間を超えていない。

結果 11月（314時間）に拘束時間が310時間を超えているため、**改善基準に違反している**。

例5）1ヵ月の拘束時間が改善基準に違反する場合④

	4月	5月	6月	7月	8月	9月	10月	11月	12月	1月	2月	3月	1年間
各月の拘束時間	290時間	285時間	308時間	263時間	253時間	295時間	281時間	309時間	283時間	280時間	279時間	284時間	**3,410時間**

①拘束時間が284時間を超える月は、4月（290時間）・5月（285時間）・6月（308時間）・9月（295時間）・11月（309時間）の5ヵ月。

②284時間を超える月は、4ヵ月以上連続していない。

③拘束時間が310時間を超える月はない。

④1年についての拘束時間が**3,410時間**で、3,400時間を超えている。

結果 1年についての拘束時間が3,400時間を超えているため、**改善基準に違反している**。

「自動車運転者の労働時間等の改善のための基準」に定める貨物自動車運送事業に従事する自動車運転者の拘束時間等についての次の文中、A、B、C、Dに入るべき字句としていずれか<u>正しいもの</u>を1つ選びなさい。

　拘束時間は、1ヵ月について（A）を超えず、かつ、1年について3,300時間を超えないものとすること。ただし、労使協定により、1年について（B）までは、1ヵ月について（C）まで延長することができ、かつ、1年について（D）まで延長することができるものとする。

A　① 284時間　　② 288時間

B　① 3ヵ月　　　② 6ヵ月

C　① 310時間　　② 320時間

D　① 3,400時間　② 3,450時間

ポイント解説

改善基準第4条第1項第1号を参照。

　拘束時間は、1ヵ月について（**284時間**）を超えず、かつ、1年について3,300時間を超えないものとすること。ただし、労使協定により、1年について（**6ヵ月**）までは、1ヵ月について（**310時間**）まで延長することができ、かつ、1年について（**3,400時間**）まで延長することができるものとする。

▶答え　**A−①，B−②，C−①，D−①**

第4章　労働基準法

問2 ★★★ ☑☑☑☑☑

下表は、貨物自動車運送事業に従事する自動車運転者（隔日勤務に就く運転者以外のもの。）の１年間における各月の拘束時間の例を示したものであるが、このうち、「自動車運転者の労働時間等の改善のための基準」に<u>適合するものをすべて選びなさい</u>。ただし、「１ヵ月についての拘束時間の延長に関する労使協定」があるものとする。

1.

	4月	5月	6月	7月	8月	9月	10月	11月	12月	1月	2月	3月	1年間合計
拘束時間	271	282	285	275	309	275	272	261	312	285	280	283	3,390

2.

	4月	5月	6月	7月	8月	9月	10月	11月	12月	1月	2月	3月	1年間合計
拘束時間	283	283	283	285	305	281	278	280	291	283	285	283	3,420

3.

	4月	5月	6月	7月	8月	9月	10月	11月	12月	1月	2月	3月	1年間合計
拘束時間	286	270	272	270	302	285	273	290	286	287	290	274	3,385

4.

	4月	5月	6月	7月	8月	9月	10月	11月	12月	1月	2月	3月	1年間合計
拘束時間	270	280	283	285	307	283	268	262	310	285	285	280	3,398

ポイント解説

改善基準第４条第１項第１号を参照。

拘束時間は、１ヵ月について284時間を超えず、かつ、１年について3,300時間を超えないものとすること。ただし、労使協定がある場合には、１年のうち６ヵ月までは、１ヵ月について310時間まで延長することができ、かつ、１年について3,400時間まで延長することができる。なお、１ヵ月と１年の延長可能時間内であっても、１ヵ月について284時間を超える月が４ヵ月以上連続する場合は、改善基準違反となる。

1.

	4月	5月	6月	7月	8月	9月	10月	11月	12月	1月	2月	3月	1年間合計
拘束時間	271	282	285	275	309	275	272	261	312	285	280	283	3,390

◎拘束時間が284時間を超えている月は、６月（285時間）・８月（309時間）・12月（312時間）・１月（285時間）の４ヵ月。

◎284時間を超える月は、４ヵ月以上連続していない。

◎**12月（312時間）**に拘束時間が310時間を超えている。

◎１年についての拘束時間は3,400時間を超えていない。

150

第4章 労働基準法

結果 12月（312時間）に拘束時間が**310時間を超えている**ため、改善基準違反となる。

2.

	4月	5月	6月	7月	8月	9月	10月	11月	12月	1月	2月	3月	1年間合計
拘束時間	283	283	283	285	305	281	278	280	291	283	285	283	**3,420**

◎拘束時間が284時間を超えている月は、7月（285時間）・8月（305時間）・12月（291時間）・2月（285時間）の4ヵ月。

◎284時間を超える月は、4ヵ月以上連続していない。

◎拘束時間が310時間を超えている月はない。

◎1年についての拘束時間は**3,420時間**で、3,400時間を超えている。

結果 1年についての拘束時間が**3,400時間を超えている**ため、改善基準違反となる。

3.

	4月	5月	6月	7月	8月	9月	10月	11月	12月	1月	2月	3月	1年間合計
拘束時間	286	270	272	270	302	285	273	290	286	287	290	274	3,385

◎拘束時間が284時間を超えている月は、4月（286時間）・8月（302時間）・9月（285時間）・11月（290時間）・12月（286時間）・1月（287時間）・2月（290時間）の**7ヵ月**。

◎**284時間を超える月**が、11月（290時間）・12月（286時間）・1月（287時間）・2月（290時間）と**4カ月連続している**。

◎拘束時間が310時間を超えている月はない。

◎1年についての拘束時間は3,400時間を超えていない。

結果 1ヵ月の拘束時間が284時間を超える月が**7ヵ月**で、6ヵ月を超えている。また、284時間を超える月が**4カ月以上連続している**ため、改善基準違反となる。

4.

	4月	5月	6月	7月	8月	9月	10月	11月	12月	1月	2月	3月	1年間合計
拘束時間	270	280	283	285	307	283	268	262	310	285	285	280	3,398

◎拘束時間が284時間を超えている月は、7月（285時間）・8月（307時間）・12月（310時間）・1月（285時間）・2月（285時間）の5ヵ月。

◎284時間を超える月は、4ヵ月以上連続していない。

◎拘束時間が310時間を超えている月はない。

◎1年についての拘束時間は3,400時間を超えていない。

結果 1カ月と1年の拘束時間についての延長可能時間を超えていないため、改善基準に**適合している**。

▶答え　**4**

4-6 労働時間等の改善基準 [2]

💡問題を解く前のヒント【1日の拘束時間】

1日の拘束時間の問題は、①1日の最大拘束時間が**15時間を超える**（15時間は含まない）か、②休息期間が**9時間以上**であるか、③1日14時間を超える勤務が**1週間に2回以内**であるか、がポイントになります。1日が「**始業時刻から起算して24時間**」と定義されているため、改善基準への適否の判断のためには、この始業時刻から24時間以内の拘束時間の算出方法を覚えておくことが大切です。例を参考に1日の拘束時間を計算してみます。

例）1週間の勤務パターン

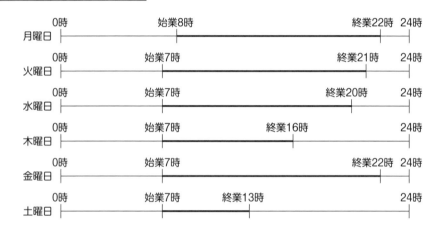

◎月曜日は、始業時刻8時～終業時刻22時ですが、拘束時間は単純に14時間とはなりません。

◎1日の拘束時間の開始は、当日の始業時刻とし、終了は始業時刻から**24時間後**となります。したがって、月曜日の拘束時間は、始業時刻8時から24時間後の翌日8時までとなります。月曜日の始業時刻から24時間以内には火曜日の7時から8時の1時間が含まれます。よって、拘束時間は次のように計算されます。

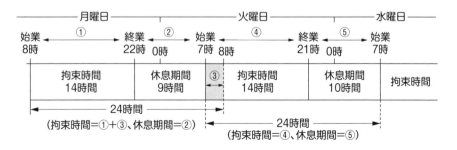

第4章 労働基準法

◎月曜日の拘束時間は、月曜日の始業時刻8時～終業時刻22時（①）＋火曜日始業時刻7時
　～8時（③）となり、14時間＋1時間＝15時間になります。また、火曜日始業時刻7時～
　8時の1時間は、火曜日の拘束時間にも含まれます。

◎火曜日・水曜日・木曜日・金曜日・土曜日の拘束時間は、それぞれ次のとおりとなります。

火曜日	終業時刻21時 － 当日始業時刻7時 ＝ 14時間
水曜日	終業時刻20時 － 当日始業時刻7時 ＝ 13時間
木曜日	終業時刻16時 － 当日始業時刻7時 ＝ 9時間
金曜日	終業時刻22時 － 当日始業時刻7時 ＝ 15時間
土曜日	終業時刻13時 － 当日始業時刻7時 ＝ 6時間

◎また、休息期間は1日につき**9時間以上**とることが必要です。休息期間は単純に終業時刻か
　ら翌日の始業時刻までとなります。

◎月曜日から金曜日の休息期間はそれぞれ次のとおりになります。

月曜日	終業時刻22時 ～ 翌日始業時刻7時 ＝ 9時間
火曜日	終業時刻21時 ～ 翌日始業時刻7時 ＝ 10時間
水曜日	終業時刻20時 ～ 翌日始業時刻7時 ＝ 11時間
木曜日	終業時刻16時 ～ 翌日始業時刻7時 ＝ 15時間
金曜日	終業時刻22時 ～ 翌日始業時刻7時 ＝ 9時間

結果 以上のことから、例に挙げた勤務パターンは、拘束時間・休息期間とも改善基準に適合
　　　していることになります。

例）1週間の勤務パターン

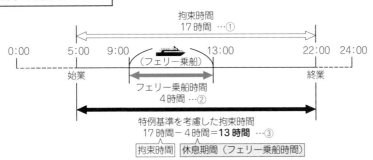

　上図の拘束時間は始業5時～終業22時（①）で、9時～13時の4時間はフェリーに乗船
（②）しています。フェリー乗船時間は休息期間として取り扱われるため、拘束時間は、17
時間から休息期間の4時間を差し引いた13時間（③）となります。

153

「自動車運転者の労働時間等の改善のための基準」等に定める貨物自動車運送事業に従事する自動車運転者の拘束時間及び休息期間についての次の文中、A、B、C、Dに入るべき字句としていずれか正しいものを1つ選びなさい。ただし、1人乗務で、フェリーには乗船しないものとし、また、隔日勤務に就く場合には該当しないものとする。

　1日（始業時刻から起算して24時間をいう。以下同じ。）についての拘束時間は、（A）を超えないものとし、当該拘束時間を延長する場合であっても、最大拘束時間は（B）とすること。この場合において、1日についての拘束時間が（C）を超える回数をできるだけ少なくするよう努めるもの（目安としては1週間について（D）以内）とすること。

A　①13時間　　　②14時間

B　①15時間　　　②16時間

C　①13時間　　　②14時間

D　①1回　　　　②2回

ポイント解説

改善基準第4条第1項第3号・第4号を参照。

　1日についての拘束時間は、（**13時間**）を超えないものとし、当該拘束時間を延長する場合であっても、最大拘束時間は（**15時間**）とすること。この場合において、1日についての拘束時間が（**14時間**）を超える回数をできるだけ少なくするよう努めるもの（目安としては1週間について（**2回**）以内）とすること。

▶答え　**A－①，B－①，C－②，D－②**

第4章　労働基準法

　下図は、貨物自動車運送事業に従事する自動車運転者（1人乗務で隔日勤務に就く運転者以外のもの。）の5日間の勤務状況の例を示したものであるが、次の1～4の拘束時間のうち、「自動車運転者の労働時間等の改善のための基準」における1日についての拘束時間として、正しいものを1つ選びなさい。

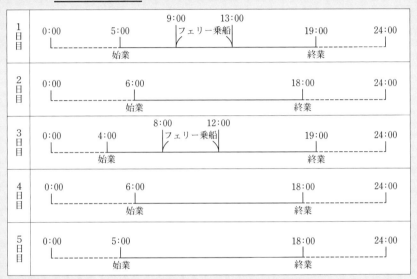

1. 1日目：14時間　　2日目：12時間　　3日目：15時間　　4日目：12時間
2. 1日目：10時間　　2日目：12時間　　3日目：11時間　　4日目：12時間
3. 1日目：10時間　　2日目：14時間　　3日目：11時間　　4日目：13時間
4. 1日目：14時間　　2日目：14時間　　3日目：15時間　　4日目：13時間

ポイント解説

　改善基準第4条第1項第3号を参照。

　貨物自動車運送事業の運転者のフェリー乗船時間（乗船時刻から下船時刻まで）は、原則として休息期間として取り扱う。よって、フェリー乗船がある日程は、拘束時間からフェリー乗船時間分を差し引かなければならない。

1日目の拘束時間	10時間	14時間（始業5時～終業19時）－4時間（9時～13時）
2日目の拘束時間	14時間	12時間（始業6時～終業18時）＋翌日2時間
3日目の拘束時間	11時間	15時間（始業4時～終業19時）－4時間（8時～12時）
4日目の拘束時間	13時間	12時間（始業6時～終業18時）＋翌日1時間

▶答え　**3**

　下図は、貨物自動車運送事業に従事する自動車運転者の１週間の勤務状況の例を示した
ものであるが、「自動車運転者の労働時間等の改善のための基準」（以下「改善基準告示」
という。）に定める拘束時間等に関する次の記述のうち、<u>誤っているものを１つ選びなさ</u>
<u>い</u>。ただし、すべて１人乗務の場合とする。なお、解答にあたっては、下図に示された内
容及び各選択肢に記載されている事項以外は考慮しないものとする。

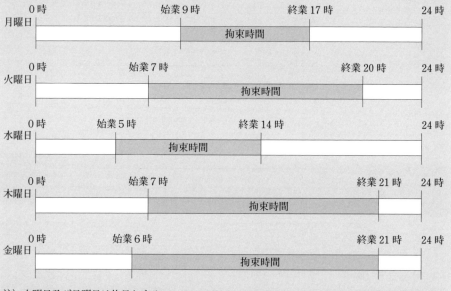

注）土曜日及び日曜日は休日とする。

1．１日についての拘束時間が改善基準告示に定める最大拘束時間に違反する勤務はな
　い。
2．１日についての拘束時間が14時間を超えることができる１週間についての回数は、改
　善基準告示に違反していない。
3．勤務終了後の休息期間は、改善基準告示に違反しているものはない。
4．水曜日に始まる勤務の１日についての拘束時間は、この１週間の勤務の中で１日につ
　いての拘束時間が最も短い。

第4章　労働基準法

ポイント解説

改善基準第4条第1項第3号・第5号を参照。

月曜日の拘束時間	10時間	8時間（始業9時～終業17時）＋翌日2時間
月曜日の休息期間	14時間	月曜終業17時～火曜始業7時
火曜日の拘束時間	**15時間**	13時間（始業7時～終業20時）＋翌日2時間
火曜日の休息期間	9時間	火曜終業20時～水曜始業5時
水曜日の拘束時間	9時間	始業5時～終業14時
水曜日の休息期間	17時間	水曜終業14時～木曜始業7時
木曜日の拘束時間	**15時間**	14時間（始業7時～終業21時）＋翌日1時間
木曜日の休息期間	9時間	木曜終業21時～金曜始業6時
金曜日の拘束時間	**15時間**	始業6時～終業21時

1．改善基準に定める1日についての最大拘束時間は15時間である。月曜日～金曜日までの拘束時間はいずれも15時間を超えていないため、最大拘束時間に違反する勤務はない。

2．1日についての拘束時間が14時間を超える回数は、**1週間について2回以内**が目安とされている。月曜日～金曜日までのうち14時間を超えるのは、火曜日（15時間）、木曜日（15時間）、金曜日（15時間）の**計3回**となり、**改善基準告示に違反している**。

3．勤務終了後の休息期間は継続して9時間以上であること。月曜日～木曜日の休息期間は、すべて9時間以上であるため、改善基準告示に違反していない。

4．水曜日の拘束時間は9時間である。月曜日～金曜日のうち、拘束時間が最も短い。

▶答え　2

💡問題を解く前のヒント【2日平均の運転時間】

　2日平均の運転時間の問題は、「特定日の前日＋特定日」及び「特定日＋特定日の翌日」の平均運転時間が**ともに9時間を超えていないか**がポイントになります。改善基準に適合する例と違反する例は以下のとおりです。

例1）改善基準に適合する場合

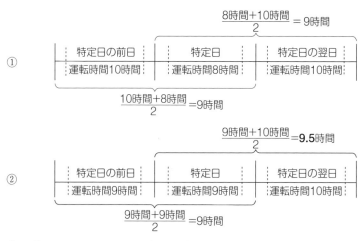

①…「特定日の前日＋特定日」及び「特定日＋特定日の翌日」がともに9時間を超えていないため、改善基準に適合している。

②…「特定日の前日＋特定日」は9時間を超えていないが、「特定日＋特定日の翌日」は9時間を超えている。しかし、ともに9時間を超える場合のみ違反となるため、この場合は改善基準に適合している。

例2）改善基準に違反する場合

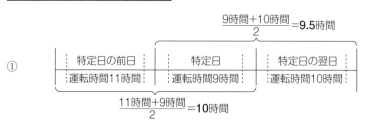

①…「特定日の前日＋特定日」及び「特定日＋特定日の翌日」がともに9時間を超えているため、**改善基準に違反している。**

「自動車運転者の労働時間等の改善のための基準」に定める貨物自動車運送事業に従事する自動車運転者の運転時間についての次の文中、A、Bに入るべき字句としていずれか正しいものを1つ選びなさい。

運転時間は、2日（（A）から起算して48時間をいう。）を平均し1日当たり9時間、2週間を平均し1週間当たり（B）を超えないものとすること。

A　① 乗務開始　　② 始業時刻

B　① 40時間　　　② 44時間

ポイント解説

改善基準第4条第1項第6号を参照。

運転時間は、2日（（**始業時刻**）から起算して48時間をいう。）を平均し1日当たり9時間、2週間を平均し1週間当たり（**44時間**）を超えないものとすること。

▶答え　**A－②，B－②**

下表は、一般貨物自動車運送事業に従事する運転者の特定日における運転時間を示したものであるが、このうち「自動車運転者の労働時間等の改善のための基準」に<u>違反しているもの</u>はどれか。

1.

特定日の前日	特定日	特定日の翌日
運転時間10時間	運転時間10時間	運転時間8時間

2.

特定日の前日	特定日	特定日の翌日
運転時間9時間	運転時間10時間	運転時間10時間

3.

特定日の前日	特定日	特定日の翌日
運転時間9時間	運転時間10時間	運転時間8時間

4.

特定日の前日	特定日	特定日の翌日
運転時間11時間	運転時間9時間	運転時間9時間

ポイント解説

改善基準第4条第1項第6号を参照。

「特定日と特定日の前日」の平均運転時間と、「特定日と特定日の翌日」の平均運転時間の両方が9時間を超えている場合は改善基準に違反している。どちらか一方が9時間以内の場合は改善基準に適合している。

1.「特定日と特定日の前日」の平均運転時間は10時間だが、「特定日と特定日の翌日」の平均運転時間が9時間なので改善基準に適合している。

2.「特定日と特定日の前日」の平均運転時間が**9.5時間**、「特定日と特定日の翌日」の平均運転時間が**10時間**となり、いずれも9時間を超えているので、**改善基準に違反している**。

3.「特定日と特定日の前日」の平均運転時間は9.5時間だが、「特定日と特定日の翌日」の平均運転時間が9時間なので、改善基準に適合している。

4.「特定日と特定日の前日」の平均運転時間は10時間だが、「特定日と特定日の翌日」の平均運転時間が9時間なので、改善基準に適合している。

▶答え　2

　下表は、貨物自動車運送事業に従事する自動車運転者の5日間の運転時間の例を示したものであるが、5日間すべての日を特定日とした2日を平均し1日当たりの運転時間が「自動車運転者の労働時間等の改善のための基準」に<u>違反</u>しているものをすべて選びなさい。

1.

	休日	1日目	2日目	3日目	4日目	5日目	休日
運転時間	－	10時間	7時間	11時間	10時間	8時間	－

2.

	休日	1日目	2日目	3日目	4日目	5日目	休日
運転時間	－	7時間	8時間	9時間	10時間	9時間	－

3.

	休日	1日目	2日目	3日目	4日目	5日目	休日
運転時間	－	8時間	9時間	10時間	9時間	8時間	－

4.

	休日	1日目	2日目	3日目	4日目	5日目	休日
運転時間	－	10時間	9時間	9時間	9時間	10時間	－

－　－　－　－　－　▼ 解答は次ページ ▼　－　－　－　－　－

ポイント解説

改善基準第4条第1項第4号を参照。

1．2日を平均した1日当たりの運転時間は以下のとおり。

	休日	1日目	2日目	3日目	4日目	5日目	休日
運転時間	―	10時間	7時間	11時間	10時間	8時間	―

5時間　8.5時間　9時間　10.5時間　9時間　4時間

　5日間すべての日を特定日としても、2日を平均して1日当たり9時間を超える日はないため、改善基準に適合している。

2．2日を平均した1日当たりの運転時間は以下のとおり。

	休日	1日目	2日目	3日目	4日目	5日目	休日
運転時間	―	7時間	8時間	9時間	10時間	9時間	―

3.5時間　7.5時間　8.5時間　9.5時間　9.5時間　4.5時間

　4日目を特定日とした場合、「特定日（10時間）と特定日の前日（9時間）」の平均運転時間は**9.5時間**。「特定日（10時間）と特定日の翌日（9時間）」の平均運転時間も**9.5時間**となり、いずれも9時間を超えているので、**改善基準に違反している**。

3．2日を平均した1日当たりの運転時間は以下のとおり。

	休日	1日目	2日目	3日目	4日目	5日目	休日
運転時間	―	8時間	9時間	10時間	9時間	8時間	―

4時間　8.5時間　9.5時間　9.5時間　8.5時間　4時間

　3日目を特定日とした場合、「特定日（10時間）と特定日の前日（9時間）」の平均運転時間は**9.5時間**。「特定日（10時間）と特定日の翌日（9時間）」の平均運転時間も**9.5時間**となり、いずれも9時間を超えているので、**改善基準に違反している**。

4．2日を平均した1日当たりの運転時間は以下のとおり。

	休日	1日目	2日目	3日目	4日目	5日目	休日
運転時間	―	10時間	9時間	9時間	9時間	10時間	―

5時間　9.5時間　9時間　9時間　9.5時間　5時間

　5日間すべての日を特定日としても、2日を平均して1日当たり9時間を超える日はないため、改善基準に適合している。

▶答え　**2と3**

第4章　労働基準法

4－8　労働時間等の改善基準［４］

💡問題を解く前のヒント【連続運転時間】

連続運転時間の問題は、**４時間以内**または**４時間運転直後**に合計30分以上の中断（原則として**休憩**）時間があるかどうか、がポイントになります。また、**中断時間はおおむね連続10分以上で分割**することができます（**10分未満の中断が３回以上連続**した場合は改善基準違反）。

改善基準に適合する例と違反する例をあげたので参考にしてください。なお、中断時間として認められるのは、原則として休憩時間のみであり、**荷積み、荷待ち、荷下し等**の休憩以外の時間は、**連続運転時間の計算上**は、**運転時間**として取り扱います。

例１）改善基準に適合する場合

①	4時間		30分

②	2時間40分	20分	1時間20分	10分

③	1時間20分	10分※	1時間20分	10分※	1時間20分	10分※

※おおむね連続10分以上

□□□	：運転時間	▨▨▨	：中断時間

①…４時間運転直後に30分中断時間をとっているため、改善基準に適合している。

②…左から運転時間を足していくと４時間、中断時間を足していくと30分になるため、改善基準に適合している。

③…左から運転時間を足していくと４時間、中断時間を足していくと30分以上になるため、改善基準に適合している。

例２）改善基準に違反する場合

①	4時間10分		30分

②	1時間25分	5分	1時間25分	5分	1時間10分	20分

③	1時間20分	9分	1時間20分	9分	1時間20分	9分

①…４時間10分運転直後に30分中断時間をとっているが、連続運転時間が４時間を超えているため、**改善基準に違反している**。

②…10分未満は実際には中断しているが、「おおむね連続10分以上」という改善基準の中断時間の規定から乖離しているため、中断時間に加算されない。連続運転時間合計４時間に対し中断時間は20分のみのため、**改善基準に違反している**。

③…１回が10分未満の中断が３回連続しているため、**改善基準に違反している**。

下図は、貨物自動車運送事業に従事する自動車運転者の運転時間及び休憩時間の例を示したものであるが、このうち、連続運転の中断方法として「自動車運転者の労働時間等の改善のための基準」に適合しているものを2つ選びなさい。なお、当該運行においては、高速自動車国道及び自動車専用道路を通行していないものとする。

1.

乗務開始	運転	休憩	運転	休憩	運転	休憩	運転	休憩	運転	休憩	運転	休憩	運転	乗務終了
	1時間	20分	2時間	5分	1時間	15分	1時間30分	1時間	2時間	10分	1時間	10分	30分	

2.

乗務開始	運転	休憩	運転	休憩	運転	休憩	運転	休憩	運転	休憩	運転	休憩	運転	乗務終了
	2時間	10分	1時間30分	10分	30分	10分	1時間30分	10分	1時間	5分	1時間30分	10分	30分	

3.

乗務開始	運転	休憩	運転	休憩	運転	休憩	運転	休憩	運転	休憩	運転	休憩	運転	乗務終了
	1時間	10分	2時間	15分	30分	10分	1時間	1時間	1時間	10分	1時間30分	10分	2時間	

4.

乗務開始	運転	休憩	運転	休憩	運転	休憩	運転	休憩	運転	休憩	運転	休憩	運転	乗務終了
	1時間	10分	1時間	10分	2時間	10分	1時間	1時間	1時間	10分	1時間30分	10分	1時間30分	

ポイント解説

改善基準第4条第1項第7号を参照。

　連続運転時間とは、「1回がおおむね連続10分以上で、かつ、合計が30分以上の運転の中断をすることなく連続して運転する時間」をいう。そのため、改善基準で規定されている連続運転時間は合計4時間までであるが、運転時間が合計4時間にならなくても、中断時間が合計30分以上を満たした場合、連続運転時間は一区切りされる。また、休憩5分は「おおむね10分以上」と乖離するため、中断とみなさず、考慮しない（図では省略）。

1.

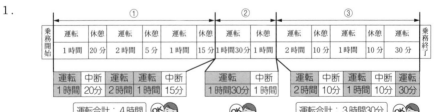

　①運転時間合計4時間に対する中断時間は合計35分で改善基準に適合している。②運転時間1時間30分に対する中断時間は1時間で改善基準に適合している。③運転時間合計3時間30分に対する中断時間は合計20分のみで30分未満となるが、乗務を終了しているため、改善基準に適合している。結果、①〜③全てが**改善基準に適合している。**

第4章　労働基準法

2.

乗務開始	①						②							乗務終了
	運転	休憩	運転	休憩	運転	休憩	運転	休憩	運転	休憩	運転	休憩	運転	
	2時間	10分	1時間30分	10分	30分	10分	1時間30分	10分	1時間	5分	1時間30分	10分	30分	

運転	中断	運転	中断	運転	中断	運転	中断	運転	運転	中断	運転
2時間	10分	1時間30分	10分	30分	10分	1時間30分	10分	1時間	1時間30分	10分	30分

運転合計：4時間　中断合計：30分　OK

運転合計：**4時間30分**　中断合計：20分　NG

①運転時間合計4時間に対する中断時間は合計30分で改善基準に適合している。②運転時間は**合計4時間30分**となる。連続運転時間が4時間を超えており、この運転時間に対する中断時間は20分のみのため、改善基準に違反している。

3.

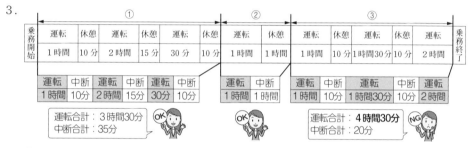

乗務開始	①						②		③					乗務終了
	運転	休憩	運転	休憩	運転	休憩	運転	休憩	運転	休憩	運転	休憩	運転	
	1時間	10分	2時間	15分	30分	10分	1時間	1時間	1時間	10分	1時間30分	10分	2時間	

運転	中断	運転	中断	運転	中断	運転	中断	運転	中断	運転	中断	運転
1時間	10分	2時間	15分	30分	10分	1時間	1時間	1時間	10分	1時間30分	10分	2時間

運転合計：3時間30分　中断合計：35分　OK

OK

運転合計：**4時間30分**　中断合計：20分　NG

①運転時間合計3時間30分に対する中断時間は合計35分で改善基準に適合している。②運転時間1時間に対する中断時間は1時間で改善基準に適合している。③運転時間が**合計4時間30分**となる。連続運転時間が4時間を超えており、この運転時間に対する中断時間は20分のみのため、改善基準に違反している。

4.

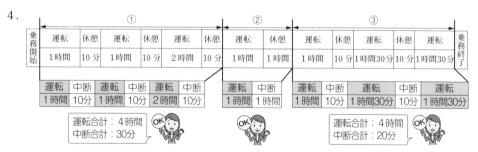

乗務開始	①						②		③					乗務終了
	運転	休憩	運転	休憩	運転	休憩	運転	休憩	運転	休憩	運転	休憩	運転	
	1時間	10分	1時間	10分	2時間	10分	1時間	1時間	1時間	10分	1時間30分	10分	1時間30分	

運転	中断	運転	中断	運転	中断	運転	中断	運転	中断	運転	中断	運転
1時間	10分	1時間	10分	2時間	10分	1時間	1時間	1時間	10分	1時間30分	10分	1時間30分

運転合計：4時間　中断合計：30分　OK

OK

運転合計：4時間　中断合計：20分　OK

①運転時間合計4時間に対する中断時間は合計30分で改善基準に適合している。②運転時間1時間に対する中断時間は1時間で改善基準に適合している。③運転時間合計4時間に対する中断時間は合計20分のみで30分未満となるが、乗務を終了しているため、改善基準に適合している。結果、①～③全てが**改善基準に適合している**。

▶答え　**1と4**

　下図は、貨物自動車運送事業に従事する自動車運転者の運転時間及び休憩時間の例を示したものである。次の1〜4の休憩時間の組合せの中で、連続運転の中断方法として「自動車運転者の労働時間等の改善のための基準」に適合し、かつ、当該運行の乗務開始から乗務終了までの拘束時間が最少となるものを1つ選びなさい。なお、当該運行は1人乗務とし、高速自動車国道及び自動車専用道路を通行していないものとする。また、翌日は休日とする。

乗務開始　　　　　　　　　　　　　　　　　　　　　　　　　　乗務終了

運転	休憩	運転	休憩	運転	休憩	運転	休憩	運転	休憩	運転	休憩	運転
1時間	15分	1時間	A	2時間	B	2時間	1時間	1時間20分	C	1時間20分	D	1時間30分

1. A：10分　　　B：10分　　　C：15分　　　D：10分
2. A：15分　　　B：15分　　　C：20分　　　D：10分
3. A：15分　　　B：10分　　　C：15分　　　D：15分
4. A：10分　　　B：15分　　　C：15分　　　D：10分

ポイント解説

改善基準第4条第1項第7号を参照。

　この設問では、連続運転の中断方法が改善基準に適合しており、かつ、乗務開始から乗務終了までの拘束時間が最少となるものを選ぶことに注意する。

1. A〜Dの休憩時間を入れてみると、次のとおりになる。

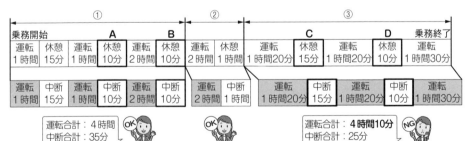

　①運転時間合計4時間に対する中断時間は合計35分で改善基準に適合している。②運転時間2時間に対する中断時間は1時間で改善基準に適合している。③運転時間が合計**4時間10分**となる。連続運転時間が4時間を超えており、この運転時間に対する中断時間は合計25分のみのため、改善基準に違反している。

2．A～Dの休憩時間を入れてみると、次のとおりになる。

　①運転時間合計2時間に対する中断時間は合計30分で改善基準に適合している。②運転時間合計4時間に対する中断時間は合計1時間15分で改善基準に適合している。③運転時間合計2時間40分に対する中断時間は合計30分で適合している。④運転時間1時間30分後に乗務終了しているため、改善基準に適合している。結果、①～③全てが**改善基準に適合している**。

　拘束時間は、1時間＋15分＋1時間＋15分＋2時間＋15分＋2時間＋1時間＋1時間20分＋20分＋1時間20分＋10分＋1時間30分＝**12時間25分**となる。

3．A～Dの休憩時間を入れてみると、次のとおりになる。

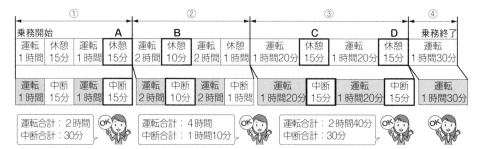

　①運転時間合計2時間に対する中断時間は合計30分で改善基準に適合している。②運転時間合計4時間に対する中断時間は合計1時間10分で改善基準に適合している。③運転時間合計2時間40分に対する中断時間は合計30分で改善基準に適合している。④運転時間1時間30分後に乗務終了しているため、改善基準に適合している。結果、①～③全てが**改善基準に適合している**。

　拘束時間は、1時間＋15分＋1時間＋15分＋2時間＋10分＋2時間＋1時間＋1時間20分＋15分＋1時間20分＋15分＋1時間30分＝**12時間20分**となる。

4．A〜Dの休憩時間を入れてみると、次のとおりになる。

		①				②		③				

乗務開始 ... A ... B / C ... D ... 乗務終了

運転	休憩	運転	休憩	運転	休憩	運転	休憩	運転	休憩	運転	休憩	運転
1時間	15分	1時間	10分	2時間	15分	2時間	1時間	1時間20分	15分	1時間20分	10分	1時間30分

運転	中断	運転	中断	運転	中断	運転	中断	運転	中断	運転	中断	運転
1時間	15分	1時間	10分	2時間	15分	2時間	1時間	1時間20分	15分	1時間20分	10分	1時間30分

運転合計：4時間
中断合計：40分

運転合計：**4時間10分**
中断合計：25分

①運転時間合計4時間に対する中断時間は合計40分で改善基準に適合している。②運転時間2時間に対する中断時間は1時間で改善基準に適合している。③運転時間が合計**4時間10分**となる。連続運転時間が4時間を超えており、この運転時間に対する中断時間は合計25分のみのため、改善基準に違反している。

［結果］

連続運転時間の中断方法が改善基準に適合しており、かつ、拘束時間が最少の12時間20分となる**選択肢3**が正解となる。

▶答え　**3**

問1 ★★★ ✓✓✓✓✓

　「自動車運転者の労働時間等の改善のための基準」（以下「改善基準告示」という。）において定める貨物自動車運送事業に従事する自動車運転者（以下「トラック運転者」という。）の拘束時間等に関する次の記述のうち、<u>正しいものを2つ選びなさい</u>。ただし、1人乗務で、隔日勤務には就いていない場合とする。なお、解答にあたっては、各選択肢に記載されている事項以外は考慮しないものとする。

1．使用者は、業務の必要上、トラック運転者に勤務の終了後継続9時間以上の休息期間を与えることが困難な場合には、当分の間、一定期間（1カ月程度を限度とする。）における全勤務回数の3分の2を限度に、休息期間を拘束時間の途中及び拘束時間の経過直後に分割して与えることができるものとする。この場合において、分割された休息期間は、1日（始業時刻から起算して24時間をいう。）において1回当たり継続3時間以上とし、2分割又は3分割とすること。また、2分割の場合は合計10時間以上、3分割の場合は合計12時間以上でなければならないものとする。

2．使用者は、トラック運転者の休息期間について、当該トラック運転者の住所地における休息期間がそれ以外の場所における休息期間より長くなるように努めるものとする。

3．使用者は、トラック運転者に労働基準法第35条の休日に労働させる場合、当該労働させる休日は2週間について1回を超えないものとし、当該休日の労働によって改善基準告示第4条第1項に定める拘束時間及び最大拘束時間を超えないものとする。

4．使用者は、トラック運転者の連続運転時間（1回がおおむね連続5分以上で、かつ、合計が30分以上の運転の中断をすることなく連続して運転する時間をいう。）は、4時間を超えないものとすること。

ポイント解説

1．誤り。一定期間における全勤務回数の**2分の1**を限度に、休息期間を拘束時間の途中及び拘束時間の経過直後に分割して与えることができるものとする。改善基準第4条第4項第1号イ・ロを参照。

2．**正しい**。改善基準第4条第2項を参照。

3．**正しい**。改善基準第4条第5項を参照。

4．誤り。連続運転時間は、**1回がおおむね連続10分以上**で、かつ、合計が30分以上の運転の中断をすることなく連続して運転する時間をいう。改善基準第4条第1項第7号を参照。

▶答え　**2と3**

第4章　労働基準法

　「自動車運転者の労働時間等の改善のための基準」（以下「改善基準告示」という。）に関する次の記述のうち、<u>正しいもの</u>を２つ選びなさい。なお、解答にあたっては、各選択肢に記載されている事項以外は考慮しないものとする。

1．使用者は、貨物自動車運送事業に従事する自動車運転者（以下「トラック運転者」という。）の拘束時間については、１ヵ月について284時間を超えず、かつ、１年について3,300時間を超えないものとすること。ただし、労使協定があるときは、１年のうち６ヵ月までは、１ヵ月について310時間まで延長することができ、かつ、１年について3,400時間まで延長することができる。

2．使用者は、トラック運転者の１日（始業時刻から起算して24時間をいう。以下同じ。）についての拘束時間については、13時間を超えないものとし、当該拘束時間を延長する場合であっても、最大拘束時間は15時間とすること。この場合において、１日についての拘束時間が14時間を超える回数をできるだけ少なくするよう務めるものとし、目安としては、２週間について３回までとする。

3．使用者は、業務の必要上やむを得ない場合には、当分の間、２暦日についての拘束時間が21時間を超えず、かつ、勤務終了後、継続20時間以上の休息期間を与える場合に限り、トラック運転者を隔日勤務に就かせることができること。ただし、改善基準告示に定める場合を除く。

4．使用者は、業務の必要上、トラック運転者に勤務の終了後継続９時間以上の休息期間を与えることが困難な場合には、当分の間、一定期間（１カ月程度を限度とする。）における全勤務回数の２分の１を限度に、休息期間を拘束時間の途中及び拘束時間の経過直後に分割して与えることができるものとする。この場合において、分割された休息期間は、１日（始業時刻から起算して24時間をいう。）において１回当たり継続３時間以上とし、２分割又は３分割とすること。また、２分割の場合は合計８時間以上、３分割の場合は合計10時間以上でなければならないものとする。

ポイント解説

1．**正しい**。改善基準第４条第１項第１号を参照。

2．誤り。１日についての拘束時間が14時間を超える回数は、**１週間について２回までが目安**となる。改善基準第４条第１項第３号・第４号を参照。

3．**正しい**。改善基準第４条第４項第３号を参照。

4．誤り。分割された休息期間は、１日において１回当たり継続３時間以上とし、２分割又は３分割とすること。また、２分割の場合は**合計10時間以上**、３分割の場合は**合計12時間以上**でなければならないものとする。改善基準第４条第４項第１号イ・ロを参照。

▶答え　**1と3**

　「自動車運転者の労働時間等の改善のための基準」に定める貨物自動車運送事業に従事する自動車運転者（以下「トラック運転者」という。）の拘束時間等に関する次の記述のうち、正しいものを2つ選びなさい。なお、解答にあたっては、各選択肢に記載されている事項以外は考慮しないものとする。

1．拘束時間とは、始業時刻から終業時刻までの時間で、休憩時間を除く労働時間の合計をいう。

2．使用者は、トラック運転者の休息期間については、当該トラック運転者の住所地における休息期間がそれ以外の場所における休息期間より長くなるように努めるものとする。

3．連続運転時間（1回がおおむね連続10分以上で、かつ、合計が30分以上の運転の中断をすることなく連続して運転する時間をいう。）は、4時間を超えないものとする。

4．使用者は、業務の必要上、トラック運転者に勤務の終了後継続9時間以上の休息期間を与えることが困難な場合には、当分の間、一定期間（1カ月程度を限度とする。）における全勤務回数の2分の1を限度に、休息期間を拘束時間の途中及び拘束時間の経過直後に分割して与えることができるものとする。この場合において、分割された休息期間は、1日（始業時刻から起算して24時間をいう。）において1回当たり継続3時間以上とし、2分割又は3分割とすること。また、2分割の場合は合計8時間以上、3分割の場合は合計10時間以上でなければならないものとする。

ポイント解説

1．誤り。拘束時間とは、始業時刻から終業時刻までの時間で、**労働時間と休憩時間の合計時間**をいう。

2．**正しい**。改善基準第4条第2項を参照。

3．**正しい**。改善基準第4条第1項第7号を参照。

4．誤り。分割された休息期間は、1日において1回当たり継続3時間以上とし、2分割又は3分割とすること。また、2分割の場合は**合計10時間以上**、3分割の場合は**合計12時間以上**でなければならないものとする。改善基準第4条第4項第1号イ・ロを参照。

▶答え　**2と3**

「自動車運転者の労働時間等の改善のための基準」（以下「改善基準告示」という。）において定める貨物自動車運送事業に従事する自動車運転者（「以下、トラック運転者」という。）の拘束時間及び運転時間等に関する次の記述のうち、<u>正しいものを2つ選び</u>なさい。ただし、1人乗務で、隔日勤務には就いていない場合とする。なお、解答にあたっては、各選択肢に記載されている事項以外は考慮しないものとする。

1. 使用者は、トラック運転者の1日（始業時刻から起算して24時間をいう。）についての拘束時間については、13時間を超えないものとし、当該拘束時間を延長する場合であっても、最大拘束時間は16時間とすること。この場合において、1日についての拘束時間が14時間を超える回数をできるだけ少なくするよう務めるものとし、目安としては、1週間について2回までとする。

2. 使用者は、トラック運転者の休息期間については、当該トラック運転者の住所地における休息期間がそれ以外の場所における休息期間より長くなるように努めるものとする。

3. 使用者は、トラック運転者に労働基準法第35条の休日に労働させる場合は、当該労働させる休日は2週間について1回を超えないものとし、当該休日の労働によって改善基準告示第4条第1項に定める拘束時間及び最大拘束時間を超えないものとする。

4. 使用者は、トラック運転者の連続運転時間（1回がおおむね連続5分以上で、かつ、合計が30分以上の運転の中断をすることなく連続して運転する時間をいう。）は、4時間を超えないものとすること。

ポイント解説

1. 誤り。拘束時間を延長する場合であっても、最大拘束時間は、**15時間**とすること。改善基準第4条第1項第3号・第4号を参照。

2. **正しい**。改善基準第4条第2項を参照。

3. **正しい**。改善基準第4条第5項を参照。

4. 誤り。連続運転時間は、**1回がおおむね連続10分以上**で、かつ、合計が30分以上の運転の中断をすることなく連続して運転する時間をいう。改善基準第4条第1項第7号を参照。

▶答え　**2と3**

第4章　労働基準法

「自動車運転者の労働時間等の改善のための基準」に定める目的等についての次の文中、A、B、C、Dに入るべき字句として<u>いずれか正しいものを1つ</u>選びなさい。

1. この基準は、自動車運転者（労働基準法（以下「法」という。）第9条に規定する労働者であって、（A）の運転の業務（厚生労働省労働基準局長が定めるものを除く。）に主として従事する者をいう。以下同じ。）の労働時間等の改善のための基準を定めることにより、自動車運転者の労働時間等の（B）の向上を図ることを目的とする。

2. 労働関係の当事者は、この基準を理由として自動車運転者の（C）させてはならないことはもとより、その（D）に努めなければならない。

A ① 四輪以上の自動車 ② 二輪以上の自動車
B ① 労働条件の向上 ② 労働環境の改善
C ① 生活環境を悪化 ② 労働条件を低下
D ① 維持 ② 向上

ポイント解説

改善基準第1条第1項・第2項を参照。

1. この基準は、自動車運転者（労働基準法（以下「法」という。）第9条に規定する労働者であって、（**四輪以上の自動車**）の運転の業務（厚生労働省労働基準局長が定めるものを除く。）に主として従事する者をいう。以下同じ。）の労働時間等の改善のための基準を定めることにより、自動車運転者の労働時間等の（**労働条件の向上**）を図ることを目的とする。

2. 労働関係の当事者は、この基準を理由として自動車運転者の（**労働条件を低下**）させてはならないことはもとより、その（**向上**）に努めなければならない。

▶答え　A－①，B－①，C－②，D－②

第4章 労働基準法

問6 ★★☆ ✓✓✓✓✓

「自動車運転者の労働時間等の改善のための基準」に定める貨物自動車運送事業に従事する自動車運転者（以下「トラック運転者」という。）の拘束時間等に関する次の文中、A、B、C、Dに入るべき字句として<u>いずれか正しいものを1つ</u>選びなさい。

1. 使用者は、連続運転時間（1回がおおむね連続10分以上で、かつ、合計が30分以上の運転の中断をすることなく連続して運転する時間をいう。）は、（A）を超えないものとすること。
   A ① 4時間　　② 8時間

2. 使用者は、トラック運転者の1日（始業時刻から起算して24時間をいう。）についての拘束時間は、（B）を超えないものとすること。
   B ① 13時間　　② 16時間

3. 使用者は、トラック運転者の拘束時間は、1ヵ月について（C）を超えないものとすること。
   C ① 284時間　　② 320時間

4. トラック運転者が勤務の中途においてフェリーに乗船する場合、フェリー乗船時間（乗船時刻から下船時刻まで）は、原則として、（D）として取り扱うものとする。
   D ① 拘束時間　　② 休息期間

ポイント解説

1. 使用者は、連続運転時間（1回がおおむね連続10分以上で、かつ、合計が30分以上の運転の中断をすることなく連続して運転する時間をいう。）は、（**4時間**）を超えないものとすること。改善基準第4条第1項第7号を参照。

2. 使用者は、トラック運転者の1日（始業時刻から起算して24時間をいう。）についての拘束時間は、（**13時間**）を超えないものとすること。改善基準第4条第1項第3号を参照。

3. 使用者は、トラック運転者の拘束時間は、1ヵ月について（**284時間**）を超えないものとすること。改善基準第4条第1項第1号を参照。

4. トラック運転者が勤務の中途においてフェリーに乗船する場合、フェリー乗船時間（乗船時刻から下船時刻まで）は、原則として、（**休息期間**）として取り扱うものとする。改善基準第4条第4項第4号を参照。

▶答え　**A−①，B−①，C−①，D−②**

問1 ★★☆ ☑☑☑☑☑

　下図は、貨物自動車運送事業に従事する自動車運転者の４日間の勤務状況の例を示したものであるが、「自動車運転者の労働時間等の改善のための基準」（以下「改善基準告示」という。）に定める連続運転時間及び４日間すべての日を特定日とした２日を平均し１日当たりの運転時間（以下「２日平均の運転時間」という。）に関する次の記述のうち、正しいものを２つ選びなさい。なお、当該運行においては、高速自動車国道及び自動車専用道路を通行していないものとする。

1日目

乗務開始	運転	休憩	運転	休憩	運転	休憩	運転	休憩	運転	休憩	運転	乗務終了	運転時間
	1時間	20分	1時間	10分	2時間	1時間	2時間	20分	1時間	10分	1時間		8時間

2日目

乗務開始	運転	休憩	運転	休憩	運転	休憩	運転	休憩	運転	休憩	運転	乗務終了	運転時間
	2時間	20分	1時間30分	10分	1時間30分	10分	2時間	10分	1時間	10分	2時間		10時間

3日目

乗務開始	運転	休憩	運転	休憩	運転	休憩	運転	休憩	運転	休憩	運転	乗務終了	運転時間
	1時間	10分	2時間	10分	2時間	10分	1時間	30分	2時間	10分	1時間		9時間

4日目

乗務開始	運転	休憩	運転	休憩	運転	休憩	運転	休憩	運転	休憩	運転	乗務終了	運転時間
	1時間	10分	1時間30分	30分	2時間	10分	2時間	20分	1時間30分	20分	2時間		10時間

注）１日目の前日と４日目の翌日は休日とする。

1．連続運転の中断方法が改善基準告示に違反するのは１日目と４日目の勤務である。

2．連続運転の中断方法が改善基準告示に違反するのは２日目と３日目の勤務である。

3．４日間すべての日を特定日とした２日平均の運転時間は、改善基準告示に違反している。

4．４日間すべての日を特定日とした２日平均の運転時間は、改善基準告示に違反していない。

- - - - - ▼ 解答は次ページ ▼ - - - - -

ポイント解説

改善基準第4条第1項第6号、第7号を参照。

連続運転時間と2日平均の運転時間についてそれぞれ解いていく。

1&2. 連続運転時間とは、「1回がおおむね連続10分以上で、かつ、合計が30分以上の運転の中断をすることなく連続運転する時間」をいう。

◎1日目は、①運転時間合計2時間に対する中断時間は合計30分で、改善基準告示に適合している。②運転時間2時間に対する中断時間は1時間で改善基準告示に適合している。③運転時間合計3時間で対する中断時間は合計30分であるため改善基準告示に適合している。④運転時間1時間後に乗務を終了しているため、改善基準告示に適合している。

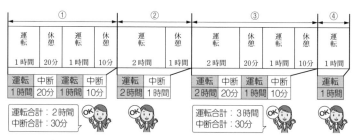

◎2日目は、①運転時間合計3時間30分に対する中断時間は合計30分で改善基準に改善基準告示に適合している。②運転時間合計が4時間30分となる。連続運転時間が4時間を超えているため、**改善基準告示違反**となる。

◎3日目は、①運転時間の合計が5時間となる。連続運転時間が4時間を超えているため、**改善基準告示違反**となる。

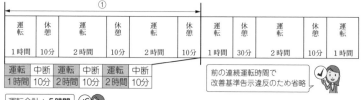

◎ 4日目は、①運転時間合計2時間30分に対する中断時間は合計40分で、改善基準告示に適合している。②運転時間合計4時間に対する中断時間は合計30分で改善基準告示に適合している。③運転時間合計3時間30分後に乗務を終了しているため、改善基準告示に適合している。

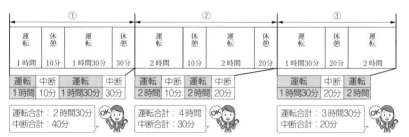

3 & 4.「2日平均の運転時間」は、「特定日と特定日の前日」の平均運転時間と、「特定日と特定日の翌日」の平均運転時間がともに9時間を超えている場合に改善基準告示違反となる。いずれか一方の平均運転時間が9時間以内の場合は改善基準告示違反とならない。

◎ 2日を平均した1日当たりの運転時間は以下のとおり。

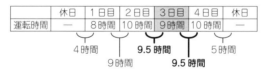

◎ 3日目を特定日とした場合、「特定日（9時間）と特定日の前日（10時間）」の平均運転時間は**9.5時間**。「特定日（9時間）と特定日の翌日（10時間）」の平均運転時間も**9.5時間**となり、いずれも9時間を超えているので、改善基準告示違反となる。

《結果》
◎連続運転の中断方法が改善基準告示に違反するのは**2日目**と**3日目**の勤務である。
◎ 4日間すべての日を特定日とした2日平均の運転時間は、**改善基準告示に違反**している。

▶答え　**2と3**

下表は、貨物自動車運送事業に従事する自動車運転者の1ヵ月の勤務状況の例を示したものであるが、「自動車運転者の労働時間等の改善のための基準」に定める拘束時間等に照らし、次の1～4の中から違反している事項を1つ選びなさい。なお、1人乗務とし、「1ヵ月についての拘束時間の延長に関する労使協定」があり、下表の1ヵ月は、当該協定により1ヵ月についての拘束時間を延長することができる月に該当するものとする。また、解答に当たっては、各選択肢に記載されている事項以外は考慮しないものとする。

(起算日)

第1週		1日	2日	3日	4日	5日	6日	7日	週の合計時間
	各日の運転時間	6	7	5	7	9	8	休日	42
	各日の拘束時間	9	13	10	10	12	12		66

第2週		8日	9日	10日	11日	12日	13日	14日	週の合計時間
	各日の運転時間	5	6	8	8	10	9	休日	46
	各日の拘束時間	8	9	10	14	14	13		68

第3週		15日	16日	17日	18日	19日	20日	21日	週の合計時間
	各日の運転時間	4	4	4	9	10	9	休日	40
	各日の拘束時間	8	7	8	11	15	11		60

第4週		22日	23日	24日	25日	26日	27日	28日	週の合計時間
	各日の運転時間	9	10	5	7	5	6	休日	42
	各日の拘束時間	13	14	9	13	12	13		74

第5週		29日	30日	31日	週の合計時間	1ヵ月(第1週～第5週)の合計時間
	各日の運転時間	8	6	7	21	191
	各日の拘束時間	12	10	13	35	303

(注1)　2週間の起算日は1日とする。
(注2)　各労働日の始業時刻は午前8時とする。

1.　1日の最大拘束時間

2.　当該5週間のすべての日を特定日とした2日を平均した1日当たりの運転時間

3.　2週間を平均した1週間当たりの運転時間

4.　1ヵ月の拘束時間

改善基準第4条第1項第1号・第3号・第6号を参照。

1. 1日についての最大拘束時間は、15時間である。第1週から第5週までのすべてにおいて16時間を超える日がないため、1日の最大拘束時間は改善基準に違反していない。

2. 2日を平均した1日当たりの運転時間は、「特定日の前日＋特定日」及び「特定日＋特定日の翌日」の平均運転時間がともに9時間を超えないこと。2日を平均した1日当たりの運転時間は、それぞれ次のとおりとなる。

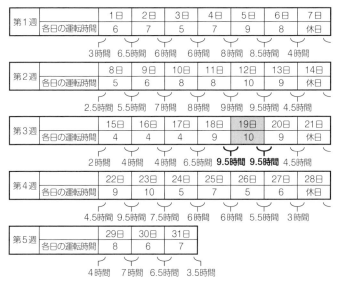

19日目を特定日とした場合、「特定日の前日（9時間）と特定日（10時間）」の平均運転時間は**9.5時間**。「特定日（10時間）と特定日の翌日（9時間）」の平均運転時間も**9.5時間**となり、いずれも9時間を超えているので、**改善基準違反**となる。

3. 第1週及び第2週は、88時間（42時間＋46時間）÷2＝44時間、第3週及び第4週は、82時間（40時間＋42時間）÷2＝41時間となり、いずれも1週間当たりの運転時間が44時間を超えていないため改善基準に違反していない。

4. 1ヵ月の拘束時間は284時間を超えてはならないが、労使協定がある場合は1年のうち6ヵ月まで、310時間まで延長できる。表より1ヵ月の合計拘束時間は303時間のため、改善基準に違反していない。

▶答え　2

第4章　労働基準法

覚えておこう✐ 【よく出る改善基準の項目と要点】

項 目	要 点
拘束時間	・始業時刻から終業時刻までの時間で、労働時間と休憩時間（仮眠時間を含む）の合計時間
休息期間	・勤務と次の勤務の間の時間で、睡眠時間を含む労働者の生活時間として、労働者にとって全く自由な時間
拘束時間（1日）	・1日は始業時刻から起算して24時間をいう ・13時間を超えないこと ・延長する場合でも、最大**15時間**を超えないこと ・14時間を超える回数をできるだけ少なくするよう務めるものとし、**1週間について2回まで**が目安となる。 ・休息期間は継続11時間以上与えるよう努め、最低でも**継続9時間以上**であること ・フェリー乗船時間は**休息期間**として取り扱う
拘束時間（1ヵ月及び1年）	・1カ月について**284時間**を超えず、かつ、1年について**3,300時間**を超えないこと ・労使協定があり、次の①②の条件を満たす場合、1年について**6ヵ月**までは1カ月について**310時間**まで、かつ、1年について**3,400時間**まで延長することができる ①284時間を超える月は連続3ヵ月まで ②1カ月の時間外・休日労働時間数が100時間未満となるよう努める
2日平均運転時間	・「特定日の前日＋特定日」及び「特定日＋特定日の翌日」の平均運転時間が**ともに9時間**を超えないこと ・2週間を平均して1週間当たり44時間を超えないこと
連続運転時間	・**4時間**運転毎に30分以上の中断（1回が**おおむね連続10分**以上かつ、合計30分**以上の中断時間が必要。） ・10分未満の中断は3回以上連続してはならない ・中断時間は原則として休憩とする ・ＳＡやＰＡに駐車できないためやむを得ず4時間を超える場合は、4時間30分まで延長可能
休日労働	・2週間について**1回**を超えないこと

第 **5** 章

実務上の知識及び能力

問1 ★★★ ✓✓✓✓✓

　運行管理に関する次の記述のうち、<u>適切なもの</u>をすべて選びなさい。なお、解答にあたっては、各選択肢に記載されている事項以外は考慮しないものとする。

1．運行管理者は、自動車運送事業者の代理人として事業用自動車の輸送の安全確保に関する業務全般を行い、交通事故を防止する役割を担っている。したがって、事故が発生した場合には、自動車運送事業者に代わって責任を負うこととなる。

2．運行管理者は、運行管理業務に精通し、確実に遂行しなければならない。そのためにも自動車輸送に関連する諸規制を理解し、実務知識を身につけると共に、日頃から運転者等と積極的にコミュニケーションを図り、必要な場合にあっては運転者等の声を事業者に伝え、常に安全で明るい職場環境を築いていくことも重要な役割である。

3．運行管理者は、業務開始及び業務終了後の運転者等に対し、原則、対面で点呼を実施しなければならないが、遠隔地で業務が開始又は終了する場合、車庫と営業所が離れている場合、又は運転者等の出庫・帰庫が早朝・深夜であり、点呼を行う運行管理者が営業所に出勤していない場合等、運行上やむを得ず、対面での点呼が実施できないときには、電話、その他の方法で行う必要がある。

4．運行管理者は、事業用自動車が運行しているときにおいては、運行管理業務に従事している必要がある。しかし、1人の運行管理者が毎日、24時間営業所に勤務することは不可能である。そのため自動車運送事業者は、複数の運行管理者を選任して交替制で行わせるか、又は、運行管理者の補助者を選任し、点呼の一部を実施させるなど、確実な運行管理業務を遂行させる必要がある。

ポイント解説

1．不適切。**事業者に代わって責任を負うことはない**。ただし、適切な運行管理を行っていないことで交通事故が発生した場合は、厳しい処分を受ける場合がある。

2．**適切である**。記述のとおり。

3．不適切。車庫と営業所が離れている場合や、出庫・帰庫が早朝、深夜で運行管理者が出勤していない場合などは**「運行上やむを得ない場合」**には含まれないため、電話等による点呼はできない。必要に応じて運行管理者や補助者を派遣して、**対面点呼を確実に実施する**。「安全規則の解釈及び運用」第7条第1項（1）を参照。

4．**適切である**。記述のとおり。

▶答え　**2と4**

運行管理者の日常業務の記録等に関する次の記述のうち、<u>適切なものをすべて選びなさ</u>い。なお、解答にあたっては、各選択肢に記載されている事項以外は考慮しないものとする。

1. 運行管理者は、事業用自動車の運転者が他の営業所に転出し当該営業所の運転者でなくなったときは、直ちに、運転者等台帳に運転者でなくなった年月日及び理由を記載して1年間保存している。

2. 運行管理者は、運行記録計により記録される「瞬間速度」、「運行距離」及び「運行時間」等により運転者の運行の実態や車両の運行の実態を分析し、運転者の日常の業務を把握し、過労運転の防止及び運行の適正化を図る資料として活用しており、この運行記録計の記録を1年間保存している。

3. 運行管理者は、事業用自動車の運転者等に対し、事業用自動車の構造上の特性、貨物の正しい積載方法など事業用自動車の運行の安全を確保するために必要な運転の技術及び自動車の運転に関して遵守すべき事項等について、適切に指導を行うとともに、その内容等について記録し、かつ、その記録を営業所において1年間保存している。

4. 運行管理者は、事業用自動車の運転者に対する業務前点呼において、酒気帯びの有無については、目視等で確認するほか、アルコール検知器を用いて確認するとともに点呼を行った旨並びに報告及び指示の内容等を記録し、かつ、その記録を1年間保存している。

ポイント解説

1. 不適切。運転者等台帳に運転者でなくなった年月日及び理由を記載して**3年間保存**する。安全規則第9条の5第2項を参照。

2. **適切である**。運行記録計の目的は、記録された運転者の運行の実態や車両の運行の実態を分析し、秩序ある運行の確保に活用し、運転者の日常の業務を把握し、過労運転の防止及び運行の適正化を図る資料として活用できる。安全規則第9条第1項、安全規則第20条第1項第10号を参照。

3. 不適切。運転者等に対し適切に指導を行うとともに、その内容等について記録し、かつ、その記録を営業所において**3年間保存**する。安全規則第20条第1項第14号を参照。

4. **適切である**。安全規則第7条第5項を参照。

▶答え　**2と4**

運行管理の意義、運行管理者の役割等に関する次の記述のうち、<u>適切なものをすべて選</u>びなさい。なお、解答にあたっては、各選択肢に記載されている事項以外は考慮しないものとする。

1．運行管理者は、仮に事故が発生していない場合でも、同業他社の事故防止の取組事例などを参考にしながら、現状の事故防止対策を分析・評価することなどにより、絶えず運行管理業務の改善に向けて努力していくことも重要な役割である。

2．事業用自動車の点検及び整備に関する車両管理については、整備管理者の責務において行うこととされていることから、運転者が整備管理者に報告した場合にあっては、点呼において運行管理者は事業用自動車の日常点検の実施について確認する必要はない。

3．運行管理者は、運転者の指導教育を実施していく際、運転者一人ひとりの個性に応じた助言・指導（カウンセリング）を行うことも重要である。そのためには、日頃から運転者の性格や能力、事故歴のほか、場合によっては個人的な事情についても把握し、そして、これらに基づいて助言・指導を積み重ねることによって事故防止を図ることも重要な役割である。

4．事業者が、事業用自動車の定期点検を怠ったことが原因で重大事故を起こしたことにより、行政処分を受けることになった場合、当該重大事故を含む運行管理業務上に一切問題がなくても、運行管理者は事業者に代わって事業用自動車の運行管理を行っていることから、事業者が行政処分を受ける際に、運行管理者が運行管理者資格者証の返納を命じられる。

ポイント解説

1．**適切である**。記述のとおり。

2．不適切。運転者が整備管理者に報告した場合であっても、点呼時には必ず日常点検の実施についての確認を**行わなければならない**。安全規則第7条第1項第3号を参照。

3．**適切である**。記述のとおり。

4．不適切。事業者が行政処分を受ける際に、運行管理者が運行管理者資格者証の**返納を命じられることはない**。ただし、適切な運行管理を行っていないことで重大事故が発生した場合は、厳しい処分を受ける場合がある。

▶答え　**1と3**

下表は、貨物自動車運送事業者が、法令の規定により運転者ごとに行う点呼記録表の一例を示したものである。この記録表に関し、A、B、Cに入る最もふさわしい事項を下の選択肢（①～⑧）から1つ選びなさい。

年　月　日　曜日　天候　　**点呼記録表**　　　所長 / 統括管理者 / 運行管理者 / 補助者　　　＿＿＿＿営業所

業務前点呼

車番	氏名	点呼時間	点呼場所	点呼方法	アルコール検知器の使用の有無	酒気帯びの有無	疾病・疲労・睡眠不足等の状況	日常点検の確認	A	その他必要な事項	執行者の氏名
		：		面・電	有・無	有・無					
		：		面・電	有・無	有・無					
		：		面・電	有・無	有・無					
		：		面・電	有・無	有・無					

中間点呼

点呼時間	点呼場所	点呼方法	アルコール検知器の使用の有無	酒気帯びの有無	B	指示事項	その他必要な事項	執行者の氏名
：		面・電	有・無	有・無				
：		面・電	有・無	有・無				
：		面・電	有・無	有・無				
：		面・電	有・無	有・無				

業務後点呼

点呼時間	点呼場所	点呼方法	アルコール検知器の使用の有無	酒気帯びの有無	自動車・道路・運行の状況	C	その他必要な事項	執行者の氏名
：		面・電	有・無	有・無				
：		面・電	有・無	有・無				
：		面・電	有・無	有・無				
：		面・電	有・無	有・無				

① 車両の異常の有無　　　② 貨物の積載状況　　　③ 運転者交替時の通告内容

④ 薬物の使用状況　　　⑤指示事項　　　⑥ 日常点検の状況

⑦ 疾病・疲労・睡眠不足等の状況　　　⑧ 自動車・道路・運行の状況

ポ イ ン ト 解 説

安全規則第7条第1項・第2項・第3項を参照。

▶答え　**A－⑤，B－⑦，C－③**

点呼の実施等に関する次の記述のうち、<u>適切なものをすべて</u>選びなさい。なお、解答にあたっては、各選択肢に記載されている事項以外は考慮しないものとする。

1. A営業所においては、運行管理者は昼間のみの勤務体制となっている。しかし、運行管理者が不在となる時間帯の点呼が当該営業所における点呼の総回数の7割を超えていることから、その時間帯における点呼については、事業者が選任した複数の運行管理者の補助者に実施させている。

2. 運行管理者は、業務開始及び業務終了後の運転者等に対し、原則、対面で点呼を実施しなければならないが、遠隔地で業務が開始又は終了する場合、車庫と営業所が離れている場合、又は運転者等の出庫・帰庫が早朝・深夜であり、点呼を行う運行管理者が営業所に出勤していない場合等、運行上やむを得ず、対面での点呼が実施できないときには、電話、その他の方法で行っている。

3. 業務後の点呼において、業務を終了した運転者等からの当該業務に係る事業用自動車、道路及び運行の状況についての報告は、特に異常がない場合には運転者等から求めないこととしており、点呼記録表に「異常なし」と記録している。

4. 業務前の点呼においてアルコール検知器を使用するのは、身体に保有している酒気帯びの有無を確認するためのものであり、道路交通法施行令で定める呼気中のアルコール濃度1リットル当たり0.15ミリグラム以上であるか否かを判定するためのものではない。

ポイント解説

1. **不適切。** 補助者が点呼を行う場合でも、運行管理者は点呼の総回数の**3分の1以上を実施しなければならない**。運行管理者が不在となる時間帯の点呼が総回数の7割を超えていると、運行管理者が行う点呼の**最低条件を満たさないため不適切である。**「安全規則の解釈及び運用」第7条第1項(10)を参照。

2. **不適切。** 車庫と営業所が離れている場合や、出庫・帰庫が早朝・深夜であり、運行管理者が出勤していない場合などは「運行上やむを得ない場合」には含まれないため、**電話等による点呼はできない。** 必要に応じて運行管理者や補助者を派遣して、**対面点呼**を確実に実施する。「安全規則の解釈及び運用」第7条第1項(1)を参照。

3. **不適切。** 業務後の点呼では、業務を終了した運転者等から事業用自動車、道路及び運行の状況について、その都度、**報告を求め確認しなければならない**。特に異常がない場合であっても**報告を求め確認する。** 安全規則第7条第2項を参照。

4. **適切である。**「安全規則の解釈及び運用」第7条第1項(9)を参照。

▶答え　**4**

問6 ★★★ ☑☑☑☑☑

　点呼の実施等に関する次の記述のうち、<u>適切なものをすべて選び</u>しなさい。なお、解答にあたっては、各選択肢に記載されている事項以外は考慮しないものとする。

1. 業務前の点呼において運転者等の健康状態を的確に確認することができるようにするため、健康診断の結果等から異常の所見がある運転者等又は就業上の措置を講じた運転者等が一目で分かるように、個人のプライバシーに配慮しながら点呼記録表の運転者等の氏名の横に注意喚起のマークを付記するなどして、これを点呼において活用している。

2. 事業用自動車の運転者が運行中に道路のガードレールに接触するという物損事故を起こしたため、警察官の事故処理に立ち会った後に所属する営業所に帰庫した。業務後の点呼において、運転者から当該事故の報告を受けたが、物損事故であることから、点呼記録表に記録しなかった。

3. 以前に自社の運転者が自動車運転免許証の停止の処分を受けているにもかかわらず、事業用自動車を運転していた事案が発覚したことがあったため、運行管理規程に業務前の点呼における実施事項として、自動車運転免許証の提示及び確認について明記した。その後、運行管理者は、業務前の点呼の際の運転免許証の確認については、各自の運転免許証のコピーにより行い、再発防止を図っている。

4. 業務前の点呼においてアルコール検知器を使用し、呼気中のアルコール濃度1リットル当たり0.17ミリグラムであったため、業務を中止させた。しかし、交替要員がないため、2時間休憩させ、あらためて、アルコール検知器を使用し、呼気中のアルコール濃度1リットル当たり0.10ミリグラムとなったため、運行の業務に従事させた。

ポイント解説

1. **適切である**。安全規則第7条第1項、安全規則第20条第1項第4号の2を参照。
2. 不適切。業務後の点呼では、事業用自動車、道路及び運行状況についての報告を求め、その内容を記録しなければならない。物損事故は**事業用自動車の状況に該当するため、点呼記録表に記録しなければならない**。安全規則第7条第2項・第5項を参照。
3. 不適切。点呼の際は、自動車運転免許証のコピーによる確認ではなく、その都度、**運転免許証の現物を提示させ、確認し、再発防止を図る**。
4. 不適切。**微量であっても**アルコールが残っている場合は、運行の業務に従事させてはならない。「安全規則の解釈及び運用」第7条第1項（9）、安全規則第20条第1項第4号を参照。

▶答え　**1**

一般貨物自動車運送事業者が事業用自動車の運転者に対して行う指導・監督に関する次の記述のうち、<u>適切なものをすべて選びなさい</u>。なお、解答にあたっては、各選択肢に記載されている事項以外は考慮しないものとする。

1. 雪道への対応の遅れは、雪道でのチェーンの未装着のため自動車が登り坂を登れないこと等により後続車両が滞留し大規模な立ち往生を発生させることにもつながる。このことから運行管理者は、状況に応じて早めのチェーン装着等を運転者に対し指導する必要がある。

2. 運転者は貨物の積載を確実に行い、積載物の転落防止や、転落させたときに危険を防止するために必要な措置をとることが遵守事項として法令で定められている。出発前に、スペアタイヤや車両に備えられている工具箱等も含め、車両に積載されているものが転落のおそれがないことを確認しなければならないことを指導している。

3. 四輪車を運転する場合、二輪車との衝突事故を防止するための注意点として、①二輪車は死角に入りやすいため、その存在に気づきにくく、また、②二輪車は速度が実際より速く感じたり、距離が近くに見えたりする特性がある。したがって、運転者に対してこのような点に注意するよう指導する必要がある。

4. 近年、大型車のホイール・ボルトの折損等による車輪脱落事故が増加傾向にあり、冬季に集中して起こっている。特に冬用タイヤへの交換作業後1ヵ月以内に多く発生する傾向にある。このため、運転者やタイヤ交換作業者に対して、規定の締付トルクでの確実な締め付けや日常点検での目視等によるチェック等を徹底するよう指導している。

ポイント解説

1. **適切である**。安全規則第11条第1項を参照。

2. **適切である**。スペアタイヤや車両に備えられている工具箱等も転落防止の措置を行う積載物に含まれるため、確認するよう指導する。道交法第71条第1項第4号を参照。

3. 不適切：四輪車を運転する場合、二輪車は**速度が実際より遅く感じたり、距離が遠くに見えたりするため注意をする**よう指導する必要がある。

4. **適切である**。

▶答え　**1と2と4**

　一般貨物自動車運送事業者が事業用自動車の運転者に対して行う指導・監督に関する次の記述のうち、適切なものをすべて選びなさい。なお、解答にあたっては、各選択肢に記載されている事項以外は考慮しないものとする。

1．異常気象や天災、事故等の緊急時の対応については、マニュアル化して指導するようにしており、緊急時における運転の中断、徐行運転等の運転に関わる判断はすべて運転者に任せ、中断等を行った際は報告するように指導している。

2．ある運転者が、昨年今年と連続で追突事故を起こしたので、運行管理者は、ドライブレコーダーの映像等をもとに事故の原因を究明するため、専門的な知識及び技術を有する外部機関に事故分析を依頼し、その結果に基づき指導した。

3．車両の重量が重い自動車は、スピードを出すことにより、カーブでの遠心力が大きくなるため横転などの危険性が高くなり、また、制動距離が長くなるため追突の危険性も高くなる。このため、法定速度を遵守し、十分な車間距離を保つことを運転者に指導する必要がある。

4．危険ドラッグ等の薬物を使用して運転した場合には、重大な事故を引き起こす危険性が高まり、その結果取り返しのつかない被害を生じることもあることから、運行管理者は、常日頃からこれらの薬物を使用しないよう、運転者等に対し強く指導している。

ポイント解説

1．不適切。異常気象や天災等による事業用自動車の運行の中断、徐行運転等の運転に関わることについては、運転者の判断に任せるのではなく、**事業者が状況を的確に把握**したうえで、**適切な指示を行い**、また、**必要な措置を講じなければならない**。安全規則第11条第1項を参照。

2．**適切である**。外部機関に事故分析を依頼し、その結果を用いて運転者に指導することは適切な指導・監督である。

3．**適切である**。自動車の特性をふまえ、法定速度を遵守させ、十分な車間距離を保つように指導しているので適切である。

4．**適切である**。危険ドラッグ等の薬物を使用して運転することは、重大事故を引き起こす危険が非常に高いため、外部の専門的機関も活用しつつ、運転者等に対して、覚醒剤等の薬物が身体に与える影響や薬物使用が重大な事故につながるおそれがあることについて十分理解させるとともに、薬物使用の禁止についてあらゆる機会を通じて強力に指導すること。「指導及び監督の指針」第1章 2 （10）。

▶答え　**2と3と4**

　一般貨物自動車運送事業者が事業用自動車の運転者に対して行う指導・監督に関する次の記述のうち、<u>適切なものをすべて</u>選びなさい。なお、解答にあたっては、各選択肢に記載されている事項以外は考慮しないものとする。

1．運転者が交通事故を起こした場合、事故の被害状況を確認し、負傷者がいるときは、まず最初に運行管理者に連絡した後、負傷者の救護、道路における危険の防止、警察への報告などの必要な措置を講じるよう運転者に対し指導している。

2．他の自動車に追従して走行するときは、常に「秒」の意識をもって自車の速度と制動距離（ブレーキが効きはじめてから止まるまでに走った距離）に留意し、前車への追突の危険が発生した場合でも安全に停止できるよう、制動距離と同程度の車間距離を保って運転するよう指導している。

3．実際の事故事例やヒヤリハット事例のドライブレコーダー映像を活用して、事故前にどのような危険が潜んでいるか、それを回避するにはどのような運転をすべきかなどを運転者に考えさせる等、実事例に基づいた危険予知訓練を実施している。

4．飲酒は、速度感覚の麻痺、視力の低下、反応時間の遅れ、眠気が生じるなど自動車の運転に極めて深刻な影響を及ぼす。個人差はあるものの、体内に入ったビール500ミリリットル（アルコール5％）が分解処理されるのに概ね2時間が目安とされていることから、乗務前日の飲酒・酒量については、運転に影響のないよう十分気をつけることを運転者に指導している。

ポイント解説

1．不適切。事故を起こした場合は、**まず最初に負傷者の救護等を行い**、その後、運行管理者に連絡をし、指示を受けるよう指導する。道交法第72条第1項を参照。

2．不適切。自車の速度と**停止距離**（危険認知から自動車が止まりきるまでの総走行距離）に留意し、安全に停止できるような速度又は車間距離を保って運転するよう指導する。

3．**適切である**。記述のとおり。

4．不適切。ビール500mℓ（アルコール5％）を処理するために必要な時間の目安は、**概ね4時間**とされている。「指導及び監督の指針」第1章　2　(10) を参照。

▶答え　3

運行計画

問1 ★★★　☑☑☑☑☑

　運行管理者は複数の荷主からの運送依頼を受けて、下のとおり4日にわたる2人乗務による運行計画を立てた。この2人乗務を必要とした根拠についての次の1～3の下線部の運行管理者の判断について、正しいものをすべて選びなさい。なお、解答にあたっては、≪4日にわたる運行計画≫に記載されている事項以外は考慮しないものとする。

≪4日にわたる運行計画≫

| 前　日 | 当該運行の前日は、その運行を担当する運転者は、休日とする。 |

1日目　始業時刻 5時30分／出庫時刻 6時00分／到着時刻 18時00分／終業時刻 18時30分

| 業務前点呼(営業所) | 運転 2時間 | 荷積み 30分 | 運転 1時間30分 | 休憩 1時間 | 運転 3時間30分 | 休憩 30分 | 運転 1時間 | 荷下ろし 30分 | 運転 1時間 | 休憩 30分 | 運転 1時間 | 業務点呼等後 | 宿泊所 |

2日目　始業時刻 4時30分／出庫時刻 5時00分／到着時刻 17時30分／終業時刻 18時00分

| 業務前点呼等 | 運転 1時間30分 | 荷積み 30分 | 運転 1時間30分 | 休憩 30分 | 運転 2時間 | 中間点呼・休憩 1時間 | 運転 1時間30分 | 休憩 30分 | 運転 2時間 | 荷下ろし 1時間 | 運転 1時間 | 業務点呼等後 | 宿泊所 |

3日目　始業時刻 6時30分／出庫時刻 7時00分／到着時刻 18時30分／終業時刻 19時00分

| 業務前点呼等 | 運転 1時間 | 荷積み 30分 | 運転 1時間30分 | 休憩 15分 | 運転 1時間 | 休憩 15分 | 運転 2時間 | 休憩 10分 | 運転 1時間 | 中間点呼・休憩 30分 | 運転 1時間30分 | 荷下ろし 20分 | 運転 1時間 | 業務点呼等後 | 宿泊所 |

4日目　始業時刻 4時30分／出庫時刻 5時00分／到着時刻 15時30分／終業時刻 16時00分

| 業務前点呼等 | 運転 1時間 | 荷積み 30分 | 運転 1時間 | 休憩 30分 | 運転 1時間 | 休憩 10分 | 運転 2時間 | 休憩 20分 | 運転 1時間30分 | 荷下ろし 30分 | 運転 2時間 | 業務点呼等後(営業所) |

| 翌　日 | 当該運行の翌日は、その運行を担当する運転者は、休日とする。 |

1．1人乗務とした場合、すべての日を特定の日とした場合の2日を平均して1日当たりの運転時間が「自動車運転者の労働時間等の改善のための基準」（以下「改善基準」という。）に違反すると判断して、当該運行には交替運転者を配置した。

2．1人乗務とした場合、1日についての最大拘束時間及び休息期間が改善基準に違反すると判断して、当該運行には交替運転者を配置した。

3．1人乗務とした場合、連続運転時間が改善基準に違反すると判断して、当該運行には交替運転者を配置した。

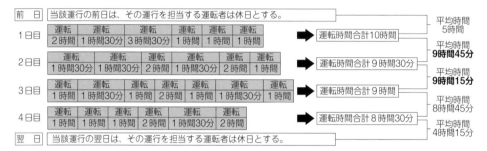

ポイント解説

1. 1日目から4日目までの運転時間のみを書き出してみる。すべての日を特定日とした場合の2日を平均した1日当たりの運転時間は次のとおりとなる。

前　日	当該運行の前日は、その運行を担当する運転者は休日とする。

| 1日目 | 運転
2時間 | 運転
1時間30分 | 運転
3時間30分 | 運転
1時間 | 運転
1時間 | 運転
1時間 | ⇒ | 運転時間合計10時間 |

平均時間 5時間

平均時間 **9時間45分**

| 2日目 | 運転
1時間30分 | 運転
1時間30分 | 運転
2時間 | 運転
1時間30分 | 運転
2時間 | 運転
1時間 | ⇒ | 運転時間合計9時間30分 |

平均時間 **9時間15分**

| 3日目 | 運転
1時間 | 運転
1時間30分 | 運転
1時間 | 運転
2時間 | 運転
1時間 | 運転
1時間30分 | 運転
1時間 | ⇒ | 運転時間合計9時間 |

平均時間 8時間45分

| 4日目 | 運転
1時間 | 運転
1時間 | 運転
1時間 | 運転
2時間 | 運転
1時間30分 | 運転
2時間 | ⇒ | 運転時間合計8時間30分 |

平均時間 4時間15分

翌　日	当該運行の翌日は、その運行を担当する運転者は休日とする。

　　2日目を特定日としたとき、「特定日（2日目）＋特定日の前日（1日目）」が**9時間45分**、「特定日（2日目）＋特定日の翌日（3日目）」が**9時間15分**となり、いずれも9時間を超えており、**改善基準に違反するため、交替運転者を配置する必要がある。**改善基準第4条第1項第6号を参照。

2. 各日の「1日についての拘束時間及び休息期間」は次のとおりとなる。

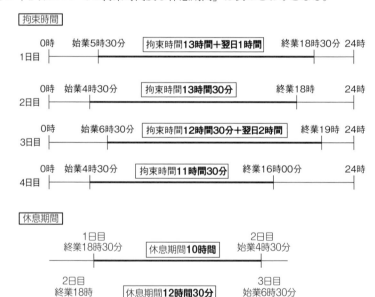

拘束時間

1日目　0時　始業5時30分　拘束時間13時間＋翌日1時間　終業18時30分　24時

2日目　0時　始業4時30分　拘束時間13時間30分　終業18時　24時

3日目　0時　始業6時30分　拘束時間12時間30分＋翌日2時間　終業19時　24時

4日目　0時　始業4時30分　拘束時間11時間30分　終業16時00分　24時

休息期間

1日目 終業18時30分　休息期間10時間　2日目 始業4時30分

2日目 終業18時　休息期間12時間30分　3日目 始業6時30分

3日目 終業19時　休息期間9時間30分　4日目 始業4時30分

第5章 実務上の知識及び能力

拘束時間は、１日目**14時間**（13時間（始業５時30分〜終業18時30分）＋翌日１時間）、２日目**13時間30分**、３日目**14時間30分**（12時間30分（始業６時30分〜終業19時）＋翌日２時間）、４日目**11時間30分**となり、最大拘束時間の15時間を超えているものはない。

　休息期間は、１日目**10時間**、２日目**12時間30分**、３日目**9時間30分**となり、９時間未満のものはない。

　したがって、１日についての最大拘束時間及び休息期間は改善基準に**違反していない**。改善基準第４条第１項第３号・第５号を参照。

3．連続運転時間（１回がおおむね連続10分以上で、かつ、合計が30分以上の運転の中断をすることなく連続して運転する時間）の問題は、運転時間が合計４時間以内又は４時間運転直後に合計30分以上の中断時間があるかどうかがポイントになる。なお、中断時間は原則として休憩でなくてはならないため、荷積み及び荷下ろしは運転時間として考える。設問の１日目から４日目までをわかりやすくするため、休憩を中断時間、それ以外を全て運転時間として書き換えると各々次のとおりとなる。

［１日目］

　①合計４時間の運転時間後に１時間の中断、②３時間30分運転後に30分の中断、③合計２時間30分の運転時間後に30分の中断、④１時間運転後に業務終了しているため、改善基準に適合している。

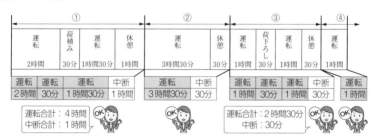

［２日目］

　①合計３時間30分の運転時間後に30分の中断、②２時間運転後に１時間の中断、③１時間30分運転後に30分の中断、④合計４時間の運転時間後に業務終了しているため改善基準に適合している。

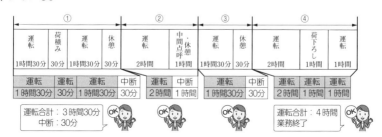

［３日目］

　①合計４時間の運転時間後に合計30分の中断、②合計３時間運転後に合計40分の中断、③合計２時間50分の運転時間後に業務終了しているため改善基準に適合している。

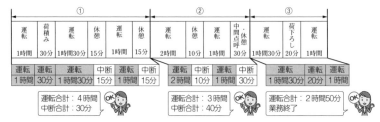

［４日目］

　①合計２時間30分の運転時間後に30分の中断、②合計３時間運転後に合計30分の中断、③合計４時間の運転時間後に業務終了しているため改善基準に適合している。

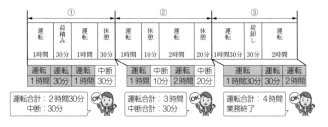

　したがって、連続運転時間は改善基準に**違反していない**。改善基準第４条第１項第７号を参照。

▶答え　　1

荷主から貨物自動車運送事業者に対し、往路と復路において、それぞれ荷積みと荷下ろしを行うよう運送の依頼があった。これを受けて運行管理者は下の図に示す運行計画を立てた。この運行に関する次の1〜3の記述について、解答しなさい。なお、解答にあたっては、〈運行計画〉及び各選択肢に記載されている事項以外は考慮しないものとする。

〈運行計画〉

B地点から、重量が5,500キログラムの荷物をC地点に運び、その後、戻りの便にて、D地点から5,250キログラムの荷物をF地点に運ぶ行程とする。当該運行は、最大積載量6,250キログラムの貨物自動車を使用し、運転者1人乗務とする。

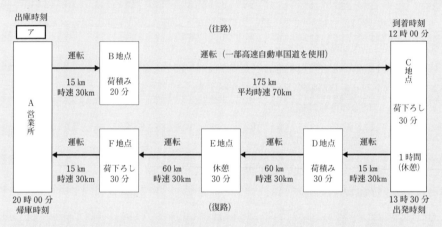

1. 当該運行においてC地点に12時00分に到着させるためにふさわしいA営業所の出庫時刻（ア）について、次の①〜③の中から正しいものを1つ選びなさい。
   ①8時20分 ②8時30分 ③8時40分

2. 当該運転者は前日の運転時間が9時間20分であり、また、翌日の運転時間を9時間30分とした場合、当日を特定の日とした場合の2日を平均して1日当たりの運転時間が自動車運転者の労働時間等の改善のための基準告示（以下「改善基準告示」という。）に違反しているか否について、正しいものを1つ選びなさい。
   ①違反していない ②違反している

3. 当日の全運行において、連続運転時間は「改善基準告示」に、違反しているか否かについて、正しいものを1つ選びなさい。
   ①違反していない ②違反している

第5章 実務上の知識及び能力

1．A営業所～B地点及びB地点～C地点の所要時間を求める。

◎A営業所～B地点は次のとおり。

$$所要時間 = \frac{距離}{速度} = \frac{15\text{km}}{30\text{km/h}} = \frac{1}{2}時間$$

$$\frac{1}{2}時間 \times 60分 = 30分$$

◎B地点～C地点は次のとおり。

$$所要時間 = \frac{距離}{速度} = \frac{175\text{km}}{70\text{km/h}} = 2.5時間 = 2時間30分$$

C地点に12時00分に到着するためには、求めたそれぞれの時間を12時00分から引けばA営業所の出庫時刻がわかる。

A営業所の出庫時刻＝12時00分－運転2時間30分－荷積み20分－運転30分＝**8時40分**

2．先に勤務当日の運転時間を求める。

往路は設問1で求めた運転時間を合計して3時間（30分＋2時間30分）。

復路は、以下のとおり運転時間を求めて合計する。

◎C地点～D地点の運転時間。

$$所要時間 = \frac{距離}{速度} = \frac{15\text{km}}{30\text{km/h}} = \frac{1}{2}時間$$

$$\frac{1}{2}時間 \times 60分 = 30分$$

◎D地点～E地点の運転時間。

$$所要時間 = \frac{距離}{速度} = \frac{60\text{km}}{30\text{km/h}} = 2時間$$

◎E地点～F地点の運転時間。

$$所要時間 = \frac{距離}{速度} = \frac{60\text{km}}{30\text{km/h}} = 2時間$$

◎F地点～A営業所の運転時間。

$$所要時間 = \frac{距離}{速度} = \frac{15\text{km}}{30\text{km/h}} = \frac{1}{2}時間 = 30分$$

各運転時間を合計すると復路は5時間（30分＋2時間＋2時間＋30分）。

往路と復路の運転時間を合計すると当日の運転時間は8時間（3時間＋5時間）となる。

次に、勤務当日を特定の日とした場合の２日を平均して１日当たりの運転時間を求めると次のとおり。

　　◎前日と勤務当日の２日平均の運転時間は、８時間40分。

　　◎勤務当日と翌日の２日平均の運転時間は、８時間45分。

　　したがって、改善基準に**違反していない**。改善基準第４条第１項第６号を参照。

３．休憩時間を中断時間、それ以外の時間を運転時間として表すと下図のとおりとなる。

　　出庫から順に、①合計３時間50分の運転時間に対して１時間の中断、②合計３時間の運転時間に対して30分の中断、③合計３時間の運転時間後に業務終了しているため、改善基準に**違反していない**。改善基準第４条第１項第７号を参照。

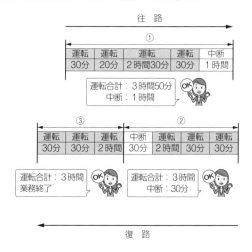

▶答え　１−③，２−①，３−①

　運行管理者は、荷主からの運送依頼を受けて、下の図に示す運行計画を立てた。この運行に関する次の1～3の記述について、解答しなさい。なお、解答にあたっては、＜運行計画＞及び各選択肢に記載されている事項以外は考慮しないものとする。

＜運行計画＞
A地点から、重量が5,250キログラムの荷物をB地点に運び、その後、戻りの便にて、C地点から5,000キログラムの荷物をD地点に運ぶ行程とする。当該運行は、最大積載量6,000キログラムの貨物自動車を使用し、運転者1人乗務とする。

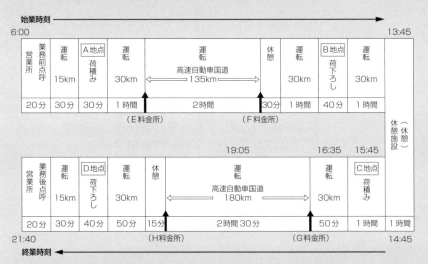

1．E料金所からF料金所までの間の高速自動車国道（本線車道に限る。以下同じ。）の運転時間を2時間、及びG料金所からH料金所までの間の高速自動車国道の運転時間を2時間30分と設定したことは、道路交通法令に定める制限速度に照らし適切か否かについて、正しいものを1つ選びなさい。

①適切　　　　　　②不適切

2．当該運転者は前日の運転時間が8時間30分であり、また、翌日の運転時間を8時間30分とした場合、当日を特定の日とした場合の2日を平均して1日当たりの運転時間が「自動車運転者の労働時間等の改善のための基準」（以下「改善基準告示」という。）に違反しているか否について、正しいものを1つ選びなさい。

①違反していない　　②違反している

3．当該運行の連続運転時間の中断方法について「改善基準告示」に照らし、違反してい
るか否かについて、<u>正しいものを1つ</u>選びなさい。

①違反していない　　　②違反している

ポイント解説

1．E料金所からF料金所まで及びG料金所からH料金所までの走行距離と走行時間から平均
速度を計算する。

◎E料金所からF料金所までの平均速度

平均速度＝距離÷時間＝135km÷2＝67.5km/h

◎G料金所からH料金所までの平均速度

平均速度＝距離÷時間＝$180km÷\dfrac{150}{60}$時間 $=\dfrac{180km×60}{150}=72km/h$

設問の最大積載量6,000キログラムの中型貨物自動車の高速道路での最高速度は90km/hであ
るため、B料金所からC料金所までの運転時間は135km÷90km/h＝1時間30分となる。また、
G料金所からH料金所までの運転時間は、180km÷90km/h＝2時間となる。

したがって、道路交通法令に定める制限速度に照らし、**適切な運行計画**となる。道交法施行
令第27条第1項第2号を参照。

2．はじめに、各運転区間の運転時間を合計して、当日の運転時間を求めると次の通りとなる。

30分＋1時間＋2時間＋1時間＋1時間＋50分＋2時間30分＋50分＋30分＝10時間10分

次に、勤務当日を特定の日とした場合の2日を平均した1日当たりの運転時間を求める。

「特定日の前日と特定日」の平均運転時間は（8時間30分＋10時間10分）÷2

＝**9時間20分**。

「特定日と特定日の翌日」の平均運転時間は（10時間10分＋8時間30分）÷2

＝**9時間20分**。

ともに9時間を超えているので、改善基準に**違反している**。改善基準第4条第1項第6号を
参照。

第5章　実務上の知識及び能力

3．連続運転時間とは、「1回がおおむね連続10分以上で、かつ、合計が30分以上の運転の中断をすることなく連続して運転する時間」をいう。また、荷積み及び荷下ろしも中断時間となる。

　休憩時間以外を全て運転時間として書き換えると次のとおりとなる。

①合計4時間の運転時間後に30分の中断で改善基準に適合しているが、②運転時間が合計4時間20分となる。連続運転時間が4時間を超えており、この運転時間に対する中断時間が15分のみのため、改善基準に**違反している**。改善基準第4条第1項第7号を参照。

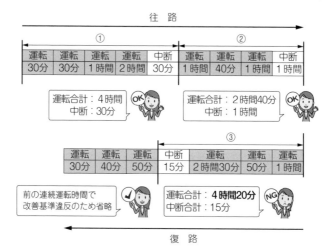

▶答え　1−①，2−②，3−②

貨物自動車運送事業者の運行管理者は複数の荷主からの運送依頼を受けて、下のとおり4日にわたる2人乗務による運行計画を立てた。この2人乗務を必要とした根拠についての次の1～3の下線部の運行管理者の判断について、正しいものをすべて選びなさい。なお、解答にあたっては、〈4日にわたる運行計画〉及び各選択肢に記載されている事項以外は考慮しないものとする。

〈4日にわたる運行計画〉

前日　当該運行の前日は、この運行を担当する運転者は、休日とする。

1日目　始業時刻 6時00分　出庫時刻 6時30分　　　　　　到着時刻 18時45分　終業時刻 19時00分

業務前点呼(営業所)	運転	荷積み	運転	休憩	運転	休憩	運転	荷下ろし	運転	業務後点呼	宿泊所
	1時間	1時間	2時間	1時間	2時間	15分	3時間	1時間	1時間		

2日目　始業時刻 4時00分　出庫時刻 4時30分　　　　　　到着時刻 16時45分　終業時刻 17時00分

業務前点呼	運転	荷積み	運転	休憩	運転	中間点呼休憩	運転	荷下ろし	運転	業務後点呼	宿泊所
	1時間	1時間	1時間30分	15分	2時間30分	1時間	3時間	1時間	1時間		

3日目　始業時刻 4時00分　出庫時刻 4時30分　　　　　　到着時刻 16時45分　終業時刻 17時00分

業務前点呼	運転	荷積み	運転	中間点呼休憩	運転	休憩	運転	荷下ろし	運転	業務後点呼	宿泊所
	1時間	1時間	3時間	1時間	2時間	15分	2時間	1時間	1時間		

4日目　始業時刻 5時00分　出庫時刻 5時30分　　　　　　到着時刻 21時30分　終業時刻 22時00分

業務前点呼	運転	荷積み	運転	フェリー乗船	運転	休憩	運転	荷下ろし	運転	業務後点呼(営業所)	宿泊所
	1時間30分	1時間	2時間	3時間	2時間	1時間	3時間	1時間	1時間30分		

翌日　当該運行の翌日は、この運行を担当する運転者は、休日とする。

1．1人乗務とした場合、1日についての最大拘束時間及び休息期間が「自動車運転者の労働時間等の改善のための基準」（以下「改善基準告示」という。）に違反すると判断して、当該運行には交替運転者を配置した。

2．1人乗務とした場合、すべての日を特定の日とした場合の2日を平均して1日当たりの運転時間が改善基準告示に違反すると判断して、当該運行には交替運転者を配置した。

3．1人乗務とした場合、連続運転時間が改善基準告示に違反すると判断して、当該運行には交替運転者を配置した。

ポイント解説

1. 各日の「1日についての拘束時間及び休息期間」は次のとおりとなる。

◎拘束時間は、1日目**15時間**（13時間（始業6時〜終業19時）＋翌日2時間）、2日目**13時間**、3日目**13時間**、4日目**14時間**（17時間（始業5時〜終業22時）－フェリー乗船時間3時間）となり、最大拘束時間の15時間を超えているものはない。

◎休息期間は、1日目**9時間**、2日目**11時間**、3日目**12時間**となり、9時間未満のものはない。

◎したがって、1日についての拘束時間及び休息期間は改善基準告示に**違反していない**。改善基準第4条第1項第3号・第5号を参照。

2. 1日目から4日目までの運転時間のみを書き出してみる。すべての日を特定日とした場合の2日を平均した1日当たりの運転時間は次のとおりとなる。

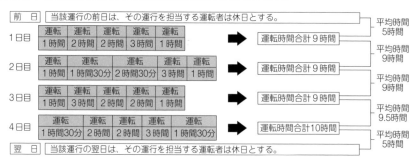

◎すべての日を特定日とした場合、2日を平均して1日当たりの運転時間は、改善基準告示に**違反していない**。改善基準第4条第1項第6号を参照。

第5章 実務上の知識及び能力

202

3．連続運転時間とは、「1回がおおむね連続10分以上で、かつ、合計が30分以上の運転の中断をすることなく連続して運転する時間」をいう。また、荷積み及び荷下ろしも中断時間となる。

　　休憩時間以外を全て運転時間として書き換えると次のとおりとなる。

◎1日目は、①合計4時間の運転時間後に1時間の中断で改善基準に適合しているが、②運転時間が合計5時間となる。連続運転時間が4時間を超えており、この運転時間に対する中断時間が15分のみのため、改善基準告示に**違反している**。

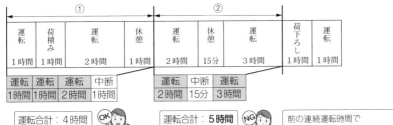

	①			②				
運転	荷積み	運転	休憩	運転	休憩	運転	荷下ろし	運転
1時間	1時間	2時間	1時間	2時間	15分	3時間	1時間	1時間

運転	運転	運転	中断
1時間	1時間	2時間	1時間

運転	中断	運転
2時間	15分	3時間

運転合計：4時間
中断：1時間 OK

運転合計：**5時間**
中断：15分 NG

前の連続運転時間で
改善基準告示違反のため省略

◎連続運転時間が改善基準告示に違反するかどうかを判断する問題であり、1日目が改善基準告示に違反しているため、2日目から4日目までは省略する。

◎1日目の連続運転時間が改善基準告示に**違反している**ため、交替運転者を**配置する必要がある**。改善基準第4条第1項7号を参照。

▶答え　3

第5章　実務上の知識及び能力

荷主から下の運送依頼を受けて、A営業所の運行管理者が次のとおり運行の計画を立てた。この計画に関するア～イについて解答しなさい。なお、解答にあたっては、＜運行の計画＞及び各選択肢に記載されている事項以外は考慮しないものとする。

＜荷主からの運送依頼＞

B工場で重量が3,000キログラムの電化製品を積み、各拠点（F地点、H地点）の配送先まで運送する。

＜運行の計画＞

○次の運行経路図に示された経路に従い運行する。

○道路標識等により最高速度が指定されていない高速自動車国道（高速自動車国道法に規定する道路。以下「高速道路」という。）のC料金所とD料金所間（走行距離135キロメートル）を、運転の中断をすることなく1時間30分で走行する。

○F地点とG地点間の道路にはが、G地点とH地点間の道路にはの道路

標識が設置されているので、これらを勘案して通行可能な事業用自動車を配置する。

（道路標識は、「文字及び記号を青色、斜めの帯及び枠を赤色、緑及び地を白色とする。」）

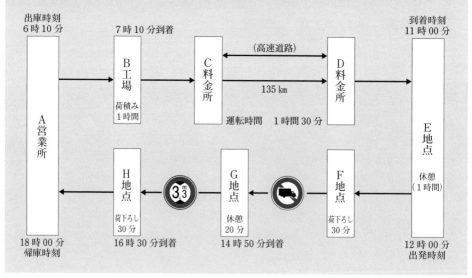

ア．当該運行に適した車両として、次の1〜3の事業用自動車の中から正しいものを1つ
選びなさい。

事業用自動車	乗車定員（人）	車両重量（kg）	最大積載量（kg）	車両総重量（kg）	自動車の大きさ（m）		
					長さ	幅	高さ
1	2	8,600	11,200	19,910	11.99	2.49	3.14
2	2	4,270	6,300	10,680	8.18	2.45	3.07
3	2	3,760	3,500	7,370	7.16	2.43	3.00

イ．高速道路のC料金所とD料金所間の運転時間を1時間30分としたことについて、次
の1〜2の中から正しいものを1つ選びなさい。

1．適切

2．不適切

ポイント解説

ア．「大型貨物自動車等通行止め」と「高さ制限」の道路標識が設置されている道路を通行する。「大型貨物自動車等通行止め」は、大型貨物自動車（車両総重量11,000kg以上又は最大積載量6,500kg以上）、特定中型貨物自動車（車両総重量8,000kg以上11,000kg未満又は最大積載量5,000kg以上6,500kg未満）は通行できない。選択肢1は大型貨物自動車、選択肢2は特定中型貨物自動車にそれぞれ該当するため通行できない。また、「高さ制限」は3.3m以下であれば通行できる。選択肢3の事業用自動車は高さ3.00m、車両総重量7,370kg、最大積載量3,500kgの**中型貨物自動車**であり、2つの標識のある道路を通行できる。したがって、**選択肢3**が運行に適した車両となる。道交法第3条第1項を参照。

イ．C料金所からD料金所までの走行距離135km、走行時間1時間30分から、平均速度を計算する。1時間30分は90分（60分＋30分）と考える。

$$平均速度 = 距離 \div 時間 = 135km \div \frac{90}{60} 時間 = \frac{135km \times 60}{90} = 90km/h$$

アで選んだ**中型貨物自動車**（車両総重量8,000kg未満、最大積載量5,000kg未満）の高速道路での最高速度は100km/hであるため、**適切である**。道交法施行令第27条第1項第5号を参照。

▶答え　アー3，イー1

第5章　実務上の知識及び能力

問1 ★★☆ ✓✓✓✓✓

　事業用自動車の運転者の健康管理に関する次の記述のうち、<u>適切なものをすべて選びな</u>さい。なお、解答にあたっては、各選択肢に記載されている事項以外は考慮しないものとする。

1. 事業者は、健康診断の結果、運転者に心疾患の前兆となる症状がみられたので、当該運転者に医師の診断を受けさせた。その結果、医師より「直ちに入院治療の必要はないが、より軽度な勤務において経過観察することが必要」との所見が出されたが、繁忙期であったことから、運行管理者の判断で2週間に限り従来と同様の乗務を続けさせた。

2. 事業者は、法令により定められた健康診断を実施することが義務づけられているが、運転者が自ら受けた健康診断（人間ドックなど）であっても法令で必要な定期健康診断の項目を充足している場合は、法定健診として代用することができる。

3. 運転中に心臓疾患や大血管疾患が起こると、重大事故を引き起こすおそれがある。そのため、事業者は日ごろから点呼等で運転者の健康状態を把握するとともに、心臓疾患や大血管疾患の注意すべき5大症状の『頭痛』、『胸痛』、『めまい・失神』、『動悸』、『呼吸困難』を見逃さないようにしなければならない。

4. 事業者は、運転者が軽症度の睡眠時無呼吸症候群（SAS）と診断された場合は、残業を控えるなど業務上での負荷の軽減や、睡眠時間を多く取る、過度な飲酒を控えるなどの生活習慣の改善によって、業務が可能な場合があるので、医師と相談して慎重に対応している。

ポイント解説

1. **不適切**。医師より「より軽度な勤務における経過観察が必要」との所見が出された場合は、短期間であっても従来と同様の乗務を続けさせてはならない。**繁忙期であるなしに関わらず、運転者の配置転換等を行う。**

2. **適切である**。運転者が自ら受けた健康診断（人間ドックなど）が、法令で必要な定期健康診断の項目を充足している場合は、法定健診として代用することができる。

3. **不適切**。重篤な心臓疾患、大血管疾患を見逃さないために注意すべき症状は、**「胸痛」「めまい・失神」「動悸」「呼吸困難」**とされている。国土交通省自動車局『自動車運送事業者における 心臓疾患、大血管疾患 対策ガイドライン』を参照。

4. **適切である**。

▶答え　2と4

事業用自動車の運転者の健康管理に関する次の記述のうち、<u>適切なものをすべて選びな</u>さい。なお、解答にあたっては、各選択肢に記載されている事項以外は考慮しないものとする。

1. 事業者は、業務に従事する運転者に対し法令で定める健康診断を受診させ、その結果に基づいて健康診断個人票を作成して3年間保存している。また、運転者が自ら受けた健康診断の結果を提出したものについても同様に保存している。

2. 事業者は、運転者が軽症度の睡眠時無呼吸症候群（SAS）と診断された場合は、残業を控えるなど業務上での負荷の軽減や、睡眠時間を多く取る、過度な飲酒を控えるなどの生活習慣の改善によって、業務が可能な場合があるので、医師と相談して慎重に対応している。

3. 常習的な飲酒運転の背景には、アルコール依存症という病気があるといわれている。この病気は専門医による早期の治療をすることにより回復が可能とされているが、一度回復しても飲酒することにより再発することがあるため、事業者は、アルコール依存症から回復した運転者に対しても飲酒に関する指導を行う必要がある。

4. 運転者が運転中に安全運転の継続が困難となるような体調不良や異常を感じた場合、速やかに安全な場所に事業用自動車を停止させ、運行管理者に連絡し、指示を受けるよう指導している。また、交替運転者が配置されていない場合は、その後の運行再開の可否については、体調の状況を運転者が自ら判断し決定するよう指導している。

ポイント解説

1. 不適切。作成した健康診断個人票は**5年間保存**する。衛生規則第51条第1項を参照。

2. **適切である。**

3. **適切である。**

4. 不適切。交替運転者が配置されていない場合であっても、その後の運行再開の可否については、**運転者が自ら判断し決定するのではなく、**運行管理者等から指示を受けるよう指導する。

▶答え　**2と3**

一般貨物自動車運送事業者（以下「事業者」という。）が行う事業用自動車の運転者の健康管理に関する次の記述のうち、<u>適切なものをすべて選びなさい</u>。なお、解答にあたっては、各選択肢に記載されている事項以外は考慮しないものとする

1．事業者は、業務に従事する運転者に対し法令で定める健康診断を受診させ、その結果に基づいて健康診断個人票を作成して5年間保存している。また、運転者が自ら受けた健康診断の結果を提出したものについても同様に保存している。

2．事業者は、日頃から運転者の健康状態を把握し、点呼において、意識の異常、眼の異常、めまい、頭痛、言葉の異常、手足の異常等の申告又はその症状が見られたら、脳血管疾患の初期症状とも考えられるためすぐに専門医療機関で受診させるよう対応している。

3．トラック運転者は、単独で判断する、連続作業をする、とっさの対応が必要、同じ姿勢で何時間も過ごすなどから、心身の状態が運行に及ぼす影響は大きく、健康状態を保持することが必要不可欠である。このため、事業者は、運転者が運転中に異常を感じたときには、運行継続の可否を自らの判断で行うよう指導している。

4．睡眠時無呼吸症候群（SAS）は、大きないびきや昼間の強い眠気などの症状があるが、必ずしも眠気を感じることがない場合もある。SASスクリーニング検査を実施する場合には、本人の自覚症状による問診票だけで検査対象者を絞ってしまうと、重症のSAS患者を見過ごしてしまうリスクがあるため、定期的に、また、雇い入れ時等のタイミングで医療機器によるSASスクリーニング検査を受けることが重要である。

ポイント解説

1．**適切である。**衛生規則第51条第1項を参照。

2．**適切である。**脳血管疾患は、早期に発見をして治療を開始することで、より症状が重い疾患の発症を防ぎ、可能な限り後遺症を軽くすることができる。そのため、事業者や運行管理者は、運転者に脳血管疾患と思われる初期症状があり普段と様子が違うときは、すぐに専門医療機関で受診させること。また、運転者に対し、脳血管疾患の主な初期症状を理解させ、同様の症状があった際はすぐに申告させるように指導する。

3．不適切。運転者が運転中に異常を感じたときには、運行継続の可否を**運転者自らの判断で行うのではなく**、速やかに営業所等に連絡し、運行管理者等から指示を受けるように指導を行う。

4．**適切である。**SASスクリーニング検査の頻度は3年に1度が目安となっており、雇入れ時の他に、体重が急増したような場合にも有効である。

▶答え　**1と2と4**

問4 ★★☆ ☑☑☑☑☑

事業用自動車の運転者の健康管理及び就業における判断・対処に関する次の記述のうち、適切なものをすべて選びなさい。なお、解答にあたっては、各選択肢に記載されている事項以外は考慮しないものとする。

1. 事業者は、業務に従事する運転者に対し法令で定める健康診断を受診させ、その結果に基づいて健康診断個人票を作成し3年間保存としている。また、運転者が自ら受けた健康診断の結果を提出したものについても同様に保存している。

2. 事業者は、法令により定められた健康診断を実施することが義務づけられているが、運転者が自ら受けた健康診断（人間ドックなど）であっても法令で必要な定期健康診断の項目を充足している場合は、法定健診として代用することができる。

3. 配送業務である早朝の業務前点呼において、これから乗務する運転者の目が赤く眠そうな顔つきであったため、本人に報告を求めたところ、連日、就寝が深夜2時頃と遅く寝不足気味ではあるが、何とか乗務は可能であるとの申告があった。このため運行管理者は、当該運転者に対し途中で眠気等があったときには、自らの判断で適宜、休憩をとるなどして運行するよう指示し、出庫させた。

4. 事業者は、ある高齢運転者が夜間運転業務において加齢に伴う視覚機能の低下が原因と思われる軽微な接触事故が多く見られたため、昼間の運転業務に配置替えをした。しかし、繁忙期であったことから、運行管理者の判断で点呼において当該運転者の健康状態を確認しつつ、以前の夜間運転業務に短期間従事させた。

ポイント解説

1. 不適切。作成した健康診断個人票は**5年間保存**する。衛生規則第51条第1項を参照。

2. **適切である**。法令で必要な定期健康診断の項目を運転者が自ら受けた健康診断が充足している場合は、法定健診として代用できる。

3. 不適切。睡眠不足等、健康状態に問題がありそうな場合は、安全な運行ができないと判断し、運転者から乗務が可能であると申告があった場合でも、その**運転者を乗務させてはならない**。安全規則第7条第1項、安全規則第20条第1項第4号の2を参照。

4. 不適切。当該運転者は夜間運転業務時に、加齢に伴う視覚機能の低下が原因と思われる軽微な接触事故を起こしたため配置替えされたのであり、**繁忙期を理由に再び夜間運転業務に従事させることは不適切**である。

▶答え　2

問1 ★★☆ ☑☑☑☑☑

　交通事故及び緊急事態が発生した場合における事業用自動車の運行管理者又は運転者の措置に関する次の記述のうち、<u>適切なものをすべて</u>選びなさい。なお、解答にあたっては、各選択肢に記載されている事項以外は考慮しないものとする。

1．大型トラックに荷物を積載して運送中の運転者から、営業所の運行管理者に対し、「現在走行している地域の天候が急変し、集中豪雨のため、視界も悪くなってきたので、一時運転を中断している」との連絡があった。連絡を受けた運行管理者は、「営業所では判断できないので、運行する経路を運転者自ら判断し、また、運行することが困難な状況に至った場合は、適当な待避場所を見つけて運転者自らの判断で運送の中断等を行うこと」を指示した。

2．運転者は、中型トラックで高速道路を走行中、大地震が発生したのに気づき当該トラックを路側帯に停車させ様子を見ていた。この地震により高速道路の車両通行が困難となったので、当該運転者は、運行管理者に連絡したうえで、エンジンキーを持ってドアをロックして当該トラックを置いて避難した。

3．運転者は、交通事故を起こしたので、二次的な事故を防ぐため、事故車両を安全な場所に移動させるとともに、ハザードランプの点灯、発炎筒の着火、停止表示器材の設置により他の自動車に事故の発生を知らせるなど、安全に留意しながら道路における危険防止の措置をとった。

4．運転者が中型トラックを運転して踏切にさしかかりその直前で一旦停止した。踏切を渡った先の道路は混んでいるが、前の車両が前進すれば通過できると判断し踏切に進入したところ、車両の後方部分を踏切内に残し停車した。その後、踏切の警報機が鳴り、遮断機が下り始めたが、前方車両が動き出したため遮断機と接触することなく通過することができた。

1．不適切。異常気象時は、輸送の安全を最優先に考え、輸送の安全を確保するために**必要な措置を講じなければならない**。運転者から連絡を受けた運行管理者は、気象状況や道路状況の情報収集に努め、状況を的確に把握し、運転者に対し運送中断等の指示を行う必要がある。状況がわからないという理由で**運転者に判断を任せてはならない**。安全規則第20条第1項第15号を参照。

2．不適切。自動車の運転中に大地震が発生し、やむを得ず道路上に自動車を置いて避難するときは、道路の左側に寄せて駐車し、エンジンを止め、エンジンキーは**付けたまま**にし、窓を閉め、ドアは**ロックしない**。

3．**適切である**。交通事故の場合の措置である①安全な場所に自動車を移動、②他の自動車に事故の発生を知らせる（ハザードランプの点灯等）等、危険防止の措置をとっているため適切となる。

4．不適切。踏切の前方の道路が混雑している場合は、踏切内で**停止するおそれがあると判断し、踏切内に入ってはならない**。道交法第50条第2項を参照。

▶答え　3

　交通事故及び緊急事態が発生した場合における運行管理者又は事業用自動車の運転者の措置に関する次の記述のうち、適切なものをすべて選びなさい。なお、解答にあたっては、各選択肢に記載されている事項以外は考慮しないものとする。

1．大型トラックに荷物を積載して運送中の運転者から、営業所の運行管理者に対し「現在走行している地域の天候が急変し、雪が強く降りはじめた。視界も悪くなってきたので、一時運転を中断している。」との連絡があった。連絡を受けた運行管理者は、「営業所では判断できないので、運行する経路を運転者自ら判断し、また、運行することが困難な状況に至った場合は、適当な待避場所を見つけて運転者自らの判断で運送の中断等を行うこと」を指示した。

2．運転者は、中型トラックで走行中にオートバイと接触事故を起こした。オートバイの運転者が足を負傷し自力で動けなかったので、当該運転者を救護するため歩道に移動させた。その後、双方の事故車両を道路脇に移動させ、発炎筒を使用して後続車に注意を促すとともに、救急車の手配と警察への通報を行い、運行管理者に連絡し、到着した警察官に事故について報告した。

3．運転者が大型トラックを運転して踏切を通過中、後輪が脱輪して運行不能となった。このため、当該運転者は、直ちに踏切支障報知装置の非常ボタンを押すとともに、発炎筒を使用して列車の運転士等に踏切内において当該トラックが運行不能となっていることを知らせた。その後、当該トラックを踏切の外に移動させるための措置を講じた。

4．事業用自動車の運転者が運転中、交差点内で接触事故を起こした。当方及び相手方の運転者にけがはなく、双方の自動車の損傷も軽微なものであった。相手方の運転者との話し合いの結果、事故はお互いの過失によるものであることから、自動車の修理費用についてはお互いが自己負担することとし、警察官には事故の報告をしないことにした。

1．不適切。異常気象時は、輸送の安全を最優先に考え、輸送の安全を確保するために**必要な措置を講じなければならない**。運転者から連絡を受けた運行管理者は、気象状況や道路状況の情報収集に努め、状況を的確に把握し、運転者に対し運送中断等の指示を行う必要がある。状況がわからないという理由で**運転者に判断を任せてはならない**。安全規則第20条第1項第15号を参照。

2．**適切である**。交通事故の場合の措置である①負傷者を救護（負傷者を歩道へ移動）、②危険防止の措置（車両を道路脇に移動）、及び③警察官に交通事故の内容報告、を行っているため適切となる。

3．**適切である**。踏切内での故障時の措置である①列車の運転士に知らせる（踏切支障報知装置（踏切非常ボタン）や自動車に備えられている非常信号用具等）②その後、車両を踏切外へ移動させる、を行っているため適切となる。

4．不適切。道路交通法により、交通事故を起こした時はたとえ軽微なものであっても、**警察への報告が義務付けられている**。道交法第72条第1項を参照。

▶答え　2と3

問1 ★★☆ ☑☑☑☑☑

　運行管理者が次の大型トラックの事故報告に基づき、この事故の要因分析を行ったうえで、同種事故の再発を防止するための対策として、最も直接的に有効と考えられる組合せを、下の枠内の選択肢（1～8）から1つ選びなさい。なお、解答にあたっては、〈事故の概要〉及び〈事故関連情報〉に記載されている事項以外は考慮しないものとする。

〈事故の概要〉

　運転者は、営業所に21時に出社し、運行管理者の補助者の乗務前点呼を受け、あらかじめ積置きした積載重量8トンの大型トラックに乗務し、配送先に向け21時30分に出庫した。最寄りの高速道路のインターチェンジまでの一般道路が渋滞しており、予定時刻より大幅に遅れて高速道路のインターチェンジに入った。当夜は濃霧であり制限速度が時速50キロメートルに規制されていたが、当該運転者は時速80キロメートルで走行していたところ、途中休憩をはさみ翌日1時30分頃に、前方を走行していた小型トラックに追突し、重軽傷者2人の事故を惹き起こした。

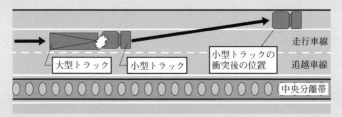

〈事故関連情報〉

○　当該運転者は前日が休日であり、22時に就寝し、当日7時に起床した。運行管理者の補助者は、当該運転者に対する乗務前の点呼において、疲労等に問題がないことを確認していた。

○　当該運転者は、営業所を出発後、一般道路の渋滞により、大幅に到着時刻が遅れることを気にしながら運転していた。

○　当該一般道路は、頻繁に渋滞が発生しており、これまでの運行においても遅延が多発していた。その状況は、運行管理者も把握していたが、当該運転者に対し指導はしていなかった。

○　事故当時、濃霧のため視界が悪く、高速道路は道路標識等により時速50キロメートルの速度制限が課せられていたため、当該運転者は、さらに遅れがひどくなることを心配していた。

○ 当該運転者は、3ヵ月前に定期健康診断を受診した際、肥満及び高血圧を指摘され、精密検査の受診を勧められていたが、まだ、精密検査は受診していなかった。

〈再発防止対策〉
ア．貨物自動車運送事業は、公共的な輸送事業であり、貨物を安全、確実に輸送することが社会的使命であることを運転者に認識させる。

イ．運行管理者は、道路交通法令又は道路標識等により指定された最高速度を遵守して運転するだけではなく、道路、交通及び車両等の状況に応じた安全な速度と方法で運転するように運転者に対し、指導する。

ウ．点呼の確実な実施体制を整備する。

エ．運行管理者は、十分な睡眠時間の確保等、勤務に影響を及ぼさない日常生活の過ごし方についても指導する。

オ．運行管理者は、運転者に安全性の確保、事故の防止のための知識・技能を習得させるため、「貨物自動車運送事業者が事業用自動車の運転者に対して行う指導及び監督の指針」に基づき、運転者に対して指導・監督を継続的、計画的に実施するとともに、事故惹起運転者等に対して特別な指導を実施する。

カ．運行管理者は、運転者に対して、主として運行する経路における道路及び交通の状況をあらかじめ把握するよう指導するとともに、これらの状況を踏まえ、事業用自動車を安全に運転するために留意すべき事項を指導する。

キ．運行管理者は、運転者の健康状態を常に把握し、コミュニケーションを十分図る等により、運転者に対する指導の効果を向上させる。

ク．運行管理者は、運行経路等の調査を十分に行い、適切な運行計画の作成を行うよう努める。

1．ア・ウ・エ・カ	2．イ・エ・カ・ク
3．ア・ウ・オ・キ	4．イ・オ・カ・ク
5．ア・ウ・カ・キ	6．イ・エ・オ・キ
7．ア・エ・キ・ク	8．イ・ウ・オ・ク

ポイント解説

「事故の概要」と「事故関連情報」から、再発防止策として直接的に有効であるかどうかを判断する。

ア．**直接的に有効ではない**：貨物自動車運送事業の社会的使命については、今回の事故には関係がないため、同種事故の再発を防止するための対策として直接的に有効ではない。

イ．**直接的に有効である**：濃霧により時速50キロメートルに速度規制されていたにも関わらず、時速80キロメートルで走行したために起きた事故であるため、道路、交通及び車両等の状況に応じた安全な速度と方法で運転するように運転者に対し指導することは有効な事故再発防止策である。

ウ．**直接的に有効ではない**：点呼は適切に行われていたので、同種事故の再発を防止するための対策として直接的に有効ではない。

エ．**直接的に有効ではない**：居眠り運転等が原因の事故でないため、同種事故の再発を防止するための対策として直接的に有効ではない。

オ＆カ＆ク．**直接的に有効である**：通行した一般道路が頻繁に渋滞することを運行管理者が把握していたにも関わらず、運転者に対し指導せず、また、渋滞を考慮した調査及び運行計画を作成しなかったことにより起きた事故であるため、有効な事故再発防止策である。

キ．**直接的に有効ではない**：運転者の健康状態は常に把握しなければならないが、コミュニケーション不足で起きた事故ではないため、同種事故の再発を防止するための対策として有効ではない。

以上の結果、同種事故の再発を防止するための対策として、最も直接的に有効と考えられる組合せは、イ・オ・カ・クとなり、選択肢「**4**」が正解となる。

▶答え　**4**

第5章　実務上の知識及び能力

運行管理者が運転者に対して実施する危険予知訓練に関する次の記述において、問題に示す【交通場面の状況等】を前提に、危険要因などを記載した表中のA、Bに最もふさわしいものを【運転者が予知すべき危険要因の例】の①〜⑤の中から、また、C、Dに最もふさわしいものを【運行管理者による指導事項】の⑥〜⑩の中からそれぞれ1つ選びなさい。

【交通場面の状況等】

| ・信号機のある交差点を右折しようとしている。
・右折先の道路に駐車車両があり、その陰に歩行者が見える。
・対向直進車が接近している。 | ・制限速度：時速60キロ　・路面：乾燥
・天候：晴　　　　　　　・車両：4トン車
・運転者：年齢48歳　　　・運転経験：17年 |

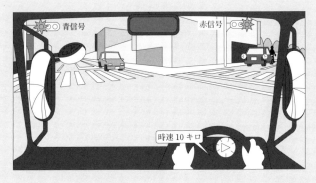

運転者が予知すべき危険要因の例　　　　　　運行管理者による指導事項

| 対向車が交差点に接近しており、このまま右折をしていくと対向車と衝突する危険がある。 | → | C |

| A | → | 右折の際は、横断歩道の状況を確認し、特に横断歩道の右側から渡ってくる自転車等を見落としやすいので意識して確認をすること。 |

| 右折していく道路の先に駐車車両の陰に歩行者が見えるが、この歩行者が横断してくるとはねる危険がある。 | → | D |

| B | → | 対向車が通過後、対向車の後方から走行してくる二輪車等と衝突する危険があるため、周囲の交通状況をよく見て安全を確認してから右折すること。 |

第5章 実務上の知識及び能力

【運転者が予知すべき危険要因の例】

① 右折時の内輪差による二輪車・原動機付自転車などの巻き込みの危険がある。

② 横断歩道の右側から自転車又は歩行者が横断歩道を渡ってくることが考えられ、このまま右折をしていくと衝突する危険がある。

③ 車幅が広いため、右折する交差点で対向車線へはみ出して衝突する危険がある。

④ 右折時に対向車の死角に隠れた二輪車・原動機付自転車を見落とし、対向車が通過直後に右折すると衝突する危険がある。

⑤ 急停止すると後続車に追突される危険がある。

【運行管理者による指導事項】

⑥ 対向車の速度が遅い時などは、交差点をすばやく右折し、自転車横断帯の自転車との衝突の危険を避けること。

⑦ スピードを十分落として交差点に進入すること。

⑧ 対向車があるときは無理をせず、対向車の通過を待ち、左右の安全を確認してから右折をすること。

⑨ 交差点に接近したときは、特に前車との車間距離を十分にとり、信号や前車の動向に注意しながら走行すること。

⑩ 交差点内だけでなく、交差点の右折した先の状況にも十分注意を払い走行すること。

ポイント解説

A 「運行管理者による指導事項」のポイントは、①右折、②横断歩道の状況を確認、③自転車等を見落としやすい、であるため、「運転者が予知すべき危険要因の例」のうち、「**右折、横断歩道、自転車**」を含んでいるものを選択する。したがって、「②」が正解となる。

B 「運行管理者による指導事項」のポイントは、①対向車が通過後、②二輪車等と衝突する危険、③安全を確認してから右折、であるため、「運転者が予知すべき危険要因の例」のうち、「**対向車、二輪車、右折**」を含んでいるものを選択する。したがって、「④」が正解となる。

C 「運転者が予知すべき危険要因の例」のポイントは、①対向車が交差点に接近、②右折していくと対向車と衝突する危険、であるため、「運行管理者による指導事項」のうち、「**対向車と衝突する危険を回避**」できる内容のものを選択する。したがって、「⑧」が正解となる。

D 「運転者が予知すべき危険要因の例」のポイントは、①右折していく道路の先、②駐車車両の陰に歩行者、③はねる危険、であるため、「運行管理者による指導事項」のうち、「**右折先の歩行者をはねる危険を回避**」できる内容のものを選択する。したがって、「⑩」が正解となる。

▶答え　**A-②，B-④，C-⑧，D-⑩**

　運行管理者が運転者に対し実施する危険予知訓練に関し、下図の交通場面の状況において考えられる〈運転者が予知すべき危険要因〉とそれに対応する〈運行管理者による指導事項〉として、最もふさわしい〈選択肢の組み合わせ〉を1〜10の中から3つ選びなさい。

【交通場面の状況】

・住宅街の道路を走行している。

・前方に二輪車が走行している。

・右側の脇道から車や自転車が出ようとしている。

・前方の駐車車両の向こうに人影が見える。

時速40キロ

〈運転者が予知すべき危険要因〉

①二輪車を避けようとしてセンターラインをはみ出すと、対向車と衝突する危険がある。

②駐車車両に進路を塞がれた二輪車が右に進路を変更してくることが予測されるので、このまま進行すると二輪車と衝突する危険がある。

③前方右側の脇道から左折しようとしている車の影に見える自転車が道路を横断してくると衝突する危険がある。

④後方の状況を確認せずに右側に進路変更をすると、後続の二輪車と接触する危険がある。

⑤駐車車両の先に歩行者が見えるが、この歩行者が道路を横断してくるとはねる危険がある。

〈運行管理者による指導事項〉

ア　住宅街を走行する際に駐車車両があるときは、その付近の歩行者の動きにも注意しスピードを落として走行する。

イ　単路でも、いつ前車が進路変更などのために減速や停止をするかわからないので、常に車間距離を保持しておく。

ウ　進路変更するときは、必ず後続車の有無を確認するとともに、後続車があるときは、決して強引な進路変更はしない。

エ　右側の脇道から自転車が出ようとしているので、周辺の交通状況を確認のうえ、脇道の自転車の動きに注意し走行する。仮に出てきた場合は先に行かせる。

オ　二輪車は、後方の確認をしないまま進路を変更することがよくあるので、二輪車を追い越そうとはせず先に行かせる。

〈選択肢の組み合わせ〉

1．①－イ	2．①－ウ	3．②－エ	4．②－オ
5．③－ア	6．③－エ	7．④－イ	8．④－オ
9．⑤－ア	10．⑤－ウ		

ポイント解説

　〈運転者が予知すべき危険要因〉とそれに対応する〈運行管理者による指導事項〉として最もふさわしい組み合わせを〈選択肢の組み合わせ〉の中から3つ選ぶ。

危険要因①：図より対向車は確認されない。また、前方右側の脇道からの左折車と衝突する危険があるものの、選択肢の組み合わせとして用意されている指導事項イ・ウは、どちらも適切な指導ではない。

危険要因②：二輪車に対する危険予知である。二輪車は、後方の確認をしないまま進路を変更することがよくあるため、二輪車を追い越そうとはせず、先に行かせるという指導事項オは、**適切な指導**である。

危険要因③：自転車に対する危険予知である。右側の脇道から自転車が出ようとしているので、周辺の交通状況を確認のうえ、脇道の自転車の動きに注意して走行し、仮に出てきた場合は先に行かせるという指導事項エは、**適切な指導**である。

危険要因④：図より後方には後続車等は確認されないため省略。

危険要因⑤：歩行者に対する危険予知である。住宅街を走行する際に駐車車両があるときは、その付近の歩行者の動きにも注意しスピードを落として走行するという指導事項アは、**適切な指導**である。

　以上の結果、最も適切な組み合わせは4．「②－オ」、6．「③－エ」、9．「⑤－ア」である。

▶答え　**4と6と9**

問1 ★★★ ✓✓✓✓✓

　交通事故防止対策に関する次の記述のうち、<u>適切なものをすべて選びなさい</u>。なお、解答にあたっては、各選択肢に記載されている事項以外は考慮しないものとする。

1．いわゆる「ヒヤリ・ハット」とは、運転者が運転中に他の自動車等と衝突又は接触するおそれなどがあったと認識した状態をいうが、このヒヤリ・ハットを調査し減少させていくことは、交通事故防止に効果がないとされているため、ヒヤリ・ハットの報告や調査は行っていない。

2．ドライブレコーダーは、事故時の映像だけでなく、運転者のブレーキ操作やハンドル操作などの運転状況を記録し、解析診断することで運転のクセ等を読み取ることができるものがあり、運行管理者が行う運転者の安全運転の指導に活用されている。

3．指差呼称は、運転者の錯覚、誤判断、誤操作等を防止するための手段であり、道路の信号や標識などを指で差し、その対象が持つ名称や状態を声に出して確認することをいい、安全確認に重要な運転者の意識レベルを高めるなど交通事故防止対策に有効な手段の一つとして活用されている。

4．アンチロック・ブレーキシステム（ABS）は、急ブレーキをかけた時などにタイヤがロック（回転が止まること）するのを防ぐことにより、車両の進行方向の安定性を保ち、また、ハンドル操作で障害物を回避できる可能性を高める装置である。ABSを効果的に作動させるためには、できるだけ強くブレーキペダルを踏み続けることが重要であり、この点を運転者に指導する必要がある。

ポイント解説

1．不適切。ヒヤリ・ハット事例を収集し、分析して、再発を防ぐ手立てを考え、その情報を共有することは、**交通事故防止対策に有効な手段**となっている。

2．**適切である**。ドライブレコーダーの中には、ヒヤリ・ハットの直前直後の現場映像だけでなく、運転者のブレーキ操作・停止状況・ハンドル操作・右左折操作などの運転状況を記録し解析することで、運転者も気づかない運転のクセ等を読み取ることができるものもあるため、安全運転の指導に活用できる。

3．**適切である**。指差呼称は、危険予知活動の一環として行われており、有効な交通事故防止対策の1つである。

4．**適切である**。記述のとおり。

▶答え　**2と3と4**

交通事故防止対策に関する次の記述のうち、<u>適切なものをすべて選びなさい</u>。なお、解答にあたっては、各選択肢に記載されている事項以外は考慮しないものとする。

1. 交通事故は、そのほとんどが運転者等のヒューマンエラーにより発生するものである。したがって、事故惹起運転者の社内処分及び再教育に特化した対策を講ずることが、交通事故の再発を未然に防止するには最も有効である。そのためには、発生した事故の調査や事故原因の分析よりも、事故惹起運転者及び運行管理者に対する特別講習を確実に受講させる等、ヒューマンエラーの再発防止を中心とした対策に努めるべきである。

2. 衝突被害軽減ブレーキは、いかなる走行条件においても前方の車両等に衝突する危険性が生じた場合に確実にレーダー等で検知したうえで自動的にブレーキが作動し、衝突を確実に回避できるものである。当該ブレーキが備えられている自動車に乗務する運転者に対しては、当該ブレーキ装置の故障を検知し表示による警告があった場合の対応を指導する必要がある。

3. 輸送の安全に関する教育及び研修については、知識を普及させることに重点を置く手法に加えて、問題を解決することに重点を置く手法を取り入れるとともに、グループ討議や「参加体験型」研修等、運転者が参加する手法を取り入れることも交通事故防止対策の有効な手段となっている。

4. 適性診断は、運転者の運転能力、運転態度及び性格等を客観的に把握し、運転の適性を判定することにより、運転に適さない者を運転者として選任しないようにするためのものであり、ヒューマンエラーによる交通事故の発生を未然に防止するための有効な手段となっている。

ポイント解説

1. 不適切。交通事故の再発を未然に防止するためには、**運転者の人的要因とともに、事故が発生した要因について様々な角度から情報を収集し、調査や事故原因の分析を行うことが必要**である。

2. 不適切。衝突被害軽減ブレーキは、**いかなる走行条件においても衝突を確実に回避できる装置ではない**ため、当該ブレーキが備えられている自動車に乗務する運転者に対しては、当該ブレーキの機能等を正しく理解させる必要がある。

3. **適切である**。記述のとおり。

4. 不適切。適性診断は、運転者の運転行動や運転態度の長所や短所を診断し、運転のクセ等に応じたアドバイスを提供するためのもので、**運転者を選任する際の判断材料ではない**。

▶答え　3

交通事故防止対策に関する次の記述のうち、<u>適切なものをすべて</u>選びなさい。なお、解答にあたっては、各選択肢に記載されている事項以外は考慮しないものとする。

1. 大型トラックの原動機に備えなければならない「速度抑制装置」とは、当該トラックが時速100キロメートルを超えて走行しないよう燃料の供給を調整し、かつ、自動車の速度の制御を円滑に行うためのものである。したがって、運行管理者はこの速度を考慮して運行の計画を立てる必要があり、運転者に対しては、速度抑制装置の機能等を理解させるとともに、追突事故の防止等安全運転に努めさせる必要がある。

2. 指差呼称は、運転者の錯覚、誤判断、誤操作等を防止するための手段であり、信号や標識などを指で差し、その対象が持つ名称や状態を声に出して確認することをいうが、安全確認に重要な運転者の意識レベルは、個人差があるため有効な交通事故防止対策の手段となっていない。

3. 交通事故の防止対策を効率的かつ効果的に講じていくためには、事故情報を多角的に分析し、事故実態を把握したうえで、①計画の策定、②対策の実施、③効果の評価、④対策の見直し及び改善、という一連の交通安全対策のPDCAサイクルを繰り返すことが重要である。

4. デジタル式運行記録計は、自動車の運行中、交通事故や急ブレーキ、急ハンドルなどにより当該自動車が一定以上の衝撃を受けると、その前後数十秒の映像などを記録する装置、または、自動車の運行中常時記録する装置であり、事故防止対策の有効な手段の一つとして活用されている。

ポイント解説

1. 不適切。速度抑制装置は、自動車が**時速90キロメートルを超えて走行しないよう**燃料の供給を調整し、かつ、自動車の速度の制御を円滑に行うものである。

2. 不適切。指差呼称は、安全確認に重要な運転者の意識レベルを高めるなど、**自動車事故防止対策の有効な手段**となっている。

3. **適切である**。記述のとおり。

4. 不適切。選択肢の内容は**ドライブレコーダー**。デジタル式運行記録計は、自動車の各種の運行データをデジタル化し、ハードディスクなどの電子記録媒体に記録するものである。

▶答え　**3**

交通事故防止対策に関する次の記述のうち、<u>適切なものをすべて</u>選びなさい。なお、解答にあたっては、各選択肢に記載されている事項以外は考慮しないものとする。

1. ドライブレコーダーは、事故時の映像だけでなく、運転者のブレーキ操作やハンドル操作などの運転状況を記録し、解析することにより運転のクセ等を読み取ることができるものがあり、運行管理者が行う運転者の安全運転の指導に活用されている。

2. 前方の自動車を大型車と乗用車から同じ距離で見た場合、それぞれの視界や見え方が異なり、大型車の場合には運転席が高いため、車間距離をつめてもあまり危険に感じない傾向となるので、この点に注意して常に適正な車間距離をとるよう運転者を指導する必要がある。

3. 四輪車を運転する場合、二輪車との衝突事故を防止するための注意点として、①二輪車は死角に入りやすいため、その存在に気づきにくく、また、②二輪車は速度が実際より速く感じたり、距離が近くに見えたりする特性がある。したがって、運転者に対してこのような点に注意するよう指導する必要がある。

4. 自動車のハンドルを左に切り旋回した場合、左側の後輪が左側の前輪の軌跡に対し外側を通ることとなり、この前後輪の軌跡の差を内輪差という。大型車などホイールベースが長いほど内輪差が小さくなることから、運転者に対し、交差点での左折時には、内輪差による歩行者や自転車等との接触、巻き込み事故に注意するよう指導する必要がある。

ポイント 解説

1. **適切である**。

2. **適切である**。大型車の方が運転席が高い位置にあり、遠くまで見通せることにより視界が広く感じるため、大型車の場合は車間距離に余裕があるように感じ、乗用車の場合は車間距離にあまり余裕がないように感じる。

3. 不適切。四輪車を運転する場合、二輪車は速度が実際より**遅く**感じたり、距離が**遠く**に見えたりするため注意をするよう指導する必要がある。

4. 不適切。ハンドルを左に切り旋回した場合、左側の後輪が左側の前輪の軌跡に対し**内側を通る**こととなり、この前後輪の軌跡の差を内輪差という。大型車などホイールベースが長いほど**内輪差が大きくなる**。

▶答え　**1と2**

問5 ★☆☆ ✓✓✓✓✓

　近年普及の進んできた安全運転支援装置等に関する次の文中、A、B、C、Dに入るべき字句を下の枠内の選択肢（1〜6）から選びなさい。

　（A）は、走行車線を認識し、車線から逸脱した場合あるいは逸脱しそうになった場合には、運転者が車線中央に戻す操作をするよう警報が作動する装置

　（B）は、レーダー等により先行車との距離を常に検出し、追突の危険性が高まったら、まずは警報し、運転者にブレーキ操作を促し、それでもブレーキ操作をせず、追突、若しくは追突の可能性が高いと車両が判断した場合において、システムにより自動的にブレーキをかけ、衝突時の速度を低く抑える装置

　（C）は、急なハンドル操作や積雪がある路面の走行などを原因とした横転の危険を、運転者へ警告するとともに、エンジン出力やブレーキ力を制御し、横転の危険を軽減させる装置

　（D）は、交通事故やニアミスなどにより急停止等の衝撃を受けると、その前後の映像とともに、加速度等の走行データを記録する装置（常時記録の機器もある。）

1．衝突被害軽減ブレーキ	2．映像記録型ドライブレコーダー
3．ふらつき注意喚起装置	4．車線逸脱警報装置
5．デジタル式運行記録計	6．車両安定性制御装置

ポイント解説

　（**車線逸脱警報装置**）は、走行車線を認識し、車線から逸脱した場合あるいは逸脱しそうになった場合には、運転者が車線中央に戻す操作をするよう警報が作動する装置

　（**衝突被害軽減ブレーキ**）は、レーダー等により先行車との距離を常に検出し、追突の危険性が高まったら、まずは警報し、運転者にブレーキ操作を促し、それでもブレーキ操作をせず、追突、若しくは追突の可能性が高いと車両が判断した場合において、システムにより自動的にブレーキをかけ、衝突時の速度を低く抑える装置

　（**車両安定性制御装置**）は、急なハンドル操作や積雪がある路面の走行などを原因とした横転の危険を、運転者へ警告するとともに、エンジン出力やブレーキ力を制御し、横転の危険を軽減させる装置

　（**映像記録型ドライブレコーダー**）は、交通事故やニアミスなどにより急停止等の衝撃を受けると、その前後の映像とともに、加速度等の走行データを記録する装置

▶答え　A−4，B−1，C−6，D−2

覚えておこう🖊 【安全運転支援装置（一部抜粋）】

車線逸脱 警報装置	走行車線を認識し、車線から逸脱した場合又は逸脱しそうな場合に、運転者が車線中央に戻す操作を行うよう警報が作動する装置。	
衝突被害 軽減ブレーキ	レーダー等で前方の車両等を検知し、衝突の危険性が生じると音声等で運転者にブレーキ操作を促す。衝突が回避できなくなると自動的にブレーキが作動し、衝突による被害を軽減させる装置。 　ただし、いかなる走行条件においても衝突を確実に回避できる装置ではない。	
ふらつき 注意喚起装置	運転者の低覚醒状態や低覚醒状態に起因する挙動を検知し、運転者に注意を喚起する装置。 　ただし、居眠り・脇見運転を防止する装置ではなく、また、検出できない環境や運転操作もある。	
車両安定性 制御装置	急ハンドル等による横転の危険を警報音等により運転者に知らせ、エンジン出力やブレーキ力を制御し、横転の危険を軽減させる装置。	

5−7 走行時に働く力と諸現象

問1 ★★☆ ☑☑☑☑☑

　自動車の走行時に生じる諸現象とその主な対策に関する次の文中、A、B、Cに入るべき字句としていずれか正しいものを1つ選びなさい。

1．乗車中の人間が両手両足で支えることのできる重量は、体重の約2〜3倍程度といわれている。これは自動車が時速（A）km程度で衝突したときの力に相当する。

　　A．① 7　　　　　　　② 10

2．トラクタとトレーラを連結した連結車両が、滑りやすい路面で急ハンドルや急ブレーキなどの急激な運転操作を行ったときに、車輪がロックしてタイヤが滑り、トラクタとトレーラが連結部のところで折れ曲がり、「くの字」になることを（B）という。

　　B．① トレーラスイング現象　　　② ジャックナイフ現象

3．（C）とは、路面が水でおおわれているときに高速で走行するとタイヤの排水作用が悪くなり、水上を滑走する状態になって操縦不能になることをいう。

　　C．① ウェットスキッド現象　　② ハイドロプレーニング現象

ポイント解説

1．乗車中の人間が両手両足で支えることのできる重量は、体重の約2〜3倍程度といわれている。これは自動車が時速（**7**）km程度で衝突したときの力に相当する。

2．トラクタとトレーラを連結した連結車両が、滑りやすい路面で急ハンドルや急ブレーキなどの急激な運転操作を行ったときに、車輪がロックしてタイヤが滑り、トラクタとトレーラが連結部のところで折れ曲がり、「くの字」になることを（**ジャックナイフ現象**）という。

3．（**車線逸脱警報装置**）は、走行車線を認識し、車線から逸脱した場合あるいは逸脱しそうになった場合には、運転者が車線中央に戻す操作をするよう警報が作動する装置

▶答え　解答　**A−①，B−②，C−②**

第5章　実務上の知識及び能力

227

問2 ★★☆ ✓✓✓✓✓

自動車の運転の際に車に働く自然の力等に関する次の記述のうち、<u>適切なものをすべて</u>選びなさい。なお、解答にあたっては、各選択肢に記載されている事項以外は考慮しないものとする。

1. 遠心力は速度の二乗に比例するため、速度が速くなるほど加速度的に大きくなる。
2. 自動車が衝突するときの衝撃力は、車両総重量が2倍になると4倍になる。
3. フット・ブレーキの使いすぎで、ブレーキ・ドラムやブレーキ・ライニングが摩擦のため過熱することにより、ドラムとライニングの間の摩擦力が減り、ブレーキの効きが悪くなることをフェード現象という。
4. 自動車の夜間の走行時において、自車のライトと対向車のライトで、お互いの光が反射し合い、その間にいる歩行者や自転車が見えなくなることを蒸発現象という。

ポイント解説

1. **適切である**。記述の通り。
2. 不適切。車両総重量が2倍になると、衝撃力も**2倍**になる。
3. **適切である**。記述の通り。
4. **適切である**。記述の通り。

▶答え　1と3と4

自動車の運転等に関する次の記述のうち、<u>適切なものをすべて</u>選びなさい。なお、解答にあたっては、各選択肢に記載されている事項以外は考慮しないものとする。

1. 自動車の夜間の走行時において、自車のライトと対向車のライトで、お互いの光が重なり合い、その間にいる歩行者や自転車が見えなくなることをクリープ現象という。

2. 自動車の乗員が自分の両手両足で支えられる力は、自分の体重のせいぜい2〜3倍が限度といわれている。これは、自動車が時速7キロメートル程度で衝突したときの力に相当することになる。このため、危険から自身を守るためにシートベルトを着用することが必要である。

3. 自動車がカーブを走行するとき、自動車の重量及びカーブの半径が同一の場合に、速度を2分の1に落として走行すると遠心力の大きさは2分の1になる。

4. 自動車が衝突するときの衝撃力は、速度が2倍になると4倍になる。

ポイント解説

1. 不適：設問の内容は「**蒸発現象**」。蒸発現象は、暗い道路で特に起こりやすいので、夜間の走行の際には十分注意するよう運転者に対し指導する必要がある。なお、クリープ現象は、エンジンがアイドリング状態のときに、アクセルペダルを踏んでいなくても車両が動く現象のことである。

2. **適切である**。記述の通り。

3. 不適：遠心力は、自動車の重量及びカーブの半径が同一の場合、**速度の2乗に比例する**ため、速度を2分の1に落とすと遠心力の大きさは**4分の1**になる。

4. **適切である**。衝撃力は、速度が速いほど加速度的に大きくなり、速度の2乗に比例する。

▶答え　2と4

5-8 自動車に関する計算問題

問1 ★☆☆ ✓✓✓✓✓

　自動車の追い越しに関する次の文中、A及びBに入るべき字句を下の枠内の選択肢（1
～6）から選びなさい。

1．高速自動車国道を車両の長さ10メートルのトラックが時速80キロメートルで走行中、
下図のとおり、時速70キロメートルで前方を走行中の車両の長さが10メートルのバス
を追い越すために要する追越距離は（A）である。なお、この場合の「追越」とは、ト
ラックが前走するバスの後方90メートル（ア）の位置から始まり、バスを追い越して
バスとの車間距離が90メートル（イ）の位置に達するまでのすべての行程をいう。

2．「1」の場合において追い越しに要する時間は、（B）である。なお、解答として求め
た数値に1未満の端数がある場合には、小数点第一位以下を四捨五入すること。

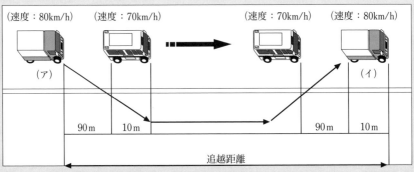

（速度：80km/h）　（速度：70km/h）　　　　　（速度：70km/h）　（速度：80km/h）

（ア）　　　　　　　　　　　　　　　　　　　　　　　　　　　　（イ）

90m　　10m　　　　　　　　　　　　　90m　　10m

追越距離

（注1）　追越車両の左右の移動量は、考慮しないものとする。
（注2）　各々の車両は、一定速度で走行しているものとする。

1．1,440メートル	2．1,520メートル	3．1,600メートル
4．72秒	5．68秒	6．65秒

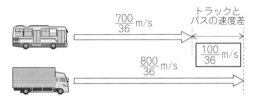

ポイント解説

考えやすくするため、時速80kmと時速70kmを秒速に変換する。

◎トラック

$$80\text{km/h} = \frac{80 \times 1000\text{m}}{3600\text{s}} = \frac{800}{36}\text{m/s}$$

時速 80km/h ➡ 秒速 $\frac{800}{36}$ m/s

◎バス

$$70\text{km/h} = \frac{70 \times 1000\text{m}}{3600\text{s}} = \frac{700}{36}\text{m/s}$$

時速 70km/h ➡ 秒速 $\frac{700}{36}$ m/s

1秒間あたりトラックはバスに、(800／36) m － (700／36) m ＝ (100／36) mずつ近づき、追い越していることになる。

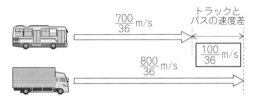

トラックが追い越しを開始してバスの前方90mに達するまでが追い越しとなる。よって、両車の走行距離差は、トラックの全長が10m、バスの全長が10m、追越し前の車間距離が90m、追い越し後の車間距離が90mであるため、10m＋90m＋10m＋90m＝200mとなる。

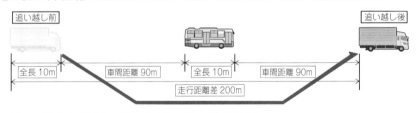

追い越しに要する時間をT秒とすると、次の等式が成り立つ。

$$T = \frac{両車の走行距離差}{両車の速度差}$$

$$= \frac{200}{\dfrac{100}{36}} \text{秒} = \frac{200 \times 36}{100} \text{秒} = 72\text{秒}$$

したがって、追越しに要する時間（B）は**72秒**となる。

また、トラックが追い越しを完了するまでの走行距離は次のとおりとなる。

$$走行距離 = \frac{800}{36}\text{m/s} \times 72\text{秒} = 1600\text{m}$$

したがって、追越距離（A）は**1600m**となる。

▶答え　A－3，B－4

高速自動車国道において、Ａ自動車（車両総重量８トンの事業用トラック）が前方のＢ自動車とともにほぼ同じ速度で50メートルの車間距離を保ちながらＢ自動車に追従して走行していたところ、突然、前方のＢ自動車が急ブレーキをかけたのを認め、Ａ自動車も直ちに急ブレーキをかけ、Ａ自動車、Ｂ自動車とも停止した。Ａ自動車、Ｂ自動車とも安全を確認した後、走行を開始した。この運行に関する次のア～ウについて解答しなさい。

なお、下図は、Ａ自動車に備えられたデジタル式運行記録計で上記運行に関して記録された６分間記録図表の一部を示す。

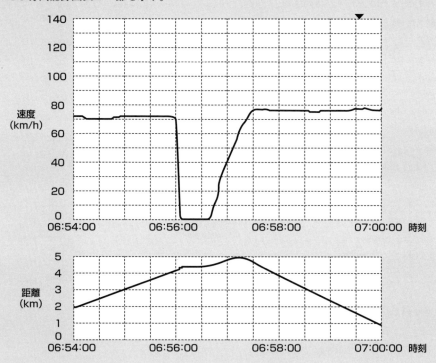

ア．記録図表からＡ自動車の急ブレーキを操作する直前の速度を読み取ったうえで、当該速度における空走距離（危険認知から、その状況を判断してブレーキを操作するという動作に至る間（空走時間）に自動車が走行した距離）を求めるとおよそ何メートルか。次の①～②の中から正しいものを１つ選びなさい。なお、この場合の空走時間は１秒間とする。

    ① 15メートル

    ② 20メートル

イ．Ａ自動車の急ブレーキを操作する直前の速度における制動距離（ブレーキが実際に効き始めてから止まるまでに走行した距離）を40メートルとした場合、Ａ自動車が危険を認知してから停止するまでに走行した距離は、およそ何メートルか。次の①～②の中から正しいものを１つ選びなさい。なお、この場合の空走時間は１秒間とする。

    ① 55メートル

    ② 60メートル

ウ．Ｂ自動車が急ブレーキをかけＡ自動車、Ｂ自動車とも停止した際の、Ａ自動車とＢ自動車の車間距離は、およそ何メートルか。次の①～②の中から正しいものを１つ選びなさい。なお、この場合において、Ａ自動車の制動距離及び空走時間は上記イに示すとおりであり、また、Ｂ自動車の制動距離は、35メートルとする。

    ① 25メートル

    ② 30メートル

- - - - - ▼ 解答は次ページ ▼ - - - - -

ア．6分間記録図表から、「6:56:00」直後に速度のグラフが0になっているため、この時に急ブレーキをかけたことがわかる。直前の速度を読み取ると、70km/h付近である。空走時間が1秒であることから、70km/hで走行中の自動車が1秒間に走行する距離を求める。時速を秒速に変換する。1kmは1000m、1時間は3600秒（s）である。

$$70\mathrm{km/h}=\frac{70\times1000\,\mathrm{m}}{3600\mathrm{s}}=\frac{700\mathrm{m}}{36\mathrm{s}}=19.4\cdots\mathrm{m/s}\quad\Rightarrow19.4\mathrm{m}$$

したがって、A自動車の空走距離はおよそ**20m**となる。

イ．危険を認知してから停止するまでに走行した距離は、停止距離といい、空走距離と制動距離の和から求める。

　　停止距離＝空走距離＋制動距離

アで求めた空走距離は20mであるため、A自動車が危険を認知してから停止するまでに走行した距離は、20m＋40m＝**60m**となる。

ウ．A自動車とB自動車のそれぞれの停止距離を確認する。A自動車の停止距離はイより、60m。B自動車は危険を認識後、ブレーキ・ペダルを踏み込む。この時点からB自動車は制動距離35mを走行して停止する。

　　A自動車とB自動車の車間距離は50mであるため、B自動車はA自動車の50m先から35m移動して停止する。一方、A自動車は60m移動して停止する。したがって、停止時のA自動車とB自動車の車間距離は（50m＋35m）－60m＝**25m**となる。

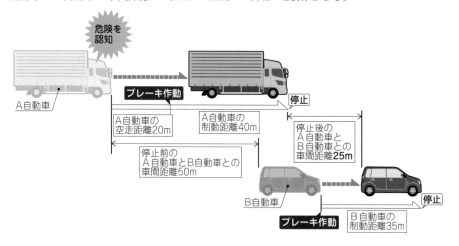

▶答え　アー②，イー②，ウー①

模擬試験

運行管理者試験問題（貨物）第1回

注　意

※この模擬試験は過去問題の出題傾向をもとに作成したものであり、次回の試験に出題される問題を予想した予想問題ではありません。この点をご理解いただいた上で、実力チェックに活用してください。

1．問題は、全30問です。制限時間は90分です。
2．答えを記入する際は、各問題の設問の指示に従い解答してください。
　なお、解答にあたっては、各設問及び選択肢に記載された事項以外は、考慮しないものとします。また、設問で求める数と異なる数の解答をしたもの、及び複数の解答を求める問題で一部不正解のものは、正解としません。

第1章　貨物自動車運送事業法

問1　貨物自動車運送事業に関する次の記述のうち、<u>正しいものを2つ</u>選びなさい。なお、解答にあたっては、各選択肢に記載されている事項以外は考慮しないものとする。

1．一般貨物自動車運送事業者は、法律の規定により事業計画の変更の認可を申請しようとする者は、所定の事項を記載した事業計画変更認可申請書を提出しなければならない。

2．一般貨物自動車運送事業者は、「営業所又は荷扱所の名称」の事業計画の変更をするときは、あらかじめその旨を、国土交通大臣に届け出なければならない。

3．一般貨物自動車運送事業者は、「自動車車庫の位置及び収容能力」の事業計画の変更をしたときは、遅滞なくその旨を、国土交通大臣に届け出なければならない。

4．一般貨物自動車運送事業者は、「各営業所に配置する事業用自動車の種別ごとの数」あらかじめその旨を、国土交通大臣に届け出なければならない。

問2　貨物自動車運送事業法に定める一般貨物自動車運送事業者（以下「事業者」という。）の輸送の安全等についての次の記述のうち、<u>誤っているものを1つ</u>選びなさい。なお、選択肢に記載されている事項以外は考慮しないものとする。

1．事業者は、事業用自動車の数、荷役その他の事業用自動車の運転に附帯する作業の状況等に応じて必要となる員数の運転者及びその他の従業員の確保、事業用自動車の運転者がその休憩又は睡眠のために利用することができる施設の整備及び管理、事業用自動車の運転者の適切な勤務日数及び乗務距離の設定その他事業用自動車の運転者の過労運転を防止するために必要な事項を遵守しなければならない。

2．事業者は、事業用自動車の運転者が疾病により安全な運転ができないおそれがある状態で事業用自動車を運転することを防止するために必要な医学的知見に基づく措置を講じなければならない。

3．事業者は、過積載による運送の引受け、過積載による運送を前提とする事業用自動車の運行計画の作成及び事業用自動車の運転者その他の従業員に対する過積載による運送の指示をしてはならない。

4．事業用自動車の運転者及び運転の補助に従事する従業員は、運行の安全を確保するため、国土交通省令で定める事項を遵守しなければならない。

問3 次の記述のうち、貨物自動車運送事業の運行管理者の行わなければならない業務として、正しいものを2つ選びなさい。なお、解答にあたっては、各選択肢に記載されている事項以外は考慮しないものとする。

1. 運転者に対し、業務を開始しようとするとき、法令に規定する業務の途中及び業務を終了したときは、法令の規定により、点呼を受け、事業者に報告をしなければならないことについて、指導及び監督を行うこと。

2. 乗務員が有効に利用することができるように、休憩に必要な施設を整備し、及び乗務員に睡眠を与える必要がある場合にあっては睡眠に必要な施設を整備し、並びにこれらの施設を適切に管理し、及び保守すること。

3. 法令の規定により、運転者に対して点呼を行い、報告を求め、確認を行い、及び指示を与え、並びに記録し、及びその記録を保存し、並びに国土交通大臣が告示で定めるアルコール検知器を備え置くこと。

4. 事業用自動車に係る事故が発生した場合には、法令の規定により「事故の発生場所」等の所定の事項を記録し、及びその記録を3年間保存すること。

問4 貨物自動車運送事業の事業用自動車の運転者（以下「運転者」という。）に対する点呼に関する次の記述のうち、正しいものを2つ選びなさい。なお、解答にあたっては、各選択肢に記載されている事項以外は考慮しないものとする。

1. 同一事業者内の全国貨物自動車運送適正化事業実施機関が認定している安全性優良事業所（Gマーク営業所）である営業所間で行うIT点呼の実施は、1営業日のうち連続する16時間以内とする。

2. 運転者が所属する営業所において、対面により業務前の点呼を行う場合は、法令の規定により酒気帯びの有無について、運転者の顔色、呼気の臭い、応答の声の調子等を目視等により確認するほか、当該営業所に備えられたアルコール検知器を用いて確認を行わなければならない。

3. 2日間にわたる運行（1日目の業務が営業所以外の遠隔地で終了し、2日目の業務開始が1日目の業務を終了した地点となるもの。）については、1日目の業務後の点呼及び2日目の業務前の点呼のいずれも対面で行うことができないことから、2日目の業務については、業務前の点呼及び業務後の点呼（業務後の点呼は対面で行う。）のほかに、当該業務途中において少なくとも1回電話その他の方法により点呼（中間点呼）を行わなければならない。

4. 業務終了後の点呼においては、「道路運送車両法第47条の2第1項及び第2項の規定による点検（日常点検）の実施又はその確認」について報告を求め、及び確認を行わなければならない。

問5 自動車事故に関する次の記述のうち、一般貨物自動車運送事業者が自動車事故報告規則に基づき運輸支局長等に<u>速報</u>を要するものを2つ選びなさい。なお、解答にあたっては、各選択肢に記載されている事項以外は考慮しないものとする。

1. 事業用自動車が、交差点で信号待ちで停車していた乗用車の発見が遅れ、ブレーキをかける間もなく追突した。この事故で、当該事業用自動車の運転者が30日の医師の治療を要する傷害を負うとともに、追突された乗用車の運転者が病院に15日間入院する傷害を負い、同乗者が死亡した。

2. 事業用自動車が交差点に停車していた貨物自動車に気づくのが遅れ、当該事業用自動車がこの貨物自動車に追突し、さらに後続の自家用乗用自動車3台が関係する玉突き事故となり、この事故により3人が重傷、5人が軽傷を負った。この事故は事故報告規則に基づき運輸支局長等に速報しなければならない。

3. 消防法に規定する危険物である灯油を積載した事業用のタンク車が、運搬途中の片側1車線の一般道のカーブ路においてハンドル操作を誤り、転覆し、積み荷の灯油の一部がタンクから漏えいする単独事故を引き起こした。この事故で、当該タンク車の運転者が軽傷を負った。この事故は事故報告規則に基づき運輸支局長等に速報しなければならない。

4. 事業用自動車が交差点において乗用車と出会い頭の衝突事故を起こした。双方の運転者は共に軽傷であったが、当該事業用自動車の運転者が事故を警察官に報告した際、その運転者が道路交通法に規定する酒気帯び運転をしていたことが発覚した。この事故は、事故報告規則に基づき運輸支局長等に速報しなければならない。

問6　一般貨物自動車運送事業者（以下「事業者」という。）の過労運転の防止等に関する貨物自動車運送事業輸送安全規則等の規定についての次の記述のうち、<u>誤っているものを1つ</u>選びなさい。

1．事業者は、事業計画に従い業務を行うに必要な員数の運転者を常時選任しておかなければならず、この場合、選任する運転者は、日々雇い入れられる者、2ヵ月以内の期間を定めて使用される者又は試みの使用期間中の者（14日を超えて引き続き使用されるに至った者を除く。）であってはならない。

2．運転者が一の運行における最初の勤務を開始してから最後の勤務を終了するまでの時間（ただし、「自動車運転者の労働時間等の改善のための基準」（労働省告示）の規定において厚生労働省労働基準局長が定めることとされている自動車運転者がフェリーに乗船する場合における休息期間を除く。）は、144時間を超えてはならない。

3．事業者は、乗務員の身体に保有するアルコールの程度が、道路交通法施行令第44条の3（アルコールの程度）に規定する呼気中のアルコール濃度1リットルにつき0.15ミリグラム以下であれば事業用自動車に乗務させてもよい。

4．特別積合せ貨物運送を行う事業者は、当該特別積合せ貨物運送に係る運行系統であって起点から終点までの距離が100キロメートルを超えるものごとに、所定の事項について事業用自動車の運行の業務に関する基準を定め、かつ、当該基準の遵守について乗務員等に対する適切な指導及び監督を行わなければならない。

問7　一般貨物自動車運送事業者の事業用自動車の運行の安全を確保するために、事業者が行う国土交通省告示で定める特定の運転者に対する特別な指導の指針に関する次の文中、A、B、Cに入るべき字句として**いずれか正しいものを1つ**選びなさい。

1．軽傷者（法令で定める傷害を受けた者）を生じた交通事故を引き起こし、かつ、当該事故前の（A）間に交通事故を引き起こしたことがある運転者に対し、国土交通大臣が告示で定める適性診断であって国土交通大臣の認定を受けたものを受診させなければならない。

2．運転者として常時選任するために新たに雇い入れた者（当該貨物自動車運送事業者において初めて事業用自動車に乗務する前（B）間に他の一般貨物自動車運送事業者等によって運転者として常時選任されたことがある者を除く。）に対して、特別な指導を行わなければならない。

　この指導の時期については、当該貨物自動車運送事業者において初めて事業用自動車に乗務する前に実施する。ただし、やむを得ない事情がある場合には、乗務を開始した後（C）以内に実施する。

A　① 1年　　　② 3年
B　① 1年　　　② 3年
C　① 1ヵ月　　② 3ヵ月

問8　一般貨物自動車運送事業者（以下「事業者」という。）の事業用自動車の運行に係る記録等に関する次の記述のうち、**正しいものを2つ**選びなさい。なお、解答にあたっては、各選択肢に記載されている事項以外は考慮しないものとする。

1．事業者は、運転者が転任、退職その他の理由により運転者でなくなった場合には、直ちに、当該運転者に係る法令に基づき作成した運転者等台帳に運転者でなくなった年月日及び理由を記載し、これを3年間保存しなければならない。

2．事業者は、法令の規定により運行指示書を作成した場合には、当該運行指示書を、運行を計画した日から1年間保存しなければならない。

3．事業者は、運転者に対して、車両総重量が8トン以上又は最大積載量が5トン以上の普通自動車である事業用自動車の運行の業務に従事させた場合にあっては、当該業務を行った運転者等ごとに貨物の積載状況を「業務の記録」に記録させ、かつ、その記録を3年間保存しなければならない。

4．同一事業者内の全国貨物自動車運送適正化事業実施機関が認定している安全性優良事業所（Gマーク営業所）間でIT点呼を実施した場合、点呼簿に記録する内容を、IT点呼を行う営業所及びIT点呼を受ける運転者が所属する営業所の双方で記録し、保存すること。

第2章　道路運送車両法

問9　道路運送車両法の自動車の登録等についての次の記述のうち、誤っているものを1つ選びなさい。なお、解答にあたっては、各選択肢に記載されている事項以外は考慮しないものとする。

1. 登録自動車について所有者の変更があったときは、新所有者は、その事由があった日から30日以内に、国土交通大臣の行う移転登録の申請をしなければならない。
2. 自動車は、自動車登録番号標を国土交通省令で定める位置に、かつ、被覆しないことその他当該自動車登録番号標に記載された自動車登録番号の識別に支障が生じないものとして国土交通省令で定める方法により表示しなければ、運行の用に供してはならない。
3. 何人も、国土交通大臣若しくは封印取付受託者が取付けをした封印又はこれらの者が封印の取付けをした自動車登録番号標は、これを取り外してはならない。ただし、整備のため特に必要があるときその他の国土交通省令で定めるやむを得ない事由に該当するときは、この限りでない。
4. 登録を受けた自動車の所有権の得喪は、登録を受けなければ、第三者に対抗することができない。

問10　自動車の検査等についての次の記述のうち、正しいものを2つ選びなさい。なお、解答にあたっては、各選択肢に記載されている事項以外は考慮しないものとする。

1. 自動車に表示しなければならない検査標章には、国土交通省令で定めるところにより、その交付の際の当該自動車の自動車検査証の有効期間の満了する時期を表示するものとする。
2. 初めて自動車検査証の交付を受ける車両総重量7,990キログラムの貨物の運送の用に供する自動車については、当該自動車検査証の有効期間は2年である。
3. 自動車検査証の有効期間の起算日は、当該自動車検査証の有効期間が満了する日の2ヵ月前（離島等は除く）から当該期間が満了する日までの間に継続検査を行い、当該自動車検査証に係る有効期間を法の規定により記録する場合は、当該自動車検査証の有効期間が満了する日の翌日とする。
4. 自動車運送事業の用に供する自動車は、自動車検査証を当該自動車又は当該自動車の所属する営業所に備え付けなければ、運行の用に供してはならない。

問11 道路運送車両法に定める自動車の点検整備等に関する次の文中、A、B、C、Dに入るべき字句としていずれか正しいものを1つ選びなさい。

1. 自動車運送事業の用に供する自動車の使用者又は当該自動車を運行する者は、（A）、その運行の開始前において、国土交通省令で定める技術上の基準により、自動車を点検しなければならない。

2. 自動車運送事業の用に供する自動車の使用者は、（B）ごとに国土交通省令で定める技術上の基準により、自動車を点検しなければならない。

3. 自動車の使用者は、自動車の点検及び整備等に関する事項を処理させるため、車両総重量8トン以上の自動車その他の国土交通省令で定める自動車であって国土交通省令で定める台数以上のものの使用の本拠ごとに、自動車の点検及び整備に関する実務の経験その他について国土交通省令で定める一定の要件を備える者のうちから、（C）を選任しなければならない。

4. 地方運輸局長は、自動車の使用者が道路運送車両法第54条（整備命令等）の規定による命令又は指示に従わない場合において、当該自動車が道路運送車両の保安基準に適合しない状態にあるときは、当該自動車の（D）することができる。

A　① 必要に応じて　　② 1日1回
B　① 3ヵ月　　　　　② 6ヵ月
C　① 安全管理者　　　② 整備管理者
D　① 経路を制限　　　② 使用を停止

問12 道路運送車両の保安基準及びその細目を定める告示についての次の記述のうち、<u>誤っているものを1つ</u>選びなさい。なお、解答にあたっては、各選択肢に記載されている事項以外は考慮しないものとする。

1. 貨物の運送の用に供する普通自動車であって、車両総重量が7トン以上のものの後面には、所定の後部反射器を備えるほか、反射光の色、明るさ等に関し告示で定める基準に適合する大型後部反射器を備えなければならない。

2. 自動車（大型特殊自動車、小型特殊自動車を除く。以下同じ。）の車体の外形その他自動車の形状については、鋭い突起がないこと、回転部分が突出していないこと等他の交通の安全を妨げるおそれがないものとして、告示で定める基準に適合するものでなければならない。

3. 自動車の前面ガラス及び側面ガラス（告示で定める部分を除く。）は、フィルムが貼り付けられた場合、当該フィルムが貼り付けられた状態においても、透明であり、かつ、運転者が交通状況を確認するために必要な視野の範囲に係る部分における可視光線の透過率が60％以上であることが確保できるものでなければならない。

4. 貨物の運送の用に供する普通自動車であって、車両総重量が8トン以上又は最大積載量が5トン以上のものの原動機には、自動車が時速90キロメートルを超えて走行しないよう燃料の供給を調整し、かつ、自動車の速度の制御を円滑に行うことができるものとして、告示で定める基準に適合する速度抑制装置を備えなければならない。

第3章　道路交通法

問13　道路交通法に定める追越し等についての次の記述のうち、正しいものを2つ選びなさい。なお、解答にあたっては、各選択肢に記載されている事項以外は考慮しないものとする。

1．車両は、法令に規定する優先道路を通行している場合における当該優先道路にある交差点であっても、交差点の手前の側端から前に30メートル以内の部分においては、他の車両（軽車両を除く。）を追い越してはならない。

2．車両は、トンネル内の車両通行帯が設けられている道路の部分（道路標識等により追越しが禁止されているものを除く。）においては、他の車両を追い越すことができる。

3．車両は、道路の中央から左の部分の幅員が6メートルに満たない道路において、他の車両を追い越そうとするとき（道路の中央から右の部分を見とおすことができ、かつ、反対の方向からの交通を妨げるおそれがない場合に限るものとし、道路標識等により追越しのため道路の中央から右の部分にはみ出して通行することが禁止されている場合を除く。）は、道路の中央から右の部分にその全部又は一部をはみ出して通行することができる。

4．車両は、他の車両を追い越そうとするときは、その追い越されようとする車両（以下「前車」という。）の右側を通行しなければならない。ただし、前車が法令の規定により右折をするため道路の中央又は右側端に寄って通行しているときは、追い越しをしてはならない。

問14　道路交通法に定める車両通行帯についての次の文中、A、B、Cに入るべき字句としていずれか正しいものを1つ選びなさい。

　車両は、車両通行帯の設けられた道路においては、道路の左側端から数えて（A）の車両通行帯を通行しなければならない。ただし、自動車（小型特殊自動車及び道路標識等によって指定された自動車を除く。）は、当該道路の左側部分（当該道路が一方通行となっているときは、当該道路）に（B）の車両通行帯が設けられているときは、政令で定めるところにより、その速度に応じ、（C）の車両通行帯を通行することができる。

A　① 一番目　　② 二番目
B　① 二以上　　② 三以上
C　① 右側　　② その最も右側の車両通行帯以外

問15　道路交通法に定める灯火及び合図等についての次の記述のうち、<u>正しいものを2つ選</u>びなさい。なお、解答にあたっては、各選択肢に記載されている事項以外は考慮しないものとする。

1．車両の運転者が同一方向に進行しながら進路を左方又は右方に変えるときの合図を行う時期は、その行為をしようとする地点から30メートル手前の地点に達したときである。

2．停留所において乗客の乗降のため停車していた乗合自動車が発進するため進路を変更しようとして手又は方向指示器により合図をした場合においては、その後方にある車両は、その速度を急に変更しなければならないこととなる場合にあっても、当該合図をした乗合自動車の進路の変更を妨げてはならない。

3．自動車は、夜間、道路にあるときは、政令で定めるところにより、前照灯、車幅灯、尾灯その他の灯火をつけなければならない。ただし、高速自動車国道及び自動車専用道路において200メートル、その他の道路においては50メートルまで明りょうに見える程度に照明が行われているトンネルを通行する場合は、点灯しなくてもよい。

4．自動車（二輪車及び小型特殊自動車を除く。）は、夜間、道路の幅員が5.5メートル以上の道路に停車し、又は駐車しているときは、車両の保安基準に関する規定により設けられる非常点滅表示灯又は尾灯をつけなければならない。

問16 次に掲げる標識に関する次の記述のうち、正しいものを2つ選びなさい。なお、解答にあたっては、各選択肢に記載されている事項以外は考慮しないものとする。

1. 車両総重量が7,980キログラムで最大積載量が4,000キログラムの中型自動車（専ら人を運搬する構造のもの以外のもの）は通行してはならない。

「道路標識、区画線及び道路標示に関する命令」に定める様式
文字及び記号を青色、斜めの帯及び枠を赤色、縁及び地を白色とする。

2. 車両は、黄色又は赤色の灯火の信号にかかわらず左折することができる。

道路交通法施行規則　別記様式第1
矢印及びわくの色彩は青色、地の色彩は白色とする。

3. 大型貨物自動車、特定中型貨物自動車及び大型特殊自動車は、最も左側の車両通行帯を通行しなければならない。

「道路標識、区画線及び道路標示に関する命令」に定める様式
文字、記号及び縁を白色、地を青色とする。

4. 車両は、指定された方向以外の方向に進行してはならない。

「道路標識、区画線及び道路標示に関する命令」に定める様式
文字及び記号を青色、斜めの帯及び枠を赤色、縁及び地を白色とする。

問17 車両等の運転者の遵守事項等についての次の記述のうち、<u>正しいものを2つ</u>選びなさい。なお、解答にあたっては、各選択肢に記載されている事項以外は考慮しないものとする。

1. 自動車の運転者は、ぬかるみ又は水たまりを通行するときは、泥よけ器を付け、又は徐行する等して、泥土、汚水等を飛散させて他人に迷惑を及ぼすことがないようにしなければならない。

2. 車両等に積載している物が道路に転落し、又は飛散したときは、必ず道路管理者に通報するものとし、当該道路管理者からの指示があるまでは、転落し、又は飛散した物を除去してはならない。

3. 自動車を運転する場合においては、当該自動車が停止しているときを除き、携帯電話用装置、自動車電話用装置その他の無線通話装置（その全部又は一部を手で保持しなければ送信及び受信のいずれをも行うことができないものに限る。）を通話（傷病者の救護等のため当該自動車の走行中に緊急やむを得ずに行うものを除く。）のために使用してはならない。

4. 自動車の運転者は、当該自動車を後退させるためであっても座席ベルトを装着しなければならない。

第4章　労働基準法

問18　労働基準法（以下「法」という。）に定める労働契約に関する次の記述のうち、<u>正しいもの</u>を2つ選びなさい。なお、解答にあたっては、各選択肢に記載されている事項以外は考慮しないものとする。

1. 法で定める労働条件の基準は最低のものであるから、労働関係の当事者は、当事者間の合意がある場合を除き、この基準を理由として労働条件を低下させてはならないことはもとより、その向上を図るように努める。

2. 平均賃金とは、これを算定すべき事由の発生した日以前3ヵ月間にその労働者に対し支払われた賃金の総額を、その期間の総日数で除した金額をいう。

3. 使用者は、その雇入れの日から起算して6ヵ月間継続勤務し全労働日の7割以上出勤した労働者に対して、継続し、又は分割した10労働日の有給休暇を与えなければならない。

4. 使用者は、労働者の死亡又は退職の場合において、権利者の請求があった場合においては、7日以内に賃金を支払い、積立金、保証金、貯蓄金その他名称の如何を問わず、労働者の権利に属する金品を変換しなければならない。

問19　労働基準法（以下「法」という。）に関する次の記述のうち、<u>正しいもの</u>を2つ選びなさい。なお、解答にあたっては、各選択肢に記載されている事項以外は考慮しないものとする。

1. 法第106条に基づき使用者は、この法律及びこれに基づく命令の要旨、就業規則、時間外労働・休日労働に関する協定等を、常時各作業場の見やすい場所へ掲示し、又は備え付けること、書面を交付することその他の厚生労働省令で定める方法によって、労働者に周知させなければならない。

2. 法第20条（解雇の予告）の規定は、法に定める期間を超えない限りにおいて、「日日雇い入れられる者」、「3ヵ月以内の期間を定めて使用される者」、「季節的業務に6ヵ月以内の期間を定めて使用される者」又は「試の使用期間中の者」のいずれかに該当する労働者については適用しない。

3. 使用者は、6週間（多胎妊娠の場合にあっては、14週間）以内に出産する予定の女性が休業を請求した場合においては、その者を就業させてはならない。また、産後8週間を経過しない女性を就業させてはならない。ただし、産後6週間を経過した女性が請求した場合において、その者について医師が支障がないと認めた業務に就かせることは、差し支えない。

4. 生後満1年に達しない生児を育てる女性は、1日1回各々少なくとも30分、その生児を育てるための時間を請求することができる。

問20 「自動車運転者の労働時間等の改善のための基準」に定める目的等についての次の文中、A、B、C、Dに入るべき字句として<u>いずれか正しいものを1つ選びなさい</u>。

1．この基準は、自動車運転者（労働基準法（以下「法」という。）第9条に規定する労働者であって、（A）の運転の業務（厚生労働省労働基準局長が定めるものを除く。）に主として従事する者をいう。以下同じ。）の労働時間等の改善のための基準を定めることにより、自動車運転者の労働時間等の（B）の向上を図ることを目的とする。

2．労働関係の当事者は、この基準を理由として自動車運転者の（C）させてはならないことはもとより、その（D）に努めなければならない。

A　① 四輪以上の自動車　　② 二輪以上の自動車
B　① 労働条件の向上　　　② 労働環境の改善
C　① 生活環境を悪化　　　② 労働条件を低下
D　① 維持　　　　　　　　② 向上

問21　「自動車運転者の労働時間等の改善のための基準」に定める貨物自動車運送事業に従事する自動車運転者（以下「トラック運転者」という。）の拘束時間等に関する次の記述のうち、正しいものを２つ選びなさい。なお、解答にあたっては、各選択肢に記載されている事項以外は考慮しないものとする。

1．使用者は、貨物自動車運送事業に従事する自動車運転者（以下「トラック運転者」という。）の拘束時間については、１ヵ月について293時間を超えず、かつ、１年について3,400時間を超えないものとすること。ただし、労使協定があるときは、１年のうち６ヵ月までは、１カ月について320時間まで延長することができ、かつ、１年について3500時間まで延長することができる。

2．使用者は、トラック運転者の１日（始業時刻から起算して24時間をいう。以下同じ。）についての拘束時間については、13時間を超えないものとし、当該拘束時間を延長する場合であっても、最大拘束時間は、15時間とすること。この場合において、１日についての拘束時間が14時間を超える回数をできるだけ少なくするよう務めるものとし、目安としては、２週間について３回までとする。

3．使用者は、業務の必要上、トラック運転者に勤務の終了後継続９時間以上の休息期間を与えることが困難な場合には、当分の間、一定期間（１カ月程度を限度とする。）における全勤務回数の２分の１を限度に、休息期間を拘束時間の途中及び拘束時間の経過直後に分割して与えることができるものとする。この場合において、分割された休息期間は、１日（始業時刻から起算して24時間をいう。）において１回当たり継続３時間以上、２分割又は３分割とすること。また、２分割の場合は合計10時間以上、３分割の場合は合計12時間以上でなければならないものとする。

4．連続運転時間（１回がおおむね連続10分以上で、かつ、合計が30分以上の運転の中断をすることなく連続して運転する時間をいう。）は、４時間を超えないものとする。

問22 下表は、貨物自動車運送事業に従事する自動車運転者の1ヵ月の勤務状況の例を示したものであるが、「自動車運転者の労働時間等の改善のための基準」に定める拘束時間及び運転時間に照らし、次の1〜4の中から違反している事項を1つ選びなさい。なお、1人乗務とし、「1ヵ月についての拘束時間の延長に関する労使協定」があり、下表の1ヵ月は、当該協定により1ヵ月についての拘束時間を延長することができる月に該当するものとする。

第1週		1日	2日	3日	4日	5日	6日	7日	週の合計時間
	各日の運転時間	6	7	6	8	10	8	休日	45
	各日の拘束時間	12	10	11	13	14	11		71

第2週		8日	9日	10日	11日	12日	13日	14日	週の合計時間
	各日の運転時間	6	7	9	8	5	8	休日	43
	各日の拘束時間	9	10	14	13	8	13		67

第3週		15日	16日	17日	18日	19日	20日	21日	週の合計時間
	各日の運転時間	6	9	7	7	8	7	休日	44
	各日の拘束時間	10	11	13	10	12	12		68

第4週		22日	23日	24日	25日	26日	27日	28日	週の合計時間
	各日の運転時間	9	10	9	5	6	5	休日	44
	各日の拘束時間	12	13	13	9	10	8		65

第5週		29日	30日	31日	週の合計時間	1ヵ月(第1週〜第5週)の合計時間
	各日の運転時間	8	7	6	21	197
	各日の拘束時間	11	13	13	37	308

(注1) 2週間の起算日は1日とする。
(注2) 各労働日の始業時刻は午前8時とする。

1．当該5週間のすべての日を特定日とした2日を平均した1日当たりの運転時間

2．2週間を平均した1週間当たりの運転時間

3．1日についての拘束時間14時間を超える1週間の回数

4．1ヵ月の拘束時間

問23 下図は、貨物自動車運送事業に従事する自動車運転者の運転時間及び休憩時間の例を示したものであるが、このうち、連続運転の中断方法として「自動車運転者の労働時間等の改善のための基準」に<u>適合しているものを2つ</u>選びなさい。

1.

乗務開始	運転	休憩	運転	休憩	運転	休憩	運転	休憩	運転	休憩	運転	休憩	運転	乗務終了
	2時間	10分	1時間30分	10分	30分	10分	1時間	1時間	1時間	10分	1時間	10分	2時間	

2.

乗務開始	運転	休憩	運転	休憩	運転	休憩	運転	休憩	運転	休憩	運転	休憩	運転	乗務終了
	1時間	15分	2時間	10分	1時間	15分	1時間	1時間	1時間30分	10分	1時間	5分	30分	

3.

乗務開始	運転	休憩	運転	休憩	運転	休憩	運転	休憩	運転	休憩	運転	休憩	運転	乗務終了
	30分	10分	2時間	15分	30分	10分	1時間30分	1時間	2時間	15分	1時間30分	10分	1時間	

4.

乗務開始	運転	休憩	運転	休憩	運転	休憩	運転	休憩	運転	休憩	運転	休憩	運転	乗務終了
	1時間	10分	1時間30分	15分	30分	5分	1時間30分	1時間	2時間	10分	1時間30分	10分	30分	

第5章　実務上の知識及び能力

問24　運行管理の意義、運行管理者の役割等に関する次の記述のうち、<u>適切なものをすべて</u>選びなさい。なお、解答にあたっては、各選択肢に記載されている事項以外は考慮しないものとする。

1．運行管理者は、仮に事故が発生していない場合でも、同業他社の事故防止の取組事例などを参考にしながら、現状の事故防止対策を分析・評価することなどにより、絶えず運行管理業務の改善に向けて努力していくことも重要な役割である。

2．事業者が、事業用自動車の定期点検を怠ったことが原因で重大事故を起こしたことにより、行政処分を受けることになった場合、当該重大事故を含む運行管理業務上に一切問題がなくても、運行管理者は事業者に代わって事業用自動車の運行管理を行っていることから、事業者が行政処分を受ける際に、運行管理者が運行管理者資格者証の返納を命じられる。

3．事業用自動車の点検及び整備に関する車両管理については、整備管理者の責務において行うこととされていることから、運転者が整備管理者に報告した場合にあっては、点呼において運行管理者は事業用自動車の日常点検の実施について確認する必要はない。

4．運行管理者は、運転者等の指導教育を実施していく際、運転者一人ひとりの個性に応じた助言・指導（カウンセリング）を行うことも重要である。そのためには、日頃から運転者等の性格や能力、事故歴のほか、場合によっては個人的な事情についても把握し、そして、これらに基づいて助言・指導を積み重ねることによって事故防止を図ることも重要な役割である。

問25 一般貨物自動車運送事業者が事業用自動車の運転者に対して行う指導・監督に関する次の記述のうち、<u>適切なものをすべて</u>選びなさい。なお、解答にあたっては、各選択肢に記載されている事項以外は考慮しないものとする。

1. 雪道への対応の遅れは、雪道でのチェーンの未装着のため自動車が登り坂を登れないこと等により後続車両が滞留し大規模な立ち往生を発生させることにもつながる。このことから運行管理者は、状況に応じて早めのチェーン装着等を運転者に対し指導する必要がある。

2. 運転者は貨物の積載を確実に行い、積載物の転落防止や、転落させたときに危険を防止するために必要な措置をとることが遵守事項として法令で定められている。出発前に、スペアタイヤや車両に備えられている工具箱等も含め、車両に積載されているものが転落のおそれがないことを確認しなければならないことを指導している。

3. 四輪車を運転する場合、二輪車との衝突事故を防止するための注意点として、①二輪車は死角に入りやすいため、その存在に気づきにくく、また、②二輪車は速度が実際より速く感じたり、距離が近くに見えたりする特性がある。したがって、運転者に対してこのような点に注意するよう指導する必要がある。

4. 近年、大型車のホイール・ボルトの折損等による車輪脱落事故が増加傾向にあり、冬季に集中して起こっている。特に冬用タイヤへの交換作業後1ヶ月以内に多く発生する傾向にある。このため、運転者やタイヤ交換作業者に対して、規定の締付トルクでの確実な締め付けや日常点検での目視等によるチェック等を徹底するよう指導している。

問26 運行管理に関する次の記述のうち、<u>適切なものをすべて</u>選びなさい。なお、解答にあたっては、各選択肢に記載されている事項以外は考慮しないものとする。

1. 運行管理者は、運行管理業務に精通し、確実に遂行しなければならない。そのためにも自動車輸送に関連する諸規制を理解し、実務知識を身につけると共に、日頃から運転者と積極的にコミュニケーションを図り、必要な場合にあっては運転者の声を自動車運送事業者に伝え、常に安全で明るい職場環境を築いていくことも重要な役割である。

2. 運行管理者は、運転者の指導教育を実施していく際、運転者一人ひとりの個性に応じた助言・指導（カウンセリング）を行うことも重要である。そのためには、日頃から運転者の性格や能力、事故歴のほか、場合によっては個人的な事情についても把握し、そして、これらに基づいて助言・指導を積み重ねることによって事故防止を図ることも重要な役割である。

3. 運行管理者は、自動車運送事業者の代理人として事業用自動車の輸送の安全確保に関する業務全般を行い、交通事故を防止する役割を担っている。したがって、事故が発生した場合には、自動車運送事業者に代わって責任を負うこととなる。

4. 交通事故は、そのほとんどが運転者等のヒューマンエラーにより発生するものである。したがって、事故惹起運転者の社内処分及び再教育に特化した対策を講ずることが、交通事故の再発を未然に防止するには最も有効である。そのためには、発生した事故の調査や事故原因の分析よりも、事故惹起運転者及び運行管理者に対する特別講習を確実に受講させる等、ヒューマンエラーの再発防止を中心とした対策に努めるべきである。

問27 交通事故及び緊急事態が発生した場合における事業用自動車の運行管理者又は運転者の措置に関する次の記述のうち、<u>適切なものをすべて</u>選びなさい。なお、解答にあたっては、各選択肢に記載されている事項以外は考慮しないものとする。

1．運転者は、中型トラックで走行中にオートバイと接触事故を起こした。オートバイの運転者が足を負傷し自力で動けなかったので、当該運転者を救護するため歩道に移動させた。その後、双方の事故車両を道路脇に移動させ、発炎筒を使用して後続車に注意を促すとともに、救急車の手配と警察への通報を行い、運行管理者に連絡し、到着した警察官に事故について報告した。

2．運転者が大型トラックを運転して踏切を通過中、後輪が脱輪して運行不能となった。このため、当該運転者は、直ちにトラックを踏切の外に移動させるための措置を講じたが、警報機が鳴り出したため、踏切支障報知装置（踏切非常ボタン）を押して列車の運転士等に踏切内において当該トラックが運行不能となっていることを知らせた。

3．踏切内を通過するときには、エンストを防止するため、変速しないで、発進したときの低速ギアのまま一気に通過する。

4．大型トラックに荷物を積載して運送中の運転者から、営業所の運行管理者に対し、「現在走行している地域の天候が急変し、集中豪雨のため、視界も悪くなってきたので、一時運転を中断している」との連絡があった。連絡を受けた運行管理者は、「営業所では判断できないので、運行する経路を運転者自ら判断し、また、運行することが困難な状況に至った場合は、適当な待避場所を見つけて運転者自らの判断で運送の中断等を行うこと」を指示した。

問28　近年普及の進んできた安全運転支援装置等に関する次の文中、A、B、C、Dに入る
べき字句を下の枠内の選択肢（1〜6）から選びなさい。

（A）は、走行車線を認識し、車線から逸脱した場合あるいは逸脱しそうになった場合には、
運転者が車線中央に戻す操作をするよう警報が作動する装置

（B）は、レーダー等により先行車との距離を常に検出し、追突の危険性が高まったら、まず
は警報し、運転者にブレーキ操作を促し、それでもブレーキ操作をせず、追突、若しくは追
突の可能性が高いと車両が判断した場合において、システムにより自動的にブレーキをかけ、
衝突時の速度を低く抑える装置

（C）は、急なハンドル操作や積雪がある路面の走行などを原因とした横転の危険を、運転者
へ警告するとともに、エンジン出力やブレーキ力を制御し、横転の危険を軽減させる装置

（D）は、交通事故やニアミスなどにより急停止等の衝撃を受けると、その前後の映像ととも
に、加速度等の走行データを記録する装置（常時記録の機器もある。）

1．衝突被害軽減ブレーキ　　2．映像記録型ドライブレコーダー
3．ふらつき注意喚起装置　　4．車線逸脱警報装置
5．デジタル式運行記録計　　6．車両安定性制御装置

257

問29 運行管理者は、荷主からの運送依頼を受けて、次のとおり運行の計画を立てた。この計画を立てた運行管理者の判断に関する次の1～3の記述のうち、<u>正しいものをすべて</u>選びなさい。なお、解答にあたっては、＜運行の計画＞及び各選択肢に記載されている事項以外は考慮しないものとする。

（荷主の依頼事項）

A地点から、重量が3,200キログラムの荷物を11時30分までにD地点に運び、その後戻りの便にて、E地点から3,150キログラムの荷物を18時30分までにF地点に運ぶ。

＜運行の計画＞

ア　乗車定員2名で最大積載量3,850キログラム、車両総重量7,580キログラムの中型貨物自動車を使用する。当該運行は、運転者1人乗務とする。

イ　当日の当該運転者の始業時刻は6時00分とし、業務前点呼後6時30分に営業所を出庫してA地点に向かう。A地点にて荷積み後、A地点を出発し、一般道を走行した後、B料金所から高速自動車国道（法令による最低速度を定めない本線車道に該当しないもの。以下「高速道路」という。）に乗り、途中20分の休憩をはさみ、2時間40分運転した後、C料金所にて高速道路を降りる。（B料金所とC料金所の間の距離は240キロメートル）その後、一般道を経由し、D地点には10時30分に到着する。荷下ろし後10分休憩を取り、一般道を走行し、休憩施設において11時40分から13時00分まで休憩をとる。

ウ　13時00分に休憩施設を出発してE地点に向かい、荷積みを行う。休憩後、14時30分にE地点を出発し、一般道を経由し往路と同じ高速道路を走行し、その後、一般道を経由し、F地点に18時10分に到着する。荷下ろし後、営業所に18時40分に帰庫する。営業所において業務後点呼を受け、19時10分に終業する。

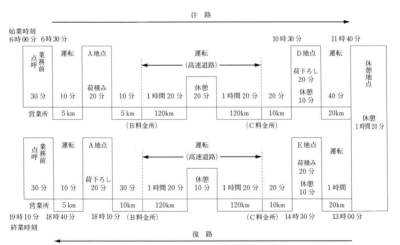

1. B料金所からC料金所までの間の高速道路の運転時間を、制限速度を考慮して2時間40分と設定したこと。

2. 当該運転者は前日の運転時間が9時間20分であり、また、当該運転者の翌日の運転時間を9時間とし、当日を特定の日とした場合の2日を平均して1日当たりの運転時間が改善基準告示に違反していないと判断したこと。

3. 当日の運行における連続運転時間の中断方法は改善基準告示に違反していないと判断したこと。

問30 運行管理者が次の大型トラックの事故報告に基づき、この事故の要因分析を行ったうえで、同種事故の再発防止対策として、<u>最も直接的に有効と考えられる組合せを、下の枠内の選択肢（①～⑧）から1つ</u>選びなさい。なお、解答にあたっては、〈事故の概要〉及び〈事故関連情報〉に記載されている事項以外は考慮しないものとする。

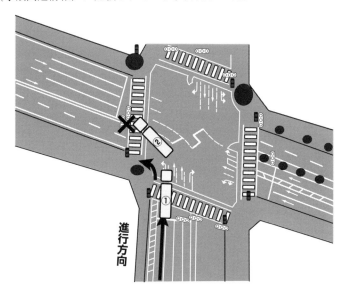

〈事故の概要〉

　大型トラックの運転者は、国道の交差点において、左折しようとしたところ、横断歩道の右方向から自転車が横断してきたため、この自転車を見送ったあと左折した。その際、当該横断歩道を左側から横断していた車いす利用者を轢過する事故を引き起こした。

〈事故関連情報〉

○当該事故は、運転者が、横断歩道の右方向から横断してきた自転車のみに気を取られ、左方の安全確認を十分に行わなかったため、左側から横断していた車いす利用者に全く気付かず、車両の前部中央付近で轢過したことで起きたものである。

○当該運転者は、健康診断において特に問題は確認されておらず、また、SASのスクリーニング検査においても問題ないとの結果が出ていた。

○当該営業所では、補助者が選任されておらず、運行管理者1名により運行管理業務を行っていたが、対面による点呼は問題なく行われていた。

○事故当日、運行管理者が当該運転者に対して行った業務前点呼では、健康状態に特に異常は認められなかった。

○当該運転者が受けた適性診断では、「信号の変化や他の交通の動きを予測した運転を行うことや、歩行者や自転車のかたわらを通過する際は思いやりのある運転を心がけること」という診断結果が出ていたが、運行管理者は、これらを踏まえるなどした指導・教育を行っていなかった。

○運行管理者は、事故現場の交差点が日ごろから歩行者等との事故が多発していた場所であると認識していたが、当該運転者に対して事故防止に関する指導をしていなかった。

〈事故の再発防止及び被害軽減対策〉

ア．運転者に対し、過労が運転に及ぼす危険性を認識させ、疲労を感じたときは、適切な休憩を取るなどの対応を指導する。

イ．運転者に対し適性診断の結果を伝達し、「横断歩道等における歩行者等の優先」の徹底や歩行者等が安全に道路を通行できるよう、思いやり運転を身につけるよう継続的に教育・指導を行う。

ウ．対面による点呼が行えるよう要員の配置を整備する。

エ．運転者に対し、交差点で左折又は右折する場合は、直接視界及び間接視界により、車両の左右及び前方下方に歩行者等がいないか十分確認するよう指導・教育を行う。

オ．運転者に対し、SASが交通事故の要因となるおそれがあることを正しく理解させ、定期的なスクリーニング検査結果に基づき、自ら生活習慣の改善を図るなど、適切な心身の健康管理を行うことの重要性を理解させる。

カ．運転者に対して、主として運行する経路における道路及び交通の状況や事故の発生状況をあらかじめ把握するよう指導するとともに、これらの状況を踏まえ、事業用自動車を安全に運転するために留意すべき事項を指導する。

キ．運行管理者は、道路交通法又は道路標識等により指定された最高速度を遵守して運転するだけではなく、道路、交通及び車両等の状況に応じた安全な速度と方法で運転するように運転者に対し、指導する。

① アウオ	② アウエ	③ アオキ	④ イエカ
⑤ イオカ	⑥ イカキ	⑦ エオキ	⑧ エカキ

模擬試験　第1回　解答＆解説

問1
▶答え　1と4

1．**正しい**。貨物自動車運送事業法施行規則第5条第1項を参照。
2．誤り。一般貨物自動車運送事業者は、「営業所又は荷扱所の名称」の事業計画の変更をしたときは、**遅滞なく**その旨を、国土交通大臣に届け出なければならない。運送事業法第9条第3項を参照。
3．誤り。「自動車車庫の位置及び収容能力」の事業計画の変更をしようとするときは、国土交通大臣の**認可**を受けなければならない。運送事業法第9条第1項を参照。
4．**正しい**。運送事業法第9条第3項を参照。

問2
▶答え　1

1．**誤り。**事業者は、事業用自動車の数、荷役その他の事業用自動車の運転に附帯する作業の状況等に応じて必要となる員数の運転者及びその他の従業員の確保、事業用自動車の運転者がその休憩又は睡眠のために利用することができる施設の整備及び管理、事業用自動車の運転者の適切な**勤務時間及び乗務時間**の設定その他事業用自動車の運転者の過労運転を防止するために必要な事項を遵守しなければならない。運送事業法第17条第1項第1号を参照。
2．正しい。記述のとおり。運送事業法第17条第2項を参照。
3．正しい。記述のとおり。運送事業法第17条第3項を参照。
4．正しい。記述のとおり。運送事業法第17条第5項を参照。

問3
▶答え　1と4

1．**正しい**。従業員に対する指導及び監督には、事業者への点呼の報告の徹底が含まれる。安全規則第20条第1項14号を参照。
2．誤り。休憩施設及び睡眠施設を整備・管理・保守するのは、**貨物自動車運送事業者の業務**。運行管理者はそれらの施設を適切に管理しなければならない。安全規則第3条第3項・安全規則第20条第1項第2号を参照。
3．誤り。アルコール検知器を備え置くのは、**貨物自動車運送事業者の業務**である。運行管理者はそのアルコール検知器を**常時有効に保持すること**。安全規則第20条第1項第8号を参照。安全規則第20条第1項第8号を参照。
4．**正しい**。安全規則第20条第1項第12号を参照。。

問4　　　　　　　　　　　　　　　　　　▶答え　1と2

1．**正しい**。「安全規則の解釈及び運用」第7条第1項（5）①ウを参照。

2．**正しい**。安全規則第7条第1項・第4項・「安全規則の解釈及び運用」第7条第2項（5）を参照。

3．誤り。2日間にわたる運行であるが、2日目に業務後の点呼を対面で行うため、**中間点呼を行う必要はない**。業務前及び乗務後の点呼のいずれも対面で行うことができない場合に中間点呼を行う。安全規則第7条第3項を参照。

4．誤り。道路運送車両法第47条の2第1項及び第2項の規定による点検（日常点検）の実施又はその確認についての報告・確認は業務前の点呼において行う。従って、**業務終了後の点呼では行う必要がない**。安全規則第7条第1項・第2項を参照。

問5　　　　　　　　　　　　　　　　　　▶答え　3と4

1．要しない。死傷事故のうち、2人以上の死者又は5人以上の重傷者を生じたもの又は負傷者が10人以上（負傷事故）の場合は速報を要するが、軽傷者が2人、死者1人であるため、速報する必要はない。事故報告規則第4条第1項第2号・第3号を参照。

2．要しない。死傷事故のうち、2人以上の死者又は5人以上の重傷者を生じたもの又は負傷者が10人以上（負傷事故）の場合は速報を要するが、いずれにも該当しないため、速報する必要はない。事故報告規則第4条第1項第2号・第3号を参照。

3．**要する**。事業用自動車の転覆により積載物が漏えいした場合は、速報しなければならない。事故報告規則第4条第1項第4号を参照。

4．**要する**。法令違反事故のうち「酒気帯び運転」は速報しなければならない。事故報告規則第4条第1項第5号を参照。

問6　　　　　　　　　　　　　　　　　　▶答え　3

1．正しい。安全規則第3条第2項を参照。

2．正しい。「貨物自動車運送事業の事業用自動車の運転者の勤務時間及び乗務時間に係る基準（告示）」を参照。

3．**誤り**。呼気中のアルコール濃度1リットルにつき**0.15ミリグラム以下であるか否かを問わず**、酒気を帯びた状態であれば、事業用自動車に乗務させてはならない。「安全規則の解釈及び運用」第3条第4項を参照。

4．正しい。安全規則第3条第8項を参照。

問7

▶答え　解答　A—②，B—②，C—①

1．軽傷者（法令で定める傷害を受けた者）を生じた交通事故を引き起こし、かつ、当該事故前の（**3年**）間に交通事故を引き起こしたことがある運転者に対し、国土交通大臣が告示で定める適性診断であって国土交通大臣の認定を受けたものを受診させなければならない。「指導及び監督の指針」第2章4（1）①を参照。

2．運転者として常時選任するために新たに雇い入れた者（当該貨物自動車運送事業者において初めて事業用自動車に乗務する前（**3年**）間に他の一般貨物自動車運送事業者等によって運転者として常時選任されたことがある者を除く。）に対して、特別な指導を行わなければならない。

　この指導の時期については、当該貨物自動車運送事業者において初めて事業用自動車に乗務する前に実施する。ただし、やむを得ない事情がある場合には、乗務を開始した後（**1カ月**）以内に実施する。「指導及び監督の指針」第2章2（2）・第2章3（1）②を参照。

問8

▶答え　1と4

1．**正しい**。安全規則第9条の5第2項を参照。

2．誤り。事業者は、法令の規定により運行指示書を作成した場合には、当該運行指示書を、**運行の終了の日から**1年間保存しなければならない。安全規則第9条の3第4項を参照。

3．誤り。事業者は、運転者に対して、車両総重量が8トン以上又は最大積載量が5トン以上の普通自動車である事業用自動車の運行の業務に従事させた場合にあっては、当該業務を行った運転者等ごとに貨物の積載状況を「業務の記録」に記録させ、かつ、その記録を**1年間保存**しなければならない。安全規則第8条第1項第6号イを参照。

4．**正しい**。「安全規則の解釈及び運用」第7条第1項（5）②アを参照。

問9

▶答え　1

1．**誤り。**登録自動車について所有者の変更があったときは、新所有者は、その事由があった日から**15日以内**に、国土交通大臣の行う移転登録の申請をしなければならない。車両法第13条第1項を参照。

2．正しい。車両法第19条第1項を参照。

3．正しい。車両法第11条第5項を参照。

4．正しい。車両法第5条第1項を参照。

問10 ▶答え 1と2

1. **正しい**。車両法第66条第3項を参照。

2. **正しい**。車両法第61条第2項第1号を参照。

3. 誤り。自動車検査証の有効期間の起算日は、**当該自動車検査証の有効期間が満了する日の1ヵ月前**（離島等は除く）から当該期間が満了する日までの間に継続検査を行い、当該自動車検査証に係る有効期間を法の規定により記録する場合は、当該自動車検査証の有効期間が満了する日の翌日とする。施行規則44条第1項を参照。

4. 誤り。自動車検査証は当該**自動車に備え付けておかなければならない**。車両法第66条第1項を参照。

問11 ▶答え A-②, B-①, C-②, D-②

1. 自動車運送事業の用に供する自動車の使用者又は当該自動車を運行する者は、（**1日1回**）、その運行の開始前において、国土交通省令で定める技術上の基準により、自動車を点検しなければならない。車両法第47条の2第2項を参照。

2. 自動車運送事業の用に供する自動車の使用者は、（**3ヵ月**）ごとに国土交通省令で定める技術上の基準により、自動車を点検しなければならない。車両法第48条第1項第1号を参照。

3. 自動車の使用者は、自動車の点検及び整備等に関する事項を処理させるため、車両総重量8トン以上の自動車その他の国土交通省令で定める自動車であって国土交通省令で定める台数以上のものの使用の本拠ごとに、自動車の点検及び整備に関する実務の経験その他について国土交通省令で定める一定の要件を備える者のうちから、（**整備管理者**）を選任しなければならない。車両法第50条第1項を参照。

4. 地方運輸局長は、自動車の使用者が道路運送車両法第54条（整備命令等）の規定による命令又は指示に従わない場合において、当該自動車が道路運送車両の保安基準に適合しない状態にあるときは、当該自動車の（**使用を停止**）することができる。車両法第54条第2項を参照。

問12 ▶答え　3

1．正しい。保安基準第38条の2第1項を参照。

2．正しい。保安基準第18条第1項第2号を参照。

3．**誤り。**自動車の前面ガラス及び側面ガラス（告示で定める部分を除く。）は、フィルムが貼り付けられた場合、当該フィルムが貼り付けられた状態においても、透明であり、かつ、運転者が交通状況を確認するために必要な視野の範囲に係る部分における可視光線の透過率が**70％以上**であることが確保できるものでなければならない。保安基準第29条第4項第6号・告示の基準を参照。

4．正しい。保安基準第8条第4項第1号・第5項を参照。

問13 ▶答え　2と3

1．誤り。車両は、法令に規定する優先道路を通行している場合における**当該優先道路にある交差点を除き**、交差点の手前の側端から前に30メートル以内の部分においては、他の車両（軽車両を除く。）を追い越してはならない。道交法第30条第1項第1号を参照。

2．**正しい。**道交法第30条第1項第2号を参照。

3．**正しい。**道交法第17条第5項第4号を参照。

4．誤り。車両は、他の車両を追い越そうとするときは、その追い越されようとする車両（以下「前車」という。）の右側を通行しなければならない。ただし、前車が法令の規定により右折をするため道路の中央又は右側端に寄って通行しているときは、**その左側を通行しなければならない**。道交法第28条第1項・第2項を参照。

問14 ▶答え　A-①，B-②，C-②

道交法第20条第1項を参照。

　　車両は、車両通行帯の設けられた道路においては、道路の左側端から数えて（**一番目**）の車両通行帯を通行しなければならない。ただし、自動車（小型特殊自動車及び道路標識等によって指定された自動車を除く。）は、当該道路の左側部分（当該道路が一方通行となっているときは、当該道路）に（**三以上**）の車両通行帯が設けられているときは、政令で定めるところにより、その速度に応じ、（**その最も右側の車両通行帯以外**）の車両通行帯を通行することができる。

模擬試験第1回　解答&解説

問15　　▶答え　3と4

1．誤り。同一方向に進行しながら進路を左方又は右方に変えるときは、**その行為をしようとする3秒前**に合図を行う。30メートル手前で合図を行うのは、左折又は右折、転回するとき。道交法施行令第21条第1項第2号を参照。
2．誤り。その速度又は方向を急に変更しなければならないこととなる場合を**除き**、当該合図をした乗合自動車の進路の変更を妨げてはならない。道交法第31条の2第1項を参照。
3．**正しい**。道交法第52条第1項・道交法施行令第18条第1項第1号を参照。
4．**正しい**。道交法施行令第18条第2項を参照。

問16　　▶答え　2と3

1．誤り。［大型貨物自動車等通行止め］。**大型貨物自動車、大型特殊自動車、特定中型自動車**は、通行できない。
2．**正しい**。［左折可］。
3．**正しい**。［特定の種類の車両の通行区分］。
4．誤り。［車両横断禁止］。車両は、**横断**（道路外の施設等に出入りするための左折を伴う横断を除く）**することができない。**

問17　　▶答え　1と3

1．**正しい**。道交法第71条第1項第1号を参照。
2．誤り。積載物が道路に転落し、又は飛散したときは、**速やかにそれらの物を除去する等道路の危険防止のため必要な措置を講ずる**こと。道交法第71条第1項第4号の2を参照。
3．**正しい**。道交法第71条第1項第5号の5を参照。
4．誤り。自動車を**後退させるときは、座席ベルトを装着しないで**当該自動車を運転することができる。道交法施行令第26条の3の2第1項第3号を参照。

問18　　　　　　　　　　　　　　　　　　　▶答え　2と4

1．誤り。**当事者間の合意がある場合であっても、労基法で定める労働条件の基準を理由とし**
　て、労働条件を低下させてはならない。 労基法第1条第2項を参照。

2．**正しい。** 労基法第12条第1項を参照。

3．誤り。使用者は、その雇入れの日から起算して6ヵ月間継続勤務し全労働日の**8割以上出**
　勤した労働者に対して、継続し、又は分割した10労働日の有給休暇を与えなければならない。
　労基法第39条第1項を参照。

4．**正しい。** 労基法第23条第1項を参照。

問19　　　　　　　　　　　　　　　　　　　▶答え　1と3

1．**正しい。** 労基法第106条第1項を参照。

2．誤り。解雇の予告の規定は、次の労働者については適用しない。①日日雇い入れられる者、
　②**2ヵ月以内**の期間を定めて使用される者、③季節的業務に**4ヵ月以内**の期間を定めて使用
　される者、④試の使用期間中の者。労基法第21条第1項第1号～第4号を参照。

3．**正しい。** 労基法第65条第1項・第2項を参照。

4．誤り。生後満1年に達しない生児を育てる女性は、**1日2回**各々少なくとも30分、その
　生児を育てるための時間を請求することができる。労基法第67条第1項を参照。

問20　　　　　　　　　　　　　▶答え　A－①，B－①，C－②，D－②

改善基準第1条第1項・第2項を参照。

1．この基準は、自動車運転者（労働基準法（以下「法」という。）第9条に規定する労働者
　であって、（**四輪以上の自動車**）の運転の業務（厚生労働省労働基準局長が定めるものを除
　く。）に主として従事する者をいう。以下同じ。）の労働時間等の改善のための基準を定め
　ることにより、自動車運転者の労働時間等の（**労働条件の向上**）を図ることを目的とする。

2．労働関係の当事者は、この基準を理由として自動車運転者の（**労働条件を低下**）させては
　ならないことはもとより、その（**向上**）に努めなければならない。

1．誤り。使用者は、トラック運転者の拘束時間については、1ヵ月について**284時間**を超えず、かつ、1年について**3,300時間**を超えないものとすること。ただし、労使協定があるときは、1年のうち6ヵ月までは、1ヵ月について**310時間**まで延長することができ、かつ、1年について**3,400時間**まで延長することができる。改善基準第4条第1項第1号を参照。

2．誤り。1日についての拘束時間が14時間を超える回数は、**1週間について2回まで**が目安となる。改善基準第4条第1項第3号・第4号を参照。

3．**正しい**。改善基準第4条第4項第1号イ・ロを参照。

4．**正しい**。改善基準第4条第1項第7号を参照。

問22　　　　　　　　　　　　　　　　　　　　　　　　　▶答え　**1**

改善基準第4条第1項第1号・第3号・第6号を参照。

1．2日を平均した1日当たりの運転時間は、「特定日の前日＋特定日」及び「特定日＋特定日の翌日」の平均運転時間がともに9時間を超えないこと。2日を平均した1日当たりの運転時間は、それぞれ次のとおりとなる。

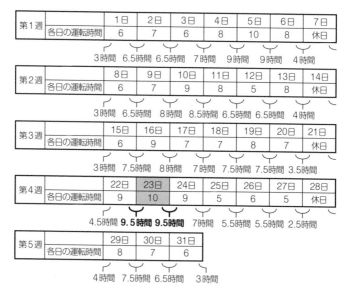

23日目を特定日とした場合、「特定日の前日（9時間）と特定日（10時間）」の平均運転時間は**9.5時間**。「特定日（10時間）と特定日の翌日（9時間）」の平均運転時間も**9.5時間**となり、いずれも **9時間を超えているので、改善基準違反となる。**

2．2週間を平均した1週間当たりの運転時間は、44時間を超えないこと。

　　2週間の運転時間を平均すると、

　　　第1週及び第2週は、88時間（45時間＋43時間）÷2＝44時間

　　　第3週及び第4週は、88時間（44時間＋44時間）÷2＝44時間

　となり、いずれも1週間当たりの運転時間が44時間を超えていないため改善基準に適合している。

3．1日についての拘束時間が14時間を超える回数は、1週間について2回以内が目安とされている。

　　1ヵ月の勤務状況の例より、第1週から第5週まで15時間を超える日はないため、1日についての拘束時間が14時間を超える1週間の回数については改善基準に適合している。

4．1ヵ月の拘束時間は284時間を超えてはならないが、労使協定がある場合は1年のうち6ヵ月まで、310時間まで延長できる。表より1ヵ月の合計拘束時間は308時間のため、改善基準に違反していない。

問23

▶答え　1と2

　改善基準第4条第1項第7号を参照。

　連続運転時間とは、「1回がおおむね連続10分以上で、かつ、合計が30分以上の運転の中断をすることなく連続して運転する時間」をいう。そのため、改善基準で規定されている連続運転時間は合計4時間までであるが、運転時間が合計4時間にならなくても、中断時間が合計30分以上を満たした場合、連続運転時間は一区切りされる。また、休憩5分は「おおむね10分以上」と乖離するため、中断とみなさず、考慮しない。

1．最初の運転時間合計4時間に対する中断時間は合計30分で適合している。次の運転時間1時間に対する中断時間も1時間で適合している。更にこの後、運転時間合計4時間に対する中断時間は20分のみで30分未満となるが、4時間運転後に乗務を終了しているため、**改善基準に適合している。**

乗務開始	運転	中断	運転	中断	運転	中断	運転	中断	運転	中断	運転	中断	運転	乗務終了
	2時間	10分	1時間30分	10分	30分	10分	1時間	1時間	1時間	10分	1時間	10分	2時間	

運転：4時間
中断：30分

運転：1時間
中断：1時間

運転：4時間
中断：20分

連続運転時間と中断時間が改善基準を満たしているので適合

2．最初の運転時間合計4時間に対する中断時間は合計40分で適合している。次の運転時間1時間に対する中断時間も1時間で適合している。更にこの後、運転時間合計3時間に対する中断時間が10分のみで30分未満となるが、3時間運転後に乗務を終了しているため、**改善基準に適合している。**

| 乗務開始 | 運転 1時間 | 中断 15分 | 運転 2時間 | 中断 10分 | 運転 1時間 | 中断 15分 | 運転 1時間 | 中断 1時間 | 運転 1時間30分 | 中断 10分 | 運転 1時間 | 運転 30分 | 乗務終了 |

運転：4時間
中断：40分

運転：1時間
中断：1時間

運転：3時間
中断：10分

※10分未満の中断は省略

連続運転時間と中断時間が改善基準を満たしているので適合

3．最初の運転時間合計3時間に対する中断時間は合計35分で、改善基準に適合している。次の運転時間1時間30分に対する中断時間も1時間で適合している。しかし、この後の運転時間が合計4時間30分となる。連続運転時間が4時間を超えており、この運転時間に対する中断時間は25分のみのため、改善基準違反となる。

| 乗務開始 | 運転 30分 | 中断 10分 | 運転 2時間 | 中断 15分 | 運転 30分 | 中断 10分 | 運転 1時間30分 | 中断 1時間 | 運転 2時間 | 中断 15分 | 運転 1時間30分 | 中断 10分 | 運転 1時間 | 乗務終了 |

運転：3時間
中断：35分

運転：1時間30分
中断：1時間

運転：**4時間30分**
中断：25分

運転時間**4時間30分**で4時間を超えているため改善基準に違反

4．30分運転後の休憩5分は中断とみなされないため、5分休憩後の1時間30分までが連続運転時間となる。従って、最初の運転時間は合計4時間30分となる。連続運転時間が4時間を超えており、この運転時間に対する中断時間は25分のみのため、改善基準違反となる。

| 乗務開始 | 運転 1時間 | 中断 10分 | 運転 1時間30分 | 中断 15分 | 運転 30分 | 運転 1時間30分 | 中断 1時間 | 運転 2時間 | 中断 10分 | 運転 1時間30分 | 中断 10分 | 運転 30分 | 乗務終了 |

運転：**4時間30分**
中断：**25分**
※10分未満の中断は省略

前の連続運転時間で改善基準違反のため省略

運転時間**4時間30分**で4時間を超えているため改善基準に違反

問24   ▶答え　1と4

1．**適切である**。記述のとおり。

2．不適切。事業者が行政処分を受ける際に、運行管理者が運行管理者資格者証の**返納を命じられることはない**。ただし、適切な運行管理を行っていないことで重大事故が発生した場合は、厳しい処分を受ける場合がある。

3．不適切。運転者が整備管理者に報告した場合であっても、運行管理者は**点呼時に必ず日常点検の実施についての確認を行わなければならない**。安全規則第7条第1項第3号を参照。

4．**適切である**。記述のとおり。

問25   ▶答え　1と2と4

1．**適切である**。記述のとおり。

2．**適切である**。スペアタイヤや車両に備えられている工具箱等も転落防止の措置を行う積載物に含まれるため、確認するよう指導する。道交法第71条第1項第4号を参照。

3．不適切。四輪車を運転する場合、二輪車は速度が実際より**遅く**感じたり、距離が**遠く**に見えたりするため注意をするよう指導する必要がある。

4．**適切である**。記述のとおり。

問26   ▶答え　1と2

1．**適切である**。記述のとおり。

2．**適切である**。記述のとおり。

3．不適切。**事業者に代わって責任を負うことはない**。ただし、適切な運行管理を行っていないことで交通事故が発生した場合は、厳しい処分を受ける場合がある。

4．不適切。交通事故の再発を未然に防止するためには、運転者の人的要因とともに、事故が発生した要因について様々な角度から情報を収集し、**調査や事故原因の分析を行うことが必要**である。

▶答え　**1と3**

1．**適切である**。交通事故の場合の措置である①負傷者を救護（負傷者を歩道へ移動）②危険防止の措置（車両を道路脇に移動）及び③警察官に交通事故の内容報告、を行っているため適切となる。

2．不適切。踏切内での故障時の措置は、①直ちに列車の**運転士に知らせる**（踏切支障報知装置（踏切非常ボタン）や自動車に備えられている非常信号用具等）②その後、**車両を踏切外へ移動**させる、である。

3．**適切である**。記述のとおり。

4．不適切。異常気象時は、輸送の安全を最優先に考え、輸送の安全を確保するために必要な措置を講じなければならない。運転者から連絡を受けた運行管理者は、気象状況や道路状況の情報収集に努め、状況を的確に把握し、運転者に対し、運送中断等の指示を行う必要がある。**状況がわからないという理由で運転者に判断を任せてはならない**。安全規則第20条第1項第15号を参照。

問28

▶答え　**A－4，B－1，C－6，D－2**

（**車線逸脱警報装置**）は、走行車線を認識し、車線から逸脱した場合あるいは逸脱しそうになった場合には、運転者が車線中央に戻す操作をするよう警報が作動する装置

（**衝突被害軽減ブレーキ**）は、レーダー等により先行車との距離を常に検出し、追突の危険性が高まったら、まずは警報し、運転者にブレーキ操作を促し、それでもブレーキ操作をせず、追突、若しくは追突の可能性が高いと車両が判断した場合において、システムにより自動的にブレーキをかけ、衝突時の速度を低く抑える装置

（**車両安定性制御装置**）は、急なハンドル操作や積雪がある路面の走行などを原因とした横転の危険を、運転者へ警告するとともに、エンジン出力やブレーキ力を制御し、横転の危険を軽減させる装置

（**映像記録型ドライブレコーダー**）は、交通事故やニアミスなどにより急停止等の衝撃を受けると、その前後の映像とともに、加速度等の走行データを記録する装置（常時記録の機器もある。）

1. **適切である**。B料金所からC料金所までの走行距離240km（120km＋120km）、走行時間2時間40分（1時間20分＋1時間20分）から平均速度を計算する。2時間40分は160分（120分＋40分）と考える。

$$平均速度＝距離÷時間＝240km ÷ \frac{160}{60}時間＝\frac{240km×60}{160}＝90km/h$$

　最大積載量3,850キログラム、車両総重量7,580キログラムの中型貨物自動車の高速道路での**最高速度は100km/h**であるため、B料金所からC料金所までの運転時間を2時間40分に設定したことは**適切**な運行計画となる。道交法施行令第27条第1項第2号を参照。

2. **適切である**。当日の運転時間は**8時間40分**（10分＋10分＋1時間20分＋1時間20分＋20分＋40分＋1時間＋20分＋1時間20分＋1時間20分＋30分＋10分）。

当日の運転時間

「特定日の前日と特定日」の平均運転時間は9時間。
「特定日と特定日の翌日」の平均運転時間は8時間50分。
　どちらの平均運転時間も9時間を超えていないので、改善基準告示違反とはならず、適切な運行計画となる。改善基準第4条第1項第6号を参照。

当日を特定日とした場合の2日を平均した1日当たりの運転時間

3. 不適切。①合計4時間の運転時間後に合計30分の中断、②40分運転後に1時間20分の中断、ここまでは改善基準に適合している。③運転時間が**合計4時間20分**となり、連続運転時間が4時間を超え、中断時間が合計20分のみのため、**改善基準に違反している**。改善基準第4条第1項第7号を参照。

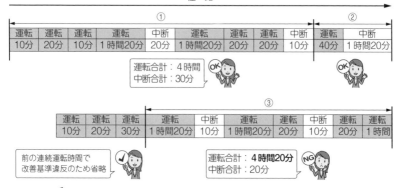

問30　▶答え ④

「事故の概要」と「事故関連情報」から、再発防止対策として直接的に有効であるかどうかを判断する。

ア．**直接的に有効ではない**：過労が原因で起きた事故ではないため、同種事故の再発防止対策として直接的に有効ではない。

イ＆エ＆カ．**直接的に有効である**：運転者が、横断歩道の右方向から横断してきた自転車にのみ気を取られ、左方の安全確認を十分に行わなかったために起きた事故であり、また、事故多発現場に関する指導や、適性診断の結果に基づいた指導も不適切であった。そのため、適性診断の結果をもとに、「横断歩道等における歩行者等の優先」を徹底し、歩行者等が安全に道路を通行できるよう、思いやり運転を身につけるよう教育を行ったり、交差点での左折又は右折の際に、直接視界及び間接視界により、車両の左右及び前方下方に歩行者等がいないか十分確認し、運行する経路における道路及び交通の状況や事故の発生状況をあらかじめ把握するよう指導・教育することは同種事故の再発防止対策として有効である。

ウ．**直接的に有効ではない**：点呼要員の不足により起きた事故ではないため、同種事故の再発防止対策として直接的に有効ではない。

オ．**直接的に有効ではない**：当該運転者はSASのスクリーニング検査において問題ないとの結果が出ており、SASが原因で起きた事故ではないため、同種事故の再発防止対策として直接的に有効ではない。

キ．**直接的に有効ではない**：速度超過によって起きた事故ではないため、同種事故の再発防止対策として直接的に有効ではない。

以上の結果、同種事故の再発防止対策として、最も直接的に有効と考えられる組合せは、**イ・エ・カ**となり、選択肢「④」が正解となる。

模擬試験

運行管理者試験問題（貨物）第2回

注　意

※この模擬試験は過去問題の出題傾向をもとに作成したものであり、次回の試験に出題される問題を予想した予想問題ではありません。この点をご理解いただいた上で、実力チェックに活用してください。

1．問題は、全30問です。制限時間は90分です。
2．答えを記入する際は、各問題の設問の指示に従い解答してください。
　なお、解答にあたっては、各設問及び選択肢に記載された事項以外は、考慮しないものとします。また、設問で求める数と異なる数の解答をしたもの、及び複数の解答を求める問題で一部不正解のものは、正解としません。

第1章　貨物自動車運送事業法

問1　貨物自動車運送事業に関する次の記述のうち、<u>正しいものをすべて</u>選びなさい。なお、解答にあたっては、各選択肢に記載されている事項以外は考慮しないものとする。

1．貨物自動車運送事業法は、貨物自動車運送事業の運営を適正かつ合理的なものとするとともに、貨物自動車運送に関するこの法律及びこの法律に基づく措置の遵守等を図るための民間団体等による自主的な活動を促進することにより、輸送の安全を確保するとともに、貨物自動車運送事業の健全な発達を図り、もって公共の福祉の増進に資することを目的とする。

2．貨物自動車運送事業とは、一般貨物自動車運送事業、特定貨物自動車運送事業及び貨物軽自動車運送事業をいう。

3．一般貨物自動車運送事業とは、他人の需要に応じ、有償で、自動車（三輪以上の軽自動車及び二輪の自動車を除く。）を使用して貨物を運送する事業であって、特定貨物自動車運送事業以外のものをいう。

4．貨物軽自動車運送事業とは、特定の者の需要に応じ、有償で、自動車（三輪以上の軽自動車及び二輪の自動車に限る。）を使用して貨物を運送する事業をいう。

問2　一般貨物自動車運送事業者（以下「事業者」という。）の安全管理規程等及び輸送の安全に係る情報の公開に関する次の文中、A、B、C、Dに入るべき字句として<u>いずれか正しいものを1つ</u>選びなさい。

1．事業用自動車（被けん引自動車を除く。）の保有車両数が（A）以上の事業者は、安全管理規程を定めて国土交通大臣に届け出なければならない。これを変更しようとするときも、同様とする。

2．貨物自動車運送事業法第16条第1項の規定により（B）を定めなければならない事業者は、（C）を選任し、又は解任したときは、国土交通省令で定めるところにより、遅滞なく、その旨を国土交通大臣に届け出なければならない。

3．一般貨物自動車運送事業者は、毎事業年度の経過後（D）以内に、輸送の安全に関する基本的な方針その他の輸送の安全に係る情報であって国土交通大臣が告示で定める①輸送の安全に関する基本的な方針、②輸送の安全に関する目標及びその達成状況、③自動車事故報告規則第2条に規定する事故に関する統計について、インターネットの利用その他の適切な方法により公表しなければならない。

A　①100両　　　　　②200両
B　①安全管理規程　　②運行管理規定
C　①安全統括管理者　②運行管理者
D　①100日　　　　　②200日

問3　次の記述のうち、一般貨物自動車運送事業の運行管理者の行わなければならない業務
として、<u>正しいものを2つ</u>選びなさい。なお、解答にあたっては、各選択肢に記載され
ている事項以外は考慮しないものとする。

1．法令の規定により、運転者等に対して点呼を行い、報告を求め、確認を行い、及び指示を
　与え、並びに記録し、及びその記録を保存し、並びに運転者に対して使用する国土交通大臣
　が告示で定めるアルコール検知器を備え置くこと。

2．車両総重量が8トン以上又は最大積載量が5トン以上の普通自動車である事業用自動車に
　ついて、法令に規定する運行記録計により記録することのできないものを運行の用に供さな
　いこと。

3．法令の規定により、運行指示書を作成し、及びその写しに変更の内容を記載し、運転者等
　に対し適切な指示を行い、運行指示書を事業用自動車の運転者等に携行させ、及び変更の内
　容を記載させ、並びに運行指示書及びその写しの保存をすること。

4．一般貨物自動車運送事業者等に対し、事業用自動車の運行の安全の確保に関し必要な事項
　について助言を行うこと。

問 4　貨物自動車運送事業の事業用自動車の運転者（以下「運転者」という。）に対する点呼に関する次の記述のうち、<u>正しいものを 2 つ選びなさい。選びなさい</u>。なお、解答にあたっては、各選択肢に記載されている事項以外は考慮しないものとする。

1．「対面による点呼と同等の効果を有するものとして国土交通大臣が定める方法」とは、輸送の安全の確保に関する取組が優良であると認められる営業所において、当該営業所の管理する点呼機器を用い、及び当該機器に備えられたカメラ、ディスプレイ等によって、運行管理者等が運転者の酒気帯びの有無、疾病、疲労、睡眠不足等の状況を随時確認でき、かつ、運転者の酒気帯びの状況に関する測定結果を、自動的に記録及び保存するとともに当該運行管理者等が当該測定結果を直ちに確認できる方法をいう。

2．車庫と営業所が離れている場合は、「運行上やむを得ない場合」に該当するため、電話その他の方法により点呼を行うことができる。

3．業務後の点呼は、対面又は対面による点呼と同等の効果を有するものとして国土交通大臣が定める方法（運行上やむを得ない場合は電話その他の方法）により行い、当該業務に係る事業用自動車、道路及び運行の状況並びに他の運転者等と交替した場合にあっては、交替した運転者等に対して行った法令の規定による通告について報告を求め、かつ、運転者に対しては、酒気帯びの有無について確認を行わなければならない。

4．運転者が所属する営業所において、アルコール検知器により酒気帯びの有無について確認を行う場合には、当該営業所に備えられたアルコール検知器を用いて行わなければならないが、当該アルコール検知器が故障等により使用できない場合は、当該アルコール検知器と同等の性能を有したものであれば、当該営業所に備えられたものでなくてもこれを使用して確認することができる。

問5　自動車事故に関する次の記述のうち、一般貨物自動車運送事業者が自動車事故報告規則に基づき運輸支局長等に速報を要するものを2つ選びなさい。なお、解答にあたっては、各選択肢に記載されている事項以外は考慮しないものとする。

1．事業用自動車が交差点に停車していた貨物自動車に気づくのが遅れ、当該事業用自動車がこの貨物自動車に追突し、さらに後続の自家用乗用自動車3台が関係する玉突き事故となり、この事故により3人が重傷、5人が軽傷を負った。

2．事業用自動車が交差点において乗用車と出会い頭の衝突事故を起こした。双方の運転者は共に軽傷であったが、当該事業用自動車の運転者が事故を警察官に報告した際、その運転者が道路交通法に規定する酒気帯び運転をしていたことが発覚した。

3．事業用自動車が走行中、鉄道施設である高架橋の下を通過しようとしたところ、積載していた建設用機械の上部が橋桁に衝突した。この影響で、2時間にわたり本線において鉄道車両の運転を休止させた。

4．事業用自動車の運転者が高速自動車国道を走行中、ハンドル操作を誤り、道路の中央分離帯に衝突したことにより、当該事業用自動車に積載していた消防法に規定する危険物の灯油がタンクから一部漏えいした。この事故により当該自動車の運転者が軽傷を負った。

問6 一般貨物自動車運送事業者（以下「事業者」という。）の過労運転等の防止等に関する貨物自動車運送事業輸送安全規則等の規定についての次の記述のうち、<u>正しいものを2つ</u>選びなさい。なお、解答にあたっては、各選択肢に記載されている事項以外は考慮しないものとする。

1．事業者は、運転者、特定自動運行保安員及び事業用自動車の運行の業務の補助に従事する従業員（以下、「乗務員等」という。）が有効に利用することができるように、休憩に必要な施設を整備し、及び乗務員等に睡眠を与える必要がある場合にあっては睡眠に必要な施設を整備し、並びにこれらの施設を適切に管理し、及び保守しなければならない。ただし、寝具等必要な設備が整えられていない施設は、有効に利用することができる施設には該当しない。

2．事業者は、運転者が長距離運転又は夜間の運転に従事する場合であって、疲労等により安全な運転を継続することができないおそれがあるときは、あらかじめ、当該運転者と交替するための運転者を配置しておかなければならない。

3．事業者は、休憩又は睡眠のための時間及び勤務が終了した後の休息のための時間が十分に確保されるように、国土交通大臣が告示で定める基準に従って、運転者の勤務日数及び乗務距離を定め、当該運転者にこれらを遵守させなければならない。

4．事業者は、事業計画に従い業務を行うに必要な員数の事業用自動車の運転者又は特定自動運行保安員を常時選任しておかなければならず、この場合、選任する運転者及び特定自動運行保安員は、日々雇い入れられる者、2ヵ月以内の期間を定めて使用される者又は試みの使用期間中の者（7日を超えて引き続き使用されるに至った者を除く。）であってはならない。

問7 一般貨物自動車運送事業者（以下「事業者」という。）の事業用自動車の運行の安全を確保するために、国土交通省告示等に基づき運転者に対して行わなければならない指導監督及び特定の運転者に対して行わなければならない特別な指導に関する次の記述のうち、誤っているものを1つ選びなさい。なお、解答にあたっては、各選択肢に記載されている事項以外は考慮しないものとする。

1．危険物（自動車事故報告規則（昭和26年運輸省令第104号）第2条第5号に規定するものをいう。以下同じ。）を運搬する場合においては、危険物に該当する貨物の種類及び運搬する危険物の性状を理解させるとともに、危険物を運搬する前に確認すべき事項並びに危険物の取扱い方法、積載方法及び運搬方法について留意すべき事項を理解させる。

2．一般貨物自動車運送事業者は、高齢運転者に対する特別な指導については、国土交通大臣が認定した高齢運転者のための適性診断の結果を踏まえ、個々の運転者の加齢に伴う身体機能の変化の程度に応じた事業用自動車の安全な運転方法等について運転者が自ら考えるよう指導する。この指導は、当該適性診断の結果が判明した後1ヵ月以内に実施する。

3．一般貨物自動車運送事業者が行う初任運転者に対する特別な指導は、安全運転の実技について、実車を用いて10時間以上実施すること。

4．一般貨物自動車運送事業者は、事故惹起運転者に対する特別な指導については、当該交通事故を引き起こした後、再度事業用自動車に乗務する前に実施すること。ただし、やむを得ない事情がある場合には、再度乗務を開始した後1ヵ月以内に実施すること。なお、外部の専門的機関における指導講習を受講する予定である場合は、この限りでない。

問8　一般貨物自動車運送事業者（以下「事業者」という。）の貨物の積載等に関する次の記述のうち、正しいものを2つ選びなさい。なお、解答にあたっては、各選択肢に記載されている事項以外は考慮しないものとする。

1．事業者は、道路法第47条第2項の規定（車両でその幅、重量、高さ、長さ又は最小回転半径が政令で定める最高限度を超えるものは、道路を通行させてはならない。）に違反し、又は政令で定める最高限度を超える車両の通行に関し道路管理者が付した条件（通行経路、通行時間等）に違反して事業用自動車を通行させることを防止するため、運転者又は特定自動運行保安員に対する適切な指導及び監督を怠ってはならない。

2．事業者は、事業用自動車（車両総重量が8トン以上又は最大積載量が5トン以上のものに限る。）に、貨物を積載するときは、偏荷重が生じないように積載するとともに、運搬中に荷崩れ等により事業用自動車から落下することを防止するため、貨物にロープ又はシートを掛けること等必要な措置を講じなければならない。

3．事業者は、車両総重量が7トン以上又は最大積載量が4トン以上の普通自動車である事業用自動車に係る運転者等の業務について、当該事業用自動車の瞬間速度、運行距離及び運行時間を運行記録計により記録し、かつ、その記録を1年間保存しなければならない。

4．事業用自動車に係る運転者等の業務について、車両総重量が8トン以上又は最大積載量が5トン以上の普通自動車である事業用自動車の運行の業務に従事した場合にあっては、「貨物の積載状況」を「業務の記録」に記録させなければならない。ただし、当該業務において、法令の規定に基づき作成された運行指示書に「貨物の積載状況」が記載されているときは、「業務の記録」への当該事項の記録を省略することができる。

第2章　道路運送車両法

問9　自動車の登録等についての次の記述のうち、<u>誤っているものを1つ</u>選びなさい。なお、解答にあたっては、各選択肢に記載されている事項以外は考慮しないものとする。

1．臨時運行の許可を受けた者は、臨時運行許可証の有効期間が満了したときは、その日から5日以内に、当該臨時運行許可証及び臨時運行許可番号標を行政庁に返納しなければならない。

2．自動車の所有者は、当該自動車の使用の本拠の位置に変更があったときは、道路運送車両法で定める場合を除き、その事由があった日から30日以内に、国土交通大臣の行う変更登録の申請をしなければならない。

3．何人も、国土交通大臣の許可を受けたときを除き、自動車の車台番号又は原動機の型式の打刻を塗まつし、その他車台番号又は原動機の型式の識別を困難にするような行為をしてはならない。

4．登録自動車の所有者は、当該自動車の使用者が整備命令等により自動車の使用の停止を命ぜられ、規定により自動車検査証を返納したときは、遅滞なく、当該自動車登録番号標及び封印を取りはずし、自動車登録番号標について国土交通大臣の領置を受けなければならない。

問10　道路運送車両法の自動車の検査等についての次の記述のうち、<u>正しいものを2つ</u>選びなさい。なお、解答にあたっては、各選択肢に記載されている事項以外は考慮しないものとする。

1．初めて自動車検査証の交付を受ける車両総重量7,990キログラムの貨物の運送の用に供する自動車については、当該自動車検査証の有効期間は2年である。

2．自動車は、指定自動車整備事業者が継続検査の際に交付した有効な保安基準適合標章を表示している場合であっても、自動車検査証を備え付けなければ、運行の用に供してはならない。

3．自動車検査証の有効期間の起算日については、自動車検査証の有効期間が満了する日の2ヵ月前（離島に使用の本拠の位置を有する自動車を除く。）から当該期間が満了する日までの間に継続検査を行い、当該自動車検査証に有効期間を記入する場合は、当該自動車検査証の有効期間が満了する日の翌日とする。

4．自動車は、その構造が、長さ、幅及び高さ並びに車両総重量（車両重量、最大積載量及び55キログラムに乗車定員を乗じて得た重量の総和をいう。）等道路運送車両法に定める事項について、国土交通省令で定める保安上又は公害防止その他の環境保全上の技術基準に適合するものでなければ、運行の用に供してはならない。

問11 道路運送車両法に定める自動車の点検整備等に関する次の文中、A、B、Cに入るべき字句としていずれか正しいものを1つ選びなさい。

1. 自動車運送事業の用に供する自動車の使用者は、（A）ごとに国土交通省令で定める技術上の基準により、自動車を点検しなければならない。

2. 自動車の使用者は、自動車の点検及び整備等に関する事項を処理させるため、車両総重量8トン以上の自動車その他の国土交通省令で定める自動車であって国土交通省令で定める台数以上のものの使用の本拠ごとに、自動車の点検及び整備に関する実務の経験その他について国土交通省令で定める一定の要件を備える者のうちから、（B）を選任しなければならない。

3. 地方運輸局長は、自動車の（C）が道路運送車両法第54条（整備命令等）の規定による命令又は指示に従わない場合において、当該自動車が道路運送車両の保安基準に適合しない状態にあるときは、当該自動車の使用を停止することができる。

A　① 3ヵ月　　　　② 6ヵ月
B　① 安全統括管理者　② 整備管理者
C　① 所有者　　　　② 使用者

問12 道路運送車両の保安基準及びその細目を定める告示についての次の記述のうち、誤っているものを1つ選びなさい。なお、解答にあたっては、各選択肢に記載されている事項以外は考慮しないものとする。

1. 自動車（二輪自動車等を除く。）の空気入ゴムタイヤの接地部は滑り止めを施したものであり、滑り止めの溝は、空気入ゴムタイヤの接地部の全幅にわたり滑り止めのために施されている凹部（サイピング、プラットフォーム及びウエア・インジケータの部分を除く。）のいずれの部分においても1.4ミリメートル以上の深さを有すること。

2. 自動車に備えなければならない後写鏡は、取付部付近の自動車の最外側より突出している部分の最下部が地上1.8メートル以下のものは、当該部分が歩行者等に接触した場合に衝撃を緩衝できる構造でなければならない。

3. 自動車に備えなければならない非常信号用具は、夜間200メートルの距離から確認できる赤色の灯光を発するものでなければならない。

4. 自動車の後面には、夜間にその後方150メートルの距離から走行用前照灯で照射した場合にその反射光を照射位置から確認できる赤色の後部反射器を備えなければならない。

第3章　道路交通法

問13　道路交通法に定める第一種免許の自動車免許の自動車の種類等に関する次の文中、A、B、C、Dに入るべき字句として<u>いずれか正しいものを1つ</u>選びなさい。

1．大型自動車とは、大型特殊自動車、大型自動二輪車、普通自動二輪車及び小型特殊自動車以外の自動車で、車両総重量が（A）キログラム以上のもの、最大積載量が6,500キログラム以上のもの又は乗車定員が30人以上のものをいう。

2．中型自動車とは、大型自動車、大型特殊自動車、大型自動二輪車、普通自動二輪車及び小型特殊自動車以外の自動車で、車両総重量が（B）キログラム以上（A）キログラム未満のもの、最大積載量が4,500キログラム以上6,500キログラム未満のもの又は乗車定員が11人以上29人以下のものをいう。

3．準中型自動車とは、大型自動車、中型自動車、大型特殊自動車、大型自動二輪車、普通自動二輪車及び小型特殊自動車以外の自動車で、車両総重量が（C）キログラム以上（B）キログラム未満のもの又は最大積載量が（D）キログラム以上4,500キログラム未満のものをいう。

A　① 11,000　　② 13,000

B　① 7,000　　② 7,500

C　① 3,500　　② 4,000

D　① 2,000　　② 3,000

問14 道路交通法に定める停車及び駐車等についての次の記述のうち、<u>正しいものを2つ選</u>びなさい。なお、解答にあたっては、各選択肢に記載されている事項以外は考慮しないものとする。

1. 車両は、踏切の前後の側端からそれぞれ前後に10メートル以内の道路の部分においては、法令の規定若しくは警察官の命令により、又は危険を防止するため一時停止する場合のほか、停車し、又は駐車してはならない。

2. 車両は、交差点の側端又は道路の曲がり角から5メートル以内の道路の部分においては、法令の規定若しくは警察官の命令により、又は危険を防止するため一時停止する場合のほか、停車し、又は駐車してはならない。

3. 車両は、法令の規定により駐車しようとする場合には、当該車両の右側の道路上に3メートル（道路標識等により距離が指定されているときは、その距離）以上の余地があれば駐車してもよい。

4. 車両は、人の乗降、貨物の積卸し、駐車又は自動車の格納若しくは修理のため道路外に設けられた施設又は場所の道路に接する自動車用の出入口から5メートル以内の道路の部分においては、駐車してはならない。

問15　貨物自動車に係る道路交通法に定める乗車、積載及び過積載（車両に積載をする積載物の重量が法令による制限に係る重量を超える場合における当該積載。以下同じ。）等についての次の記述のうち、<u>正しいもの</u>をすべて選びなさい。なお、解答にあたっては、各選択肢に記載されている事項以外は考慮しないものとする。

1．車両の運転者は、当該車両の乗車のために設備された場所以外の場所に乗車させ、又は乗車若しくは積載のために設備された場所以外の場所に積載して車両を運転してはならない。ただし、貨物自動車で貨物を積載しているものにあっては、当該貨物を看守するため必要な最小限度の人員をその荷台に乗車させて運転することができる。

2．車両（軽車両を除く。）の運転者は、当該車両について政令で定める乗車人員又は積載物の重量、大きさ若しくは積載の方法の制限を超えて乗車をさせ、又は積載をして車両を運転してはならない。ただし、当該車両の出発地を管轄する警察署長による許可を受けてもっぱら貨物を運搬する構造の自動車の荷台に乗車させる場合にあっては、当該制限を超える乗車をさせて運転することができる。

3．警察署長は、荷主が自動車の運転者に対し、過積載をして自動車を運転することを要求するという違反行為を行った場合において、当該荷主が当該違反行為を反復して行うおそれがあると認めるときは、内閣府令で定めるところにより、当該自動車の運転者に対し、当該過積載による運転をしてはならない旨を命ずることができる。

4．積載物の高さは、4.1メートル（公安委員会が道路又は交通の状況により支障がないと認めて定めるものにあっては4.1メートル以上4.8メートルを超えない範囲内において公安委員会が定める高さ）からその自動車の積載をする場所の高さを減じたものでなければならない。

問16 道路交通法に定める追越し等についての次の記述のうち、<u>正しいものを2つ選びなさ</u>い。なお、解答にあたっては、各選択肢に記載されている事項以外は考慮しないものとする。

1. 車両は、法令に規定する優先道路を通行している場合における当該優先道路にある交差点を除き、交差点の手前の側端から前に30メートル以内の部分においては、他の車両（軽車両を除く。）を追い越そうとするときは、速やかに進路を変更しなければならない。

2. 車両は、他の車両を追い越そうとするときは、その追い越されようとする車両（以下「前車」という。）の右側を通行しなければならない。ただし、法令の規定により追越しを禁止されていない場所において、前車が法令の規定により右折をするため道路の中央又は右側端に寄って通行しているときは、その左側を通行しなければならない。

3. 車両は、トンネル内の車両通行帯が設けられている道路の部分（道路標識等により追越しが禁止されているものを除く。）においては、他の車両を追い越すことができる。

4. 車両は、道路のまがりかど附近、上り坂の頂上附近又は勾配の急な下り坂の道路の部分においては、前方が見とおせる場合を除き、他の車両（軽車両を除く。）を追い越すため、進路を変更し、又は前車の側方を通過してはならない。

問17 道路交通法に定める運転者及び使用者の義務等についての次の記述のうち、<u>正しいものを2つ選びなさい</u>。なお、解答にあたっては、各選択肢に記載されている事項以外は考慮しないものとする。

1. 車両等に積載している物が道路に転落し、又は飛散したときは、必ず道路管理者に通報するものとし、当該道路管理者からの指示があるまでは、転落し、又は飛散した物を除去してはならない。

2. 自動車の運転者は、故障その他の理由により高速自動車国道等の本線車道若しくはこれに接する加速車線、減速車線若しくは登坂車線（以下「本線車道等」という。）において当該自動車を運転することができなくなったときは、政令で定めるところにより、当該自動車が故障その他の理由により停止しているものであることを表示しなければならない。ただし、本線車道等に接する路肩若しくは路側帯においては、この限りでない。

3. 車両等の運転者は、児童、幼児等の乗降のため、道路運送車両の保安基準に関する規定に定める非常点滅表示灯をつけて停車している通学通園バスの側方を通過するときは、徐行して安全を確認しなければならない。

4. 車両等の運転者は、高齢の歩行者でその通行に支障のあるものが通行しているときは、一時停止し、又は徐行して、その通行を妨げないようにしなければならない。

第4章　労働基準法

問18　労働基準法（以下「法」という。）に関する次の記述のうち、<u>正しいものを２つ</u>選びなさい。なお、解答にあたっては、各選択肢に記載されている事項以外は考慮しないものとする。

1. 使用者は、労働者を解雇しようとする場合においては、少なくとも30日前にその予告をしなければならない。30日前に予告をしない使用者は、30日分以上の平均賃金を支払わなければならない。

2. 使用者は、労働者の死亡又は退職の場合において、権利者の請求があった場合においては、30日以内に賃金を支払い、積立金、保証金、貯蓄金その他名称の如何を問わず、労働者の権利に属する金品を返還しなければならない。

3. 労働契約は、期間の定めのないものを除き、一定の事業の完了に必要な期間を定めるもののほかは、１年（法第14条（契約期間等）第１項各号のいずれかに該当する労働契約にあっては、３年）を超える期間について締結してはならない。

4. 使用者は、その雇入れの日から起算して６ヵ月間継続勤務し全労働日の８割以上出勤した労働者に対して、継続し、又は分割した10労働日の有給休暇を与えなければならない。

問19　労働基準法（以下「法」という。）の定めに関する次の記述のうち、<u>誤っているものを１つ</u>選びなさい。なお、解答にあたっては、各選択肢に記載されている事項以外は考慮しないものとする。

1. 使用者は、その雇入れの日から起算して６ヵ月間継続勤務し全労働日の６割以上出勤した労働者に対して、継続し、又は分割した10労働日の有給休暇を与えなければならない。

2. 使用者は、災害その他避けることのできない事由によって、臨時の必要がある場合においては、行政官庁の許可を受けて、その必要の限度において法に定める労働時間を延長し、又は休日に労働させることができる。ただし、事態急迫のために行政官庁の許可を受ける暇がない場合においては、事後に遅滞なく届け出なければならない。

3. 使用者が、法の規定により労働時間を延長し、又は休日に労働させた場合においては、その時間又はその日の労働については、通常の労働時間又は労働日の賃金の計算額の２割５分以上５割以下の範囲内でそれぞれ政令で定める率以上の率で計算した割増賃金を支払わなければならない。

4. 使用者は、満16歳以上の男性を交替制によって使用する場合その他法令で定める場合を除き、満18歳に満たない者を午後10時から午前５時までの間において使用してはならない。

問20　「自動車運転者の労働時間等の改善のための基準」に定める貨物自動車運送事業に従事する自動車運転者（以下「トラック運転者」という。）の拘束時間等に関する次の文中、A、B、C、Dに入るべき字句としていずれか<u>正しいものを１つ</u>選びなさい。

1．使用者は、連続運転時間（１回がおおむね連続10分以上で、かつ、合計が30分以上の運転の中断をすることなく連続して運転する時間をいう。）は、（A）を超えないものとすること。

　　A　① 4 時間　　　　② 8 時間

2．使用者は、トラック運転者の１日（始業時刻から起算して24時間をいう。）についての拘束時間は、（B）を超えないものとすること。

　　B　① 13時間　　　　② 16時間

3．使用者は、トラック運転者の拘束時間は、１ヵ月について（C）を超えないものとすること。

　　C　① 284時間　　　　② 320時間

4．トラック運転者が勤務の中途においてフェリーに乗船する場合、フェリー乗船時間（乗船時刻から下船時刻まで）は、原則として、（D）として取り扱うものとする。

　　D　① 拘束時間　　　　② 休息期間

問21 「自動車運転者の労働時間等の改善のための基準」に定める貨物自動車運送事業に従事する自動車運転者（以下「トラック運転者」という。）の拘束時間等に関する次の記述のうち、正しいものを２つ選びなさい。なお、解答にあたっては、各選択肢に記載されている事項以外は考慮しないものとする。

1．使用者は、貨物自動車運送事業に従事する自動車運転者（以下「トラック運転者」という。）の拘束時間については、１ヵ月について293時間を超えず、かつ、１年について3,400時間を超えないものとすること。ただし、労使協定があるときは、１年のうち６ヵ月までは、１ヵ月について320時間まで延長することができ、かつ、１年について3,516時間まで延長することができる。

2．使用者は、トラック運転者の１日（始業時刻から起算して24時間をいう。）についての拘束時間については、13時間を超えないものとし、当該拘束時間を延長する場合であっても、最大拘束時間は、16時間とすること。この場合において、１日についての拘束時間が14時間を超える回数をできるだけ少なくするよう務めるものとし、目安としては、１週間について２回までとする。

3．使用者は、トラック運転者の休息期間については、当該トラック運転者の住所地における休息期間がそれ以外の場所における休息期間より長くなるように努めるものとする。

4．連続運転時間（１回がおおむね連続10分以上で、かつ、合計が30分以上の運転の中断をすることなく連続して運転する時間をいう。）は、４時間を超えないものとする。

問22 下表は、貨物自動車運送事業に従事する自動車運転者の5日間の運転時間の例を示したものであるが、5日間すべての日を特定日とした2日を平均し1日当たりの運転時間が「自動車運転者の労働時間等の改善のための基準」に<u>違反しているもの</u>を<u>すべて</u>選びなさい。

1.

	休日	1日目	2日目	3日目	4日目	5日目	休日
運転時間	−	7時間	8時間	10時間	11時間	7時間	−

2.

	休日	1日目	2日目	3日目	4日目	5日目	休日
運転時間	−	8時間	9時間	8時間	11時間	9時間	−

3.

	休日	1日目	2日目	3日目	4日目	5日目	休日
運転時間	−	8時間	11時間	8時間	7時間	9時間	−

4.

	休日	1日目	2日目	3日目	4日目	5日目	休日
運転時間	−	7時間	9時間	10時間	9時間	7時間	−

問23 下図は、貨物自動車運送事業に従事する自動車運転者（1人乗務で隔日勤務に就く運転者以外のもの。）の5日間の勤務状況の例を示したものであるが、次の1～4の拘束時間のうち、「自動車運転者の労働時間等の改善のための基準」等における1日についての拘束時間として、<u>正しいもの</u>を1つ選びなさい。

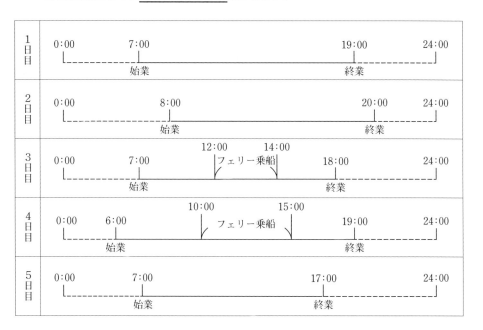

1. 1日目：11時間　　2日目：12時間　　3日目：12時間　　4日目：10時間
2. 1日目：12時間　　2日目：13時間　　3日目：8時間　　4日目：8時間
3. 1日目：12時間　　2日目：13時間　　3日目：10時間　　4日目：8時間
4. 1日目：12時間　　2日目：12時間　　3日目：11時間　　4日目：10時間

第5章　実務上の知識及び能力

問24　点呼の実施等に関する次の記述のうち、<u>適切なものをすべて</u>選びしなさい。なお、解答にあたっては、各選択肢に記載されている事項以外は考慮しないものとする。

1．業務前の点呼において運転者の健康状態を的確に確認することができるようにするため、健康診断の結果等から異常の所見がある運転者又は就業上の措置を講じた運転者が一目で分かるように、個人のプライバシーに配慮しながら点呼記録表の運転者の氏名の横に注意喚起のマークを付記するなどして、これを点呼において活用している。
2．事業用自動車の運転者が運行中に道路のガードレールに接触するという物損事故を起こしたため、警察官の事故処理に立ち会った後に所属する営業所に帰庫した。業務後の点呼において、運転者から当該事故の報告を受けたが、物損事故であることから、点呼記録表に記録しなかった。
3．以前に自社の運転者が自動車運転免許証の停止の処分を受けているにも拘わらず、業務中の事業用自動車を運転していた事案が発覚したことがあった。この事案の再発防止対策として、運行管理者は、業務前の点呼の際に法令によるもののほか、運転者全員に対し、事前に提出させた各自の自動車運転免許証のコピーによる確認を行っている。
4．業務前の点呼においてアルコール検知器を使用し、呼気中のアルコール濃度1リットル当たり0.17ミリグラムであったため、乗務を中止させた。しかし、交替要員がないため、2時間休憩させ、あらためて、アルコール検知器を使用し、呼気中のアルコール濃度1リットル当たり0.10ミリグラムとなったため、乗務させた。

問25　一般貨物自動車運送事業者が事業用自動車の運転者に対して行う指導・監督に関する次の記述のうち、<u>適切なものをすべて</u>選びなさい。なお、解答にあたっては、各選択肢に記載されている事項以外は考慮しないものとする。

1．運転中の携帯電話・スマートフォンの使用などは運転への注意力を著しく低下させ、事故につながる危険性が高くなる。このような運転中の携帯電話等の操作は法令違反であることはもとより、いかに危険な行為であるかを運行管理者は運転者に対し理解させて、運転中の使用の禁止を徹底する必要がある。

2．ある運転者が、昨年今年と連続で追突事故を起こしたので、運行管理者は、ドライブレコーダーの映像等をもとに事故の原因を究明するため、専門的な知識及び技術を有する外部機関に事故分析を依頼し、その結果に基づき指導した。

3．飲酒により体内に摂取されたアルコールを処理するために必要な時間の目安については、例えばアルコール度数15％の日本酒を2合（360ml）の場合、概ね8時間とされている。事業者は、これらを参考に、社内教育の中で酒気帯び運転防止の観点から飲酒が運転に及ぼす影響等について指導している。

4．国土交通大臣が認定する適性診断（以下「適性診断」という。）を受診した運転者の診断結果において、「感情の安定性」の項目で、「すぐかっとなるなどの衝動的な傾向」との判定が出た。適性診断は、性格等を客観的に把握し、運転の適性を判定することにより、運転業務に適さない者を選任しないようにするためのものであるため、運行管理者は、当該運転者は運転業務に適さないと判断し、他の業務へ配置替えを行った。

問26 事業用自動車の運転者の健康管理に関する次の記述のうち、<u>適切なものをすべて</u>選びなさい。なお、解答にあたっては、各選択肢に記載されている事項以外は考慮しないものとする。

1. 運転中に心臓疾患や大血管疾患が起こると、重大事故を引き起こすおそれがある。そのため、事業者は日ごろから点呼等で運転者の健康状態を把握するとともに、心臓疾患や大血管疾患の4大症状である『胸痛』『めまい・失神』『動悸』『呼吸困難』を見逃さないように注意している。

2. 事業者は、法令により定められた健康診断を実施することが義務づけられているが、運転者が自ら受けた健康診断（人間ドックなど）において、法令で必要な定期健康診断の項目を充足している場合であっても、法定健診として代用することができない。

3. 事業者は、深夜業（22時～5時）を含む業務に常時従事する運転者に対し、法令に定める定期健康診断を6ヵ月以内ごとに1回、必ず、定期的に受診させるようにしている。

4. 事業者は、ある高齢運転者が夜間運転業務において、加齢に伴う視覚機能の低下が原因と思われる軽微な接触事故が多く見られたため、昼間の運転業務に配置替えをした。しかし、繁忙期であったことから、運行管理者の判断で点呼において当該運転者の健康状態を確認しつつ、以前の夜間運転業務に短期間従事させる対応を行った。

問27 交通事故防止対策に関する次の記述のうち、<u>適切なものをすべて</u>選びなさい。なお、解答にあたっては、各選択肢に記載されている事項以外は考慮しないものとする。

1. ドライブレコーダーは、事故時の映像だけでなく、運転者のブレーキ操作やハンドル操作などの運転状況を記録し、解析診断することで運転のクセ等を読み取ることができるものがあり、運行管理者が行う運転者の安全運転の指導に活用されている。

2. 自動車にかかる遠心力は自動車の速度が大きくなるほど加速度的に大きくなる。例えば、時速30kmで走行する自動車と時速60kmで走行する自動車とでは遠心力に2倍の差があるため、速度が速い方がカーブ走行時に横転するリスクも高くなる。

3. 衝突被害軽減ブレーキは、いかなる走行条件においても前方の車両等に衝突する危険性が生じた場合に確実にレーダー等で検知したうえで自動的にブレーキが作動し、衝突を確実に回避できるものである。当該ブレーキが備えられている自動車に乗務する運転者に対しては、当該ブレーキ装置の故障を検知し表示による警告があった場合の対応を指導する必要がある。

4. 踏切内での事故を防止するために、踏切を通過するときは変速装置を操作せずに通過しなければならず、また、事業用自動車の故障等により踏切内で運行不能となった場合は、列車に対して適切な防護措置をとること。

問28 自動車の走行時に生じる諸現象とその主な対策に関する次の文中、A、B、C、Dに入るべき字句としていずれか正しいものを1つ選びなさい。

1．（A）は、走行車線を認識し、車線から逸脱した場合あるいは逸脱しそうになった場合には、運転者が車線中央に戻す操作をするよう警報が作動する装置である。

2．乗車中の人間が両手両足で支えることのできる重量は、体重の約2～3倍程度といわれている。これは自動車が時速（B）km程度で衝突したときの力に相当する。

3．（C）とは、自動車の夜間の走行時において、自車のライトと対向車のライトで、お互いの光が反射し合い、その間にいる歩行者や自転車が見えなくなることをいう。この状況は暗い道路で特に起こりやすいので、夜間の走行の際には十分注意するよう運転者に対し指導する必要がある。

4．トラクタとトレーラを連結した連結車両が、滑りやすい路面で急ハンドルや急ブレーキなどの急な運転操作を行ったときに、車輪がロックしてタイヤが滑り、トラクタとトレーラが連結部のところで折れ曲がり、「くの字」になることを（D）という。

A　① ふらつき注意喚起装置　　② 車線逸脱警報装置

B　① 7　　② 10

C　① 蒸発現象　　② クリープ現象

D　① トレーラスイング現象　　② ジャックナイフ現象

問29 荷主から貨物自動車運送事業者に対し、往路と復路において、それぞれ荷積みと荷下ろしを行うよう運送の依頼があった。これを受けて、運行管理者として運転者に対し当該運送の指示をするため、次に示す「当日の運行計画」を立てた。この運行に関する次のア〜ウについて解答しなさい。なお、解答にあたっては、「当日の運行計画」及び各選択肢に記載されている事項以外は考慮しないものとする。

「当日の運行計画」

　往路

　　A営業所を7時30分に出庫し、10キロメートル離れたB地点まで平均時速30キロメートルで走行する。

　　B地点において30分間の荷積みを行う。

　　30キロメートル離れたC地点まで時速30キロメートルで走行する。

　　C地点到着後、30分の休憩をとる。

　　C地点からD地点までの間、一部高速自動車国道を利用し、平均時速70キロメートルで走行して、D地点に12時50分に到着する。

　　D地点において20分間の荷下ろし後、1時間の休憩をとる。

　復路

　　休憩後、D地点を14時10分に出発し、荷積みのため10キロメートル離れたE地点まで平均時速30キロメートルで走行する。

　　E地点において30分間の荷積みを行う。

○　140キロメートル離れたF地点まで、一部高速自動車国道を利用し、平均時速70キロメートルで走行する。

○　F地点到着後、30分の休憩をとる。

　　休憩後、荷下ろしのため60キロメートル離れたG地点まで平均時速30キロメートルで走行し、G地点にて20分間の荷下ろしを行う。

　　荷下ろし後、帰庫のためG地点から15キロメートル離れたA営業所まで平均時速30キロメートルで走行し、A営業所には20時20分に帰庫する。

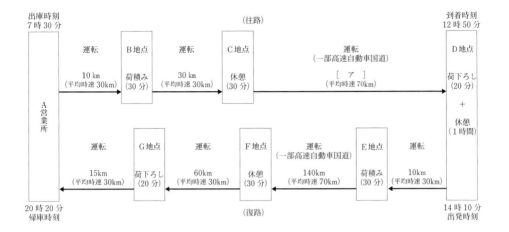

ア．C地点とD地点の間の距離について、次の1～3の中から正しいものを1つ選びなさい。

   1．180km

   2．210km

   3．240km

イ．当該運転者の前日の運転時間は9時間であり、また、当該運転者の翌日の運転時間も9時間と予定した。当日を特定日とした場合の2日を平均した1日当たりの運転時間は、「自動車運転者の労働時間等の改善のための基準」（以下「改善基準」という。）に照らし、違反しているか否かについて、次の1～2の中から正しいものを1つ選びなさい。

   1．違反している

   2．違反していない

ウ．当日の全運行において、連続運転時間は「改善基準」に照らし、違反しているか否かについて、次の1～2の中から正しいものを1つ選びなさい。

   1．違反している

   2．違反していない

問30 運行管理者が次の事業用普通トラックの事故報告に基づき、この事故の要因分析を行ったうえで、同種事故の再発を防止するための対策として、<u>最も直接的に有効と考えられる組合せ</u>を、下の枠内の選択肢（1〜8）から1つ選びなさい。なお、解答にあたっては、〈事故の概要〉及び〈事故関連情報〉に記載されている事項以外は考慮しないものとする。

〈事故の概要〉

　　当該トラックは、17時頃、霧で見通しの悪い高速道路を走行中、居眠り運転により渋滞車列の最後尾にいた乗用車に追突した。当該トラックは当該乗用車を中央分離帯に押し出したのち、前方の乗用車3台に次々と追突し、通行帯上に停止した。この事故により、最初に追突された乗用車に乗車していた3人が死亡し、当該トラックの運転者を含む7人が重軽傷を負った。当時霧のため当該道路の最高速度は時速50キロメートルに制限されていたが、当該トラックは追突直前には時速80キロメートルで走行していた。

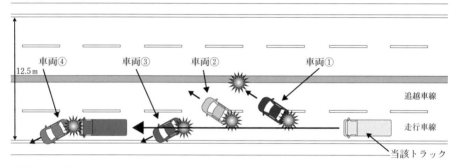

〈事故関連情報〉

○ 当該運転者は、事故日前日運行先に積雪があり、帰庫時間が5時間程度遅くなって業務を早朝5時に終了した。その後、事故当日の正午に業務前点呼を受け出庫した。

○ 当該運転者は、事故日前1ヵ月間の勤務において、拘束時間及び休息期間について複数回の「自動車運転者の労働時間等の改善のための基準」違反があった。

○ 当該運転者に対する業務前点呼はアルコール検知器を使用し対面で行われていた。また、この営業所においては、営業所長が運行管理者として選任されていたが補助者の選任がされておらず、運行管理者が不在のときは点呼が実施されていなかった。

○ 当該営業所では、年度ごとの教育計画に基づき、所長自ら月1回ミーティングを実施していたが、交通事故を惹起した場合の社会的影響の大きさや、疲労などの生理的要因による交通事故の危険性などについて理解させる指導・教育が不足していた。

○ 当該運転者は、採用後2年が経過していたが、初任運転者に対する適性診断を受診していなかった。

○ 当該事業者は、年2回の定期健康診断の実施計画に基づき実施しており、当該運転者は、これらの定期健康診断を受診していた。

○ 当該トラックは、法令で定められた日常点検及び定期点検を実施していた。また、速度抑制装置（スピードリミッター）が取り付けられていた。

〈事故の再発防止対策〉

ア．運行管理者は、運転者に対して、交通事故を惹起した場合の社会的影響の大きさや過労が運転に及ぼす危険性を認識させ、疲労や眠気を感じた場合は直ちに運転を中止し、休憩するよう指導を徹底する。

イ．運行管理者は、関係法令及び自動車運転者の労働時間等の改善のための基準に違反しないよう、日頃から運転者の運行状況を確実に把握し、適切な乗務割を作成する。また、運転者に対しては、点呼の際適切な運行指示を行う。

ウ．事業者は、点呼の際に点呼実施者が不在にならないよう、適正な数の運行管理者又は補助者を配置するなど、運行管理を適切に実施するための体制を整備する。

エ．運行管理者は、法に定められた適性診断を、運転者に確実に受診させるとともに、その結果を活用し、個々の運転者の特性に応じた指導を行う。

オ．事業者は、運転者に対して、疾病が交通事故の要因となるおそれがあることを正しく理解させ、定期的な健康診断結果に基づき、自ら生活習慣の改善を図るなど、適切な心身の健康管理を行うことの重要性を理解させる。

カ．事業者は、自社の事業用自動車に衝突被害軽減ブレーキ装置の導入を促進する。その際、運転者に対し、当該装置の性能限界を正しく理解させ、装置に頼り過ぎた運転とならないように指導を行う。

キ．運行管理者は、点呼を実施する際、運転者の体調や疲労の蓄積などをきちんと確認し、疲労等により安全な運転を継続することができないおそれがあるときは、当該運転者を交替させる措置をとる。

ク．法令で定められた日常点検及び定期点検整備を確実に実施する。その際、速度抑制装置の正常な作動についても、警告灯により確認する。

1．ア・イ・エ・オ	2．ア・イ・カ・キ
3．ア・ウ・キ・ク	4．ア・ウ・カ・ク
5．イ・エ・オ・カ	6．イ・エ・オ・キ
7．ウ・エ・キ・ク	8．ウ・オ・カ・ク

模擬試験　第2回　解答&解説

問1　　　　　　　　　　　　　　　　　　　　　▶答え　1と2と3

1．**正しい**。運送事業法第1条第1項を参照。
2＆3．**正しい**。運送事業法第2条第1項・第2項を参照。
4．誤り。貨物軽自動車運送事業とは、**他人の需要に応じ**、有償で、自動車（三輪以上の軽自動車及び二輪の自動車に限る。）を使用して貨物を運送する事業をいう。運送事業法第2条第4項を参照。

問2　　　　　　　　　　　　　▶答え　A－②，B－①，C－①，D－①

1．事業用自動車（被けん引自動車を除く。）の保有車両数が（**200両**）以上の事業者は、安全管理規程を定めて国土交通大臣に届け出なければならない。これを変更しようとするときも、同様とする。運送事業法第16条第1項・安全規則第2条の3第1項を参照。
2．貨物自動車運送事業法第16条第1項の規定により（**安全管理規程**）を定めなければならない事業者は、（**安全統括管理者**）を選任し、又は解任したときは、国土交通省令で定めるところにより、遅滞なく、その旨を国土交通大臣に届け出なければならない。運送事業法第16条第5項を参照。
3．一般貨物自動車運送事業者は、毎事業年度の経過後（**100日**）以内に、輸送の安全に関する基本的な方針その他の輸送の安全に係る情報であって国土交通大臣が告示で定める①輸送の安全に関する基本的な方針、②輸送の安全に関する目標及びその達成状況、③自動車事故報告規則第2条に規定する事故に関する統計について、インターネットの利用その他の適切な方法により公表しなければならない。安全規則第2条の8第1項を参照。

問3　　　　　　　　　　　　　　　　　　　　　▶答え　3と4

1．誤り。アルコール検知器を備え置くのは、**貨物自動車運送事業者の業務**である。運行管理者はそのアルコール検知器を**常時有効に保持すること**。安全規則第20条第1項第8号を参照。安全規則第20条第1項第8号を参照。
2．誤り。**車両総重量が7トン以上又は最大積載量が4トン以上**の普通自動車である事業用自動車について、法令に規定する運行記録計により記録することのできないものを運行の用に供さないこと。安全規則第20条第1項第11号・安全規則第9条第1項第1号を参照。
3．**正しい**。安全規則第20条第1項第12号の2を参照。
4．**正しい**。安全規則第20条第3項を参照。

問4　　　　　　　　　　　　　　　　　　　　　　　　▶答え　1と3

1．**正しい**。「安全規則の解釈及び運用」第7条第1項（3）を参照。
2．誤り。車庫と営業所が離れている場合は「運行上やむを得ない場合」には**含まれないため、電話による点呼はできない**。必要に応じて運行管理者や補助者を派遣して、対面点呼を確実に実施する。「安全規則の解釈及び運用」第7条第1項（1）を参照。
3．**正しい**。安全規則第7条第2項を参照。
4．誤り。**営業所に備えられたもの以外のアルコール検知器を使用しての確認は不可**。安全規則第7条第4項を参照。

問5　　　　　　　　　　　　　　　　　　　　　　　　▶答え　2と4

1．要しない。重傷者が5人以上（死傷事故）又は負傷者が10人以上（負傷事故）の場合は速報を要するが、いずれにも該当しない。事故報告規則第4条第1項第2号・第3号を参照。
2．**要する**。法令違反事故のうち、酒気帯び運転は速報を要する。事故報告規則第4条第1項第5号を参照。
3．要しない。鉄道障害事故は、速報を要しない。
4．**要する**。その他の物件との衝突により積載物が漏えいした場合は、速報を要する。事故報告規則第4条第1項第4号を参照。

問6　　　　　　　　　　　　　　　　　　　　　　　　▶答え　1と2

1．**正しい**。安全規則第3条第3項・「安全規則の解釈及び運用」第3条第2項（1）第2号を参照。
2．**正しい**。安全規則第3条第7項を参照。
3．誤り。事業者は、休憩又は睡眠のための時間及び勤務が終了した後の休息のための時間が十分に確保されるように、国土交通大臣が告示で定める基準に従って、運転者の**勤務時間及び乗務時間**を定め、当該運転者にこれらを遵守させなければならない。安全規則第3条第4項を参照。
4．誤り。事業者は、事業計画に従い業務を行うに必要な員数の事業用自動車の運転者又は特定自動運行保安員を常時選任しておかなければならず、この場合、選任する運転者及び特定自動運行保安員は、日々雇い入れられる者、2ヵ月以内の期間を定めて使用される者又は試みの使用期間中の者（**14日を超えて**引き続き使用されるに至った者を除く。）であってはならない。安全規則第3条第1項・第2項を参照。

問7　　　　　　　　　　　　　　　　　　　　　　　▶答え　3

1．正しい。「指導及び監督の指針」第1章2（6）を参照。
2．正しい。「指導及び監督の指針」第2章2（3）・第2章3（1）③を参照。
3．**誤り。**一般貨物自動車運送事業者が行う初任運転者に対する特別な指導は、安全運転の実技について、実車を用いて**20時間以上**実施すること。「指導及び監督の指針」第2章2（2）を参照。
4．正しい。「指導及び監督の指針」第2章3（1）①を参照。

問8　　　　　　　　　　　　　　　　　　　　　　▶答え　1と3

1．**正しい。**安全規則第5条の2第1項第1号を参照。
2．誤り。事業用自動車の**大きさに関係なく、すべての事業用自動車**について、偏荷重の防止及び荷崩れ等による落下の防止のために必要な措置を講じなければならない。安全規則第5条第1項を参照。
3．**正しい。**安全規則第9条第1項第1号を参照。
4．誤り。運行指示書に「貨物の積載状況」が記載されている場合であっても、業務の記録に**当該事項を記録しなければならない。**安全規則第8条第1項第6号を参照。

問9　　　　　　　　　　　　　　　　　　　　　　　▶答え　2

1．正しい。車両法第35条第6項を参照。
2．**誤り。**自動車の所有者は、当該自動車の使用の本拠の位置に変更があったときは、道路運送車両法で定める場合を除き、その事由があった日から**15日以内**に、国土交通大臣の行う変更登録の申請をしなければならない。車両法第12条第1項第5号を参照。
3．正しい。車両法第31条第1項を参照。
4．正しい。車両法第20条第2項を参照。

問10　　　　　　　　　　　　　　　　　　　　　　　　▶答え　1と4

1．**正しい**。車両総重量８トン未満の貨物用自動車であるため、初回車検の有効期間は２年。車両法第61条第２項第１号を参照。
2．誤り。有効な保安基準適合標章を表示している場合は、**自動車検査証の交付、備え付け及び検査標章の表示の規定は適用されない**。車両法第94条の５第11項を参照。
3．誤り。自動車検査証の有効期間の起算日については、自動車検査証の有効期間が満了する日の**１ヵ月前**（離島に使用の本拠の位置を有する自動車を除く。）から当該期間が満了する日までの間に継続検査を行い、当該自動車検査証に有効期間を記入する場合は、当該自動車検査証の有効期間が満了する日の翌日とする。施行規則第44条第１項を参照。
4．**正しい**。車両法第40条第１項第１号・第３号を参照。

問11　　　　　　　　　　　　　　　　　▶答え　A−①，B−②，C−②

1．自動車運送事業の用に供する自動車の使用者は、（**３ヵ月**）ごとに国土交通省令で定める技術上の基準により、自動車を点検しなければならない。車両法第48条第１項第１号を参照。
2．自動車の使用者は、自動車の点検及び整備等に関する事項を処理させるため、車両総重量８トン以上の自動車その他の国土交通省令で定める自動車であって国土交通省令で定める台数以上のものの使用の本拠ごとに、自動車の点検及び整備に関する実務の経験その他について国土交通省令で定める一定の要件を備える者のうちから、（**整備管理者**）を選任しなければならない。車両法第50条第１項を参照。
3．地方運輸局長は、自動車の（**使用者**）が道路運送車両法第54条（整備命令等）の規定による命令又は指示に従わない場合において、当該自動車が道路運送車両の保安基準に適合しない状態にあるときは、当該自動車の使用を停止することができる。車両法第54条第２項を参照。

問12　　　　　　　　　　　　　　　　　　　　　　　　　▶答え　1

1．**誤り**。自動車の空気入ゴムタイヤの滑り止めの溝は、空気入ゴムタイヤの接地部の全幅にわたり滑り止めのために施されている凹部のいずれの部分においても**1.6ミリメートル以上**の深さを有すること。保安基準第９条第２項・細目告示第167条第４項第２号を参照。
2．正しい。保安基準第44条第２項・細目告示第224条第２項第２号を参照。
3．正しい。保安基準第43条の２第１項・細目告示第220条第１項第１号を参照。
4．正しい。保安基準第38条第２項・細目告示第210条第１項第３号・第４号を参照。

▶答え　A-①，B-②，C-①，D-①

道交法第3条第1項・道交法施行規則第2条第1項を参照。

1．大型自動車とは、大型特殊自動車、大型自動二輪車、普通自動二輪車及び小型特殊自動車以外の自動車で、車両総重量が（**11,000**）キログラム以上のもの、最大積載量が6,500キログラム以上のもの又は乗車定員が30人以上のものをいう。

2．中型自動車とは、大型自動車、大型特殊自動車、大型自動二輪車、普通自動二輪車及び小型特殊自動車以外の自動車で、車両総重量が（**7,500**）キログラム以上（**11,000**）キログラム未満のもの、最大積載量が4,500キログラム以上6,500キログラム未満のもの又は乗車定員が11人以上29人以下のものをいう。

3．準中型自動車とは、大型自動車、中型自動車、大型特殊自動車、大型自動二輪車、普通自動二輪車及び小型特殊自動車以外の自動車で、車両総重量が（**3,500**）キログラム以上（**7,500**）キログラム未満のもの又は最大積載量が（**2,000**）キログラム以上4,500キログラム未満のものをいう。

問14

▶答え　**1と2**

1．**正しい**。道交法第44条第1項第6号を参照。

2．**正しい**。道交法第44条第1項第2号を参照。

3．誤り。車両は、法令の規定により駐車しようとする場合には、当該車両の右側の道路上に**3.5メートル**（道路標識等により距離が指定されているときは、その距離）**以上**の余地があれば駐車してもよい。道交法第45条第2項を参照。

4．誤り。車両は、人の乗降、貨物の積卸し、駐車又は自動車の格納若しくは修理のため道路外に設けられた施設又は場所の道路に接する自動車用の出入口から**3メートル以内**の道路の部分においては、駐車してはならない。道交法第45条第1項第1号を参照。

問15　　　　　　　　　　　　　　　　　　　▶答え　1と2

1．**正しい**。道交法第55条第1項を参照。

2．**正しい**。道交法第57条第1項を参照。

3．誤り。警察署長は、荷主が自動車の運転者に対し、過積載をして自動車を運転することを要求するという違反行為を行った場合において、当該荷主が当該違反行為を反復して行うおそれがあると認めるときは、内閣府令で定めるところにより、**当該荷主に対し、当該違反行為をしてはならない旨**を命ずることができる。道交法第58条の5第2項を参照。

4．誤り。積載物の高さは、**3.8メートル**（公安委員会が道路又は交通の状況により支障がないと認めて定めるものにあっては**3.8メートル以上4.1メートル**を超えない範囲内において公安委員会が定める高さ）からその自動車の積載をする場所の高さを減じたものでなければならない。道交法施行令第22条第1項第3号ハを参照。

問16　　　　　　　　　　　　　　　　　　　▶答え　2と3

1．誤り。交差点（優先道路を通行している場合における当該優先道路にある交差点を除く。）の手前の側端から前に30メートル以内の部分は追い越しを禁止する場所にあたるため、**進路を変更してはならない**。道交法第30条第1項第3号を参照。

2．**正しい**。道交法第28条第1項・第2項を参照。

3．**正しい**。道交法第30条第1項第2号を参照。

4．誤り。追越しを禁止する場所に、**「前方が見とおせる場合」という適用除外はない**。道交法第30条第1項を参照。

問17　　　　　　　　　　　　　　　　　　　▶答え　3と4

1．誤り。積載物が道路に転落し、又は飛散したときは、**速やかにそれらの物を除去する**等、道路の危険防止のため必要な措置を講ずること。道交法第71条第1項第4号の2を参照。

2．誤り。本線車道等又は**これらに接する路肩若しくは路側帯**において、当該自動車を運転することができなくなったときは、当該自動車が故障その他の理由により**停止しているものであることを表示しなければならない**。道交法第75条の11第1項を参照。

3．**正しい**。道交法第71条第1項第2号の3を参照。

4．**正しい**。道交法第71条第1項第2号の2を参照。

問18　　　▶答え　1と4

1. **正しい**。労基法第20条第1項を参照。
2. 誤り。使用者は、労働者の死亡又は退職の場合において、権利者の請求があった場合においては、**7日以内**に賃金を支払い、積立金、保証金、貯蓄金その他名称の如何を問わず、労働者の権利に属する金品を返還しなければならない。労基法第23条第1項を参照。
3. 誤り。労働契約は、期間の定めのないものを除き、一定の事業の完了に必要な期間を定めるもののほかは、**3年**（法第14条（契約期間等）第1項各号のいずれかに該当する労働契約にあっては、**5年**）を超える期間について締結してはならない。労基法第14条第1項を参照。
4. **正しい**。労基法第39条第1項を参照。

問19　　　▶答え　1

1. **誤り**。使用者は、その雇入れの日から起算して6ヵ月間継続勤務し全労働日の**8割以上**出勤した労働者に対して、継続し、又は分割した10労働日の有給休暇を与えなければならない。労基法第39条第1項を参照。
2. 正しい。労基法第33条第1項を参照。
3. 正しい。労基法第37条第1項を参照。
4. 正しい。労基法第61条第1項を参照。

問20　　　▶答え　A−①，B−①，C−①，D−②

1. 使用者は、連続運転時間（1回がおおむね連続10分以上で、かつ、合計が30分以上の運転の中断をすることなく連続して運転する時間をいう。）は、（**4時間**）を超えないものとすること。改善基準第4条第1項第7号を参照。
2. 使用者は、トラック運転者の1日（始業時刻から起算して24時間をいう。）についての拘束時間は、（**13時間**）を超えないものとすること。改善基準第4条第1項第3号を参照。
3. 使用者は、トラック運転者の拘束時間は、1ヵ月について（**284時間**）を超えないものとすること。改善基準第4条第1項第1号を参照。
4. トラック運転者が勤務の中途においてフェリーに乗船する場合、フェリー乗船時間（乗船時刻から下船時刻まで）は、原則として、（**休息期間**）として取り扱うものとする。改善基準第4条第4項第4号を参照。

模擬試験第2回　解答&解説

問21　　　　　　　　　　　　　　　　　　　▶答え　3と4

1．**誤り**。トラック運転者の拘束時間については、1ヵ月について**284時間**を超えず、かつ、
　1年について**3,300時間**を超えないものとすること。ただし、労使協定があるときは、1年
　のうち6ヵ月までは、1ヵ月について**310時間**まで延長することができ、かつ、1年につい
　て**3,400時間**まで延長することができる。改善基準第4条第1項第1号を参照。
2．**誤り**。拘束時間を延長する場合であっても、最大拘束時間は、**15時間**とすること。改善
　基準第4条第1項第3号を参照。
3．**正しい**。改善基準第4条第2項を参照。
4．**正しい**。改善基準第4条第1項第7号を参照。

問22　　　　　　　　　　　　　　　　　　▶答え　2と3と4

改善基準第4条第1項第6号を参照。
　「特定日の前日＋特定日」及び「特定日＋特定日の翌日」の平均運転時間がともに9時間を
超えている場合に改善基準違反となる。いずれか一方の平均運転時間が9時間以内の場合は
改善基準違反とならない。

1．2日を平均した1日当たりの運転時間は以下のとおり。

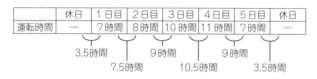

◎5日間すべての日を特定日としても、2日を平均して1日当たり9時間を超える日はない。

2．2日を平均した1日当たりの運転時間は以下のとおり。

◎4日目を特定日とした場合、「特定日の前日（8時間）と特定日（11時間）」の平均運転
　時間は**9.5時間**。「特定日（11時間）と特定日の翌日（9時間）」の平均運転時間は**10時間**
　となり、いずれも9時間を超えているので、**改善基準違反となる**。

模擬試験第2回　解答&解説

309

3．2日を平均した1日当たりの運転時間は以下のとおり。

◎2日目を特定日とした場合、「特定日の前日（8時間）と特定日（11時間）」の平均運転時間は**9.5時間**。「特定日（11時間）と特定日の翌日（8時間)」の平均運転時間も**9.5時間**となり、いずれも9時間を超えているので、**改善基準違反となる**。

4．2日を平均した1日当たりの運転時間は以下のとおり。

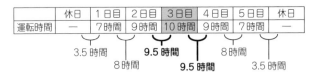

◎3日目を特定日とした場合、「特定日の前日（9時間）と特定日（10時間）」の平均運転時間は**9.5時間**。「特定日（10時間）と特定日の翌日（9時間)」の平均運転時間も**9.5時間**となり、いずれも9時間を超えているので、**改善基準違反となる**。

問23

▶答え　3

改善基準第4条第1項第3号を参照。

貨物自動車運送事業の運転者のフェリー乗船時間（乗船時刻から下船時刻まで）は、原則として休息期間として取り扱う。よって、フェリー乗船がある日は、拘束時間からフェリー乗船時間分を差し引かなければならない。

各日の拘束時間は、次のとおり。

1日目	拘束時間	**12時間**	12時間（始業7時〜終業19時）
2日目	拘束時間	**13時間**	12時間（始業8時〜終業20時）＋翌日1時間
3日目	拘束時間	**10時間**	11時間（始業7時〜終業18時）－2時間（12時〜14時）＋翌日1時間
4日目	拘束時間	**8時間**	13時間（始業6時〜終業19時）－5時間（10時〜15時）

問24　　　　　　　　　　　　　　　　　　　　　　　▶答え　1

1. **適切である**。安全規則第７条第１項・安全規則第20条第１項第４号の２を参照。
2. 不適切。業務後の点呼では、事業用自動車、道路及び運行状況についての報告を求め、その内容を記録しなければならない。物損事故は事業用自動車の状況に該当するため、点呼記録表に記録しなければならない。安全規則第７条第２項・第５項を参照。
3. 不適切。点呼において運転免許のコピーを用いた確認は不適切である。
4. 不適切。微量であってもアルコールが残っている場合は乗務させてはならない。「安全規則の解釈及び運用」第７条第１項第９号・安全規則第20条第１項第４号を参照。

問25　　　　　　　　　　　　　　　　　　　▶答え　1と2と3

1. **適切である**。記述のとおり。
2. **適切である**。外部機関に事故分析を依頼し、その結果を用いて運転者に指導することは適切な指導・監督である。
3. **適切である**。記述のとおり。「指導及び監督の指針」第１章２（10）を参照。
4. 不適切。適性診断は、運転者の運転行動や運転態度が安全運転にとって好ましい方向へ変化するように動機付けを行うことにより、運転者自身の安全意識を向上させるためのものであり、**運転者を選任する際の判断材料ではない**。

問26　　　　　　　　　　　　　　　　　　　　　▶答え　1と3

1. **適切である**。国土交通省自動車局『自動車運送事業者における心臓疾患、大血管疾患 対策ガイドライン』を参照。
2. 不適切。運転者が自ら受けた健康診断（人間ドックなど）が、法令で必要な定期健康診断の項目を充足している場合は、**法定健診として代用することができる**。
3. **適切である**。衛生規則第45条第１項を参照。
4. 不適切。当該運転者は夜間運転業務時に、加齢に伴う視覚機能の低下が原因と思われる軽微な接触事故を起こしたため配置替えされたのであり、**繁忙期を理由に再び夜間運転業務に従事させたことは不適切**である。

1．**適切である**。ドライブレコーダーの中には、ヒヤリ・ハットの直前直後の現場映像だけでなく、運転者のブレーキ操作・停止状況・ハンドル操作・右左折操作などの運転状況を記録し解析することで、運転者も気づかない運転のクセ等を読み取ることができるものもあるため、安全運転の指導に活用できる。

2．不適切。自動車の重量及びカーブの半径が同一の場合には、速度が2倍になると**遠心力は4倍**となる。

3．不適切。衝突被害軽減ブレーキは、いかなる走行条件においても**衝突を確実に回避できる装置ではない**ため、当該ブレーキが備えられている自動車に乗務する運転者に対しては、当**該ブレーキの機能等を正しく理解させる**必要がある。

4．**適切である**。踏切内での事故などを未然に防ぐため、踏切を通過する際は、変速せずに通過するように指導する。また、踏切の前で停車した後に発進するときも同様に、踏切内でのエンストを防止するため、変速せずに発進したときの低速ギヤで踏切を通過するように指導する。

1．（**車線逸脱警報装置**）は、走行車線を認識し、車線から逸脱した場合あるいは逸脱しそうになった場合には、運転者が車線中央に戻す操作をするよう警報が作動する装置である。

2．乗車中の人間が両手両足で支えることのできる重量は、体重の約2～3倍程度といわれている。これは自動車が時速（**7**）km程度で衝突したときの力に相当する。

3．（**蒸発現象**）とは、自動車の夜間の走行時において、自車のライトと対向車のライトで、お互いの光が反射し合い、その間にいる歩行者や自転車が見えなくなることをいう。この状況は暗い道路で特に起こりやすいので、夜間の走行の際には十分注意するよう運転者に対し指導する必要がある。

4．トラクタとトレーラを連結した連結車両が、滑りやすい路面で急ハンドルや急ブレーキなどの急な運転操作を行ったときに、車輪がロックしてタイヤが滑り、トラクタとトレーラが連結部のところで折れ曲がり、「くの字」になることを（**ジャックナイフ現象**）という。

ア．はじめに、A営業所～B地点、B地点～C地点、C地点～D地点の所要時間を求める。

　・A営業所～B地点の所要時間。

　　　所要時間 $= \dfrac{距離}{速度} = \dfrac{10km}{30km/h} = \dfrac{1}{3}$ 時間　　$\dfrac{1}{3}$ 時間 × 60分 = **20分**

　・B地点～C地点の所要時間。

　　　所要時間 $= \dfrac{距離}{速度} = \dfrac{30km}{30km/h} = 1$ 時間

　・C地点～D地点の所要時間。

　　B地点から1時間運転するため、C地点には9時20分に到着する。C地点で30分休憩を
　　するため、C地点を出発するのは9時50分となる。

　　D地点には12時50分に到着するため、そこからC地点の出発時刻の9時50分を引くと、
　　C地点とD地点の間の所要時間は3時間となる。

　◎求めた数値を使ってC地点とD地点の間の距離を求めると次のとおり。

　　距離 = 速さ × 所要時間

　　　　= 70km/h × 3時間 = **210km**

イ．先に勤務当日の運転時間を求める。

　　◎往路は設問アで求めた運転時間を合計して4時間20分（20分＋1時間＋3時間）。

　　◎復路の各運転時間は、以下のとおり。

　　・D地点～E地点。

　　　所要時間 $= \dfrac{距離}{速度} = \dfrac{10km}{30km/h} = \dfrac{1}{3}$ 時間　　$\dfrac{1}{3}$ 時間 × 60分 = 20分

　　・E地点～F地点。

　　　所要時間 $= \dfrac{距離}{速度} = \dfrac{140km}{70km/h} = 2$ 時間

　　・F地点～G地点。

　　　所要時間 $= \dfrac{距離}{速度} = \dfrac{60km}{30km/h} = 2$ 時間

　　・G地点～A営業所。

　　　所要時間 $= \dfrac{距離}{速度} = \dfrac{15km}{30km/h} = \dfrac{1}{2}$ 時間 = 30分

　　各運転時間を合計すると復路は4時間50分（20分＋2時間＋2時間＋30分）。

　　◎往路と復路の運転時間を合計すると当日の運転時間は9時間10分（4時間20分＋4時
　　間50分）となる。

次に、勤務当日を特定日とした場合の2日を平均した1日当たりの運転時間を求める。勤務前日と翌日の運転時間はそれぞれ9時間であり、次のとおりとなる。

・前日と勤務当日の2日平均の運転時間は、**9時間5分**。

・勤務当日と翌日の2日平均の運転時間は、**9時間5分**。

いずれも9時間を超えているので、**改善基準に違反している**。改善基準第4条第1項第6号を参照。

ウ．①合計1時間50分の運転時間後に30分の中断、②合計3時間20分の運転時間後に1時間の中断、③合計2時間50分の運転時間後に30分の中断、④合計2時間50分の運転時間後に業務を終了しているため、**改善基準に違反していない**。改善基準第4条第1項第7号を参照。

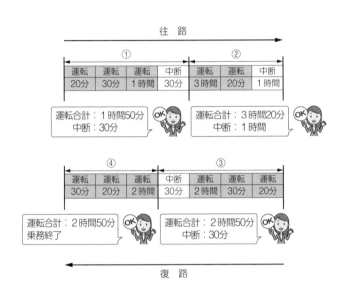

「事故の概要」と「事故関連情報」から、再発防止策として直接的に有効であるかどうかを判断する。

ア．**直接的に有効である**：当該事故は居眠り運転により起きた事故であり、また、合計10人の死者及び重軽傷者を生じている。交通事故を惹起した場合の社会的影響の大きさや、疲労などの生理的要因による交通事故の危険性などについて理解させる指導・教育が不足していたことで起きた事故である。そのため、運転者に対し、交通事故を惹起した場合の社会的影響の大きさや、過労が運転に及ぼす危険性を認識させ、疲労や眠気を感じた場合は直ちに運転を中止し、休憩するよう指導を徹底することは、同種事故の再発を防止するための対策として有効である。

イ．**直接的に有効である**：事故前日の業務終了が事故当日の早朝5時で、同日の正午に業務前点呼を行っており、休息期間が法で定める8時間未満となっている。また、事故日前1ヵ月間の勤務において、拘束時間及び休息期間について複数回の改善基準違反があったことから、運行管理者は、改善基準違反しないよう適切な乗務割を作成し、運転者に対して点呼時に適切な運行指示を行うことは、同種事故の再発を防止するための対策として有効である。

カ．**直接的に有効である**：最高速度が時速50キロメートルに制限されていたが、追突直前には時速80キロメートルで走行していたことで起きた事故である。そのため、衝突被害軽減ブレーキ装置の導入を促進し、運転者に対し、当該装置の性能限界を正しく理解させ、装置に頼り過ぎた運転とならないように指導を行うことは、同種事故の再発を防止するための対策として有効である。

キ．**直接的に有効である**：当該運転者に対する業務前点呼が対面で行われていたにもかかわらず、居眠り運転を起こしてしまったため、点呼を実施する際、運転者の体調や疲労の蓄積などをきちんと確認し、疲労、睡眠不足等により安全な運転を継続することができないおそれがあるときは、当該運転者を交替させる措置をとることは、同種事故の再発を防止するための対策として有効である。

以上の結果、同種事故の再発を防止するための対策として、最も直接的に有効と考えられる組合せは、**ア・イ・カ・キ**となる。

運行管理者試験　重要問題厳選集

貨物編　2024 - 2025

定価1,870円／送料300円 （共に税込）

■発行日　令和6年4月　　初版

※電話でのお問合せは受け付けておりません。
※落丁・乱丁・書籍の内容に誤り等がございましたら、P.8「本書籍に関するお問い合わせ」に記載の問合せフォームよりご連絡ください。

■発行所　株式会社　公論出版
　　　　　〒110－0005
　　　　　東京都台東区上野3－1－8
　　　　　TEL：03-3837-5731（編集）
　　　　　HP：https://www.kouronpub.com/